当代齐鲁文库·山东社会科学院文库
THE LIBRARY OF
CONTEMPORARY SHANDONG
SELECTED WORKS OF SHANDONG
ACADEMY OF SOCIAL SCIENCES

山东社会科学院◎编纂

两汉汉语研究

程湘清◎主编

中国社会科学出版社

图书在版编目（CIP）数据

两汉汉语研究／程湘清主编．—北京：中国社会科学出版社，
2016.12

ISBN 978-7-5161-8690-9

Ⅰ.①两…　Ⅱ.①程…　Ⅲ.①古汉语—汉语史—研究—
中国—汉代　Ⅳ.①H109.2

中国版本图书馆 CIP 数据核字（2016）第 182786 号

出 版 人	赵剑英
责任编辑	冯春凤
责任校对	张爱华
责任印制	张雪娇

出　　版	中国社会科学出版社
社　　址	北京鼓楼西大街甲 158 号
邮　　编	100720
网　　址	http：//www.csspw.cn
发 行 部	010－84083685
门 市 部	010－84029450
经　　销	新华书店及其他书店

印刷装订	环球东方（北京）印务有限公司
版　　次	2016 年 12 月第 1 版
印　　次	2016 年 12 月第 1 次印刷

开　　本	710×1000　1/16
印　　张	21
插　　页	2
字　　数	345 千字
定　　价	88.00 元

《山东社会科学院文库》
出版说明

　　党的十八大以来，以习近平同志为核心的党中央，从推动科学民主依法决策、推进国家治理体系和治理能力现代化、增强国家软实力的战略高度，对中国智库发展进行顶层设计，为中国特色新型智库建设提供了重要指导和基本遵循。2014 年 11 月，中办、国办印发《关于加强中国特色新型智库建设的意见》，标志着我国新型智库建设进入了加快发展的新阶段。2015 年 2 月，在中共山东省委、山东省人民政府的正确领导和大力支持下，山东社会科学院认真学习借鉴中国社会科学院改革的经验，大胆探索实施"社会科学创新工程"，在科研体制机制、人事管理、科研经费管理等方面大胆改革创新，相继实施了一系列重大创新措施，为建设山东特色新型智库勇探新路，并取得了明显成效，成为全国社科院系统率先全面实施哲学社会科学创新工程的地方社科院。2016 年 5 月，习近平总书记在哲学社会科学工作座谈会上发表重要讲话。讲话深刻阐明哲学社会科学的历史地位和时代价值，突出强调坚持马克思主义在我国哲学社会科学领域的指导地位，对加快构建中国特色哲学社会科学作出重大部署，是新形势下繁荣发展我国哲学社会科学事业的纲领性文献。山东社会科学院以深入学习贯彻习近平总书记在哲学社会科学工作座谈会上的重要讲话精神为契机，继续大力推进哲学社会科学创新工程，努力建设马克思主义研究宣传的"思想理论高地"，省委、省政府的重要"思想库"和"智囊团"，山东省哲学社会科学的高端学术殿堂，山东省情综合数据库和研究评价中心，服务经济文化强省建设的创新型团队，为繁荣发展哲学社会科学、建设山东特色新型智库，努力做出更大的贡献。

　　《山东社会科学院文库》（以下简称《文库》）是山东社会科学院"创

新工程"重大项目，是山东社会科学院着力打造的《当代齐鲁文库》的重要组成部分。该《文库》收录的是我院建院以来荣获山东省优秀社会科学成果一等奖及以上的科研成果。第二批出版的《文库》收录了丁少敏、王志东、卢新德、乔力、刘大可、曲永义、孙祚民、庄维民、许锦英、宋士昌、张卫国、李少群、张华、秦庆武、韩民青、程湘清、路遇等全国知名专家的研究专著 18 部，获奖文集 1 部。这些成果涉猎科学社会主义、文学、历史、哲学、经济学、人口学等领域，以马克思主义世界观、方法论为指导，深入研究哲学社会科学领域的基础理论问题，积极探索建设中国特色社会主义的重大理论和现实问题，为推动哲学社会科学繁荣发展发挥了重要作用。这些成果皆为作者经过长期的学术积累而打造的精品力作，充分体现了哲学社会科学研究的使命担当，展现了潜心治学、勇于创新的优良学风。这种使命担当、严谨的科研态度和科研作风值得我们认真学习和发扬，这是我院深入推进创新工程和新型智库建设的不竭动力。

实践没有止境，理论创新也没有止境。我们要突破前人，后人也必然会突破我们。《文库》收录的成果，也将因时代的变化、实践的发展、理论的创新，不断得到修正、丰富、完善，但它们对当时经济社会发展的推动作用，将同这些文字一起被人们铭记。《山东社会科学院文库》出版的原则是尊重原著的历史价值，内容不作大幅修订，因而，大家在《文库》中所看到的是那个时代专家们潜心探索研究的原汁原味的成果。

《山东社会科学院文库》是一个动态的开放的系统，在出版第一批、第二批的基础上，我们还会陆续推出第三批、第四批等后续成果……《文库》的出版在编委会的直接领导下进行，得到了作者及其亲属们的大力支持，也得到了院相关研究单位同志们的大力支持。同时，中国社会科学出版社的领导高度重视，给予大力支持帮助，尤其是责任编辑冯春凤主任为此付出了艰辛努力，在此一并表示最诚挚的谢意。

本书出版的组织、联络等事宜，由山东社会科学院科研组织处负责。因水平所限，出版工作难免会有不足乃至失误之处，恳请读者及有关专家学者批评指正。

《山东社会科学院文库》编委会
2016 年 11 月 16 日

目　录

STUDIES IN CHINESE OF THE WESTERN AND EASTERN HAN DYNASTIES
(206B. C—220A. D.)
Contents

orders.

(2) Coordinative compounds II. The development in the modern Chinese.

(3) Subordinate compounds: the investigation of the formation according to the meaning analysis and parts of speech.

(4) Verb – complement compounds, verb – object compounds, subject – predicate compounds.

(5) Additaments, reduplications, single morpheme words, synthetic forms.

(6) Summary.

3. **Tlic problems concerning the linking verb 'to be' ("是") in *Lun Heng* (《论衡》) .**　　　　　　　　　　　　　　/Feng Chuntian

4. **It is in the turn of the Western and Eastern Han Dynasties that the entering tone became falling tone, as reflected in the phonetic loan characters among the bamboo slips and silks of the Qin and Han Dynasties.**　　　　　　　　/Zhang Chuanzeng

5. **The evolution of rhyme groups Yu (鱼) and Hou (侯) in the Eastern Han Dynasty as reflected in pronouncc as in *Shuo Wen* (《说文》) .**　　　　　　　　　　　　　　/Zhang Hongkut

《史记》语法特点研究

——从《左传》与《史记》的比较看
《史记》语法的若干特点

何乐士

　　《左传》是我国先秦时期的一部文史杰作，《史记》则是汉代的一部光辉巨著。它们的语言都充分体现了各自时代的特色，在我国几千年文明史中发生着巨大的影响。通过对两书语言的比较对照找出它们的某些特点，对于认识古汉语的实际面貌、探索汉语由先秦到汉代的发展规律，都会大有裨益。因此本文选择了这两部书作为研究对象。

　　本文目的是从《左传》和《史记》的比较中探索《史记》语法的若干特点。具体作法是：一方面，把《史记》中记载史实与《左传》相同的部分跟《左传》进行对照，从司马迁的古今对译和引文变化中找出《史记》语法的一些特点；另一方面，对《史记》的全部篇章进行调查分析，尽力找出全书在语法上的主要特征。此外，还做了些必要的统计，由于两书特别是《史记》篇幅浩大，我们只做了些抽样统计；希望它能起到"麻雀虽小、五脏俱全"的作用。

　　在将两书对比的过程中我们看到，由《左传》到《史记》，语法变化的总趋势和主要特点，就是句子结构的复杂化。这时重读吕叔湘先生的以下论述，感到特有启发："不妨把眼界放宽些，研究句子结构的复杂化和句子格式的多样化。……句子的复杂化不外乎三个途径：一、添枝加叶；二、局部发达；三、前后衔接。""局部发达指的是某一个句子成分特别复杂。"（《汉语语法分析问题》80 页）《史记》句子复杂化的主要表现是，在各种成分（主、谓、宾、定、状、补）进一步完备的基础上，有两个明显发达的"局部"和围绕着它们的茂盛的"枝叶"。这两个"局部",一是动词谓语,一是主要用作主语和宾语的名词短语,它们好比是句中的主干;而那茂盛的"枝叶"就是生动的修饰语——状语、补语和定语。特别是动词谓语及其前后的修饰语,是语法发展中最活跃的因素,也是两书语法比较中最重要的内容。根据以上这条总纲,本文不准备对《史记》语法状况作面面俱到的叙述,只打算就其特点谈以下九个问题:

一　句子成分的进一步完备和名词短语的发达

二　丰富多彩的定语

三　动词谓语的发展变化

四　生动多样的状语

——状语之一

五　介宾状语的大量出现

——状语之二

六　介宾补语的减少和无介词补语的增多

——补语之一

七　结果补语、趋向补语、程度补语的重大发展

——补语之二

八　《左》、《史》动词前后介宾变化的比较

九　小结

一　句子成分的进一步完备和名词短语的发达

1.1　句子成分的进一步完备

句子的主要成分有主、谓、宾、定、状、补。关于谓语、定语、状语、补语的情况下面都有专门论述,这里只谈主语和宾语。《左传》的句子常常省略主语或宾语,有时读起来比较费解。随着语言的发展,《史记》在叙述与《左传》相同的史实时,常将主语或宾语补出,使句子成分更加完备。

(一)主语。《左》、《史》对照,举例如下:

　　┌《左》：十二月戊申，（　）缢于新城。（僖4）1.299①
　　└《史》：十二月戊申，申生自杀於新城。（《晋世家》）5.1646②

　　┌《左》：及期而往，（　）告之曰："帝许我罚有罪矣，敝於韩。"
　　│　　（僖10）1.335
　　└《史》：及期而往，复见，申生告之曰："帝许罚有罪矣，樊於韩。"
　　　　（《晋世家》）5.1651

　　┌《左》：壬戌，（　）战于韩原。（僖15）1.356
　　└《史》：九月壬戌，秦缪公、晋惠公合战韩原。（《晋世家》）5.1653

　　┌《左》：（　）改馆晋侯，馈七牢焉。（僖15）1.367
　　└《史》：於是秦缪公更舍晋惠公，馈之七牢。（《晋世家》）5.1654

　　┌《左》：（　）遂告祭仲曰："……。"祭仲杀雍纠。（桓15）1.143
　　└《史》：女乃告祭仲，祭仲反杀雍纠。（《郑世家》）5.1762

　　┌《左》：（　）无施於民，无援於外；去晋而（　）不送，归楚而
　　│　　（　）不逆，何以冀国？（昭13）1.1353
　　└《史》：子比无施於民，无援於外；去晋，晋不送；归楚，楚不迎。
　　　　何以有国！（《楚世家》）5.1710

　　┌《左》：（　）为仍牧正。……（　）逃奔有虞。（哀1）4.1605
　　└《史》：少康为有仍牧正。……少康奔有虞。　（《吴太伯世家》）
　　　　5.1469

　　在以上例句中，《史记》都将主语补出，类似的例句还有很多。至于
《左传》原有主语而《史记》省去的则极为个别，如：

　　┌《左》：君子是以知秦之不复东征也。（文6）2.549
　　└《史》：是以知秦不能复东征也。（《秦本纪》）1.195

　　纵观《史记》全书，句子的主语大都交代得比较清楚；那种使人摸

────────────

　　① 《左传》出处后的数字表示该例句在《春秋左传注》（杨伯峻先生注，中华书局1981年
版）的第几册、第几页。如"1.299"，表示"第一册，299页"。余仿此。
　　② 《史记》出处后的数字表示该例句在《史记》（中华书局1959年版）的第几册、第几
页。如"5.1646"，表示"第五册，1646页"。余仿此。

不着头脑、不知主语是谁的情况是不多见的。

（二）宾语。《左》、《史》比较如下：

> 《左》：令（　）无入僖负羁之宫，而免其族，报施也。（僖28）
> 　　1.454
> 《史》：令军无入僖负羁宗家以报德。（《晋世家》）5.1664

> 《左》：祭仲专（　），郑伯患之，使其婿雍纠杀之。（桓15）1.143
> 《史》：祭仲专国政，厉公患之，阴使其婿雍纠欲杀祭仲。（《郑世家》）5.1762

> 《左》：君曰："诺，吾将复请（　）。"（僖10）1.335
> 《史》：申生曰："诺，吾将复请帝。"（《晋世家》）5.1651

> 《左》：秦伯诱（　）而杀之。（僖24）1.415
> 《史》：秦缪公诱吕、郤等，杀之河上。（《晋世家》）5.1661

> 《左》：楚人献鼋於郑灵公，公子宋与子家将见（　）。（宣4）
> 　　2.677
> 《史》：楚献鼋於灵公。子家、子公将朝灵公。（《郑世家》）5.1767

> 《左》：王使（　）召之，曰："来，吾免而父。"（昭20）4.1408
> 《史》：於是王使人召之，曰："来，吾免尔父。"（《楚世家》）
> 　　5.1713

> 《左》：弗听。使（　）於齐。（哀11）4.1664
> 《史》：王始不从，乃使子胥於齐。（《越王句践世家》）5.1743

> 《左》：卫侯请盟（　），晋人弗许。（僖28）1.452
> 《史》：卫侯请盟晋，晋人不许。（《晋世家》）5.1664

在以上例句中，《史记》都补出了宾语，使语意表达更为准确。《史记》与《左传》相比，也有略去宾语的，但这种情况十分少见。如：

> 《左》：王曰："……诸侯其畏我乎！"对曰："畏君王哉！"（昭12）
> 　　4.1340
> 《史》：灵王曰："……诸侯畏我乎？"对曰："畏（　）哉！"（《楚世家》）5.1705

《史记》在这里省去了"畏"的宾语（"君王"），对理解文意并无影响。

（三）句子成分的进一步完备还表现在用名词（或其短语）代替代词"之"，使句子成分的表达更为明确。

《左传》中用代词"之"代替宾语的现象非常普遍，有时为了弄清"之"所代的究竟是什么对象，还要费番功夫。为了使语言表达更为清楚明白，《史记》在必要的地方常以具体对象代"之"。如：

> 《左》：夷吾诉之，公使让之。（僖5）1.303
> 《史》：夷吾以告公，公怒士芮。（《晋世家》）5.1646

> 《左》：宰夫胹熊蹯不熟，杀之。（宣2）2.656
> 《史》：宰夫胹熊蹯不熟，灵公怒，杀宰夫。（《晋世家》）5.1673

> 《左》：秋九月，晋侯饮赵盾酒，伏甲，将攻之。（宣2）2.659
> 《史》：九月，晋灵公饮赵盾酒，伏甲将攻盾。（《晋世家》）5.1674

> 《左》：公问之，子家以告。（宣4）2.678
> 《史》：灵公问其笑故，具告灵公。（《郑世家》）5.1767

1.2　名词短语的发达

名词短语在句中主要用作主语、宾语、主语和宾语的同位语以及名词谓语、定语等。《史记》与《左传》比较起来，名词短语这个局部明显发达，不仅数量增加，短语的结构也更加复杂。但有的名词短语也有减少的趋势。主要表现在以下几点：

1.2.1　偏正结构的名词短语明显增加

1.2.2　"者"字短语的大量增加与复杂化

1.2.3　"所"字短语的大量增加与复杂化

1.2.4　《左传》的［主语·"之"·谓语］短语在《史记》中有减少的趋势

下面分别叙述。

1.2.1　偏正结构的名词短语明显增加

（一）这种偏正结构名词短语的增加主要是用来作主语或宾语的同位语。如：

> 《左》：吕、卻畏偪，将焚公宫而弑晋侯。（僖公 24）1.414
> 《史》：怀公故大臣吕省、卻芮本不附文公，文公立，恐诛，乃欲与其徒谋烧公宫，杀文公。（《晋世家》）5.1661

《左传》的句子主语"吕"、"卻"在《史记》中增加了同位语、偏正短语"怀公故大臣"，就使"吕省"、"卻芮"的身份变得十分明朗，因而对理解文义也大有好处。又如：

> 《左》：夏四月辛巳，败秦师于殽，获百里孟明视、西乞术、白乙丙以归。（僖 33）1.498
> 《史》：四月，败秦师于殽，虏秦三将孟明视、西乞秫、白乙丙以归。（《晋世家》）5.1670

《史记》的例句在主语前增加了同位语、偏正短语"秦三将"以明确人物的身份。又如：

> 《左》：穆嬴日抱太子以啼于朝。（文 7）2.558
> 《史》：太子母缪嬴日夜抱太子以号泣於朝。（《晋世家》）5.1672

以上例句中的名词短语都是作主语的同位语，还有一些名词短语是作宾语的同位语，如：

> 《左》：潘崇曰："享江芈而勿敬也。"（文 1）2.514
> 《史》：崇曰："飨王之宠姬江芈而勿敬也。"（《楚世家》）5.1698

《史记》的例句在宾语"江芈"前增加了同位语、偏正短语"王之宠姬"，使江芈的身份明朗化，有助于读者的理解玩味。（但江芈为楚成王妹，非"王之宠姬"，太史公误。）又如：

> 《左》：遂杀丕郑、祁举及七舆大夫……，皆里、丕之党也。（僖 11）1.336
> 《史》：遂杀邳郑及里克、邳郑之党七舆大夫。（《晋世家》）5.1652

《左传》的"皆里、丕之党也"本为一个名词谓语句，在《史记》中"里克、邳郑之党"是"七舆大夫"的同位语。

《左传》虽然也有同位语，如：

（1）晋之灭潞也，获侨如之弟焚如。（文 11）2.584

（2）公杀其傅杜原款。（僖4）1.297

但远不像《史记》运用得那样广泛。以上例句中《史记》增加了同位语的名词，在《左传》里大都有前人作注，对该名词所代表的人物身份加以介绍。可见同位语在《史记》中有较明显的增多。在《史记》的其他篇章里也随处可见，如：

（1）今者，晁错天子用事臣，变更高皇帝法令，侵夺诸侯地。（《吴王濞列传》）9.2836

（2）今子故平王之臣，亲北面而事之，今至於僇死人，此岂其无天道之极乎！（《伍子胥列传》）7.2176

（3）顾楚有可乱者，彼项王骨鲠之臣亚父、锺离眛、龙且、周殷之属，不过数人耳。（《陈丞相世家》）6.2055

此例中的"彼"和"项王骨鲠之臣"同位，它们又和"亚父、锺离眛、龙且、周殷之属"同位。

（4）伍子胥初所与俱亡、故楚太子建之子胜者，在於吴。（《伍子胥列传》）7.2181

此例中的"伍子胥初所与俱亡"和"故楚太子建之子"两个名词短语作"胜"的同位语，介绍出"胜"与伍子胥的关系以及"胜"的身份。"者"在这里起语音停顿和引起下文的作用，是语气词。

由以上分析可以看到，同位语的大量出现带来了名词短语的明显增多。同时由於这些同位语多有注释、说明的性质，因此这些名词短语结构也比较复杂。同位语的大量出现使一些注释的内容得以同位语的形式纳入正文，使人一目了然，它反映了句子结构的复杂化趋势以及语言表达的愈益细密、确切。

（二）除了上面的用法外，《史记》还以偏正结构的名词短语代替《左传》的专有名词。如：

《左》：秦伯纳女五人，怀嬴与焉。（僖23）1.410
《史》：缪公以宗女五人妻重耳，故子圉妻与往。（《晋世家》）5.1660

《左传》的专名"怀嬴"为《史记》的"故子圉妻"所代替，使人物身份更加明确。又如：

《左》：晋侯、秦伯围郑，以其无礼於晋，且贰於楚也。（僖30）
1.479

《史》：晋文公、秦缪公共围郑，以其无礼於文公亡过时，及城濮时郑助楚也。（《晋世家》）5.1669

《史记》的"文公亡过时"代替了《左传》的"晋"，使文意更清楚。

1.2.2　"者"字短语的大量增加与复杂化

《左》、《史》两书的"者"字大都是助词，用来组成名词性短语；还有部分是语气词，用来表语音停顿和引起下文等。《左传》的"者"字共出现552次，占全书总字数196845字的0.28%，每一千字里有2.8个"者"字。而《史记》仅第八册的"者"就有612次之多，占第八册总字数72755字的0.84%，每千字中有8.4个"者"字，出现频率比《左传》高得多。说明"者"字短语发展迅速，是一个很有生命力的结构。《史记》"者"字短语增多的原因之一是，《左传》用作主语或宾语的名词及其短语在《史记》里有的变为"者"字短语，以表明人物的身份、特征或与有关对象的关系等。如：

《左》：宣子与诸大夫皆患穆嬴，且畏偪，乃背光蔑而立灵公，以御秦师。（文7）2.559

《史》：赵盾与诸大夫皆患缪嬴，且畏诛，乃背所迎而立太子夷皋，是为灵公。发兵以距秦送公子雍者。（《晋世家》）5.1672

《左传》的"秦师"在《史记》里变为"秦送公子雍者"。

《史记》"者"字短语增多的原因之二是，《左传》中作为主语或宾语的名词及其短语，有的在《史记》里增加了"者"字短语作为同位语。如：

《左》：寺人披请见。（僖24）1.414
《史》：始尝欲杀文公宦者履鞮知其谋，欲以告文公，解前罪，求见文公。（《晋世家》）5.1661

《左传》的"寺人披"在《史记》里变为"始尝欲杀文公宦者履鞮"，"者"字短语表明了履鞮原先的身份——"宦者"，以及他与文公的历史关系——"始尝欲杀文公"。

　　总起来看，《史记》全书很多句子中的主语或宾语都是由"者"字短语充当的。而且"者"前的结构也比《左传》复杂多样。大致情况如下：

　　（一）《左传》"者"前为形容词或其短语者虽然有，但很少，结构也较简单。如：

　　（1）吾闻君子务知大者、远者，小人务知小者、近者。（襄公 31年）3.1193

　　（2）子姑整军而经武乎！犹有弱而昧者，何必楚？（宣公 12年）2.725

　　《史记》的"者"字短语中，"者"前为形容词者明显增多，如：

　　（1）彗星出东北。秋，衡山雨雹，大者五寸，深者二寸。（《孝景本纪》）2.439

　　（2）夫天下豪桀并起，能者先立。（《张耳陈余列传》）8.2583

　　（3）臣闻智者千虑，必有一失；愚者千虑，必有一得。（《淮阴侯列传》）8.2618

　　有时"者"字短语的构成为〔名＋形·"者"〕，如：

　　（4）今大王慢而少礼，士廉节者不来。（《陈丞相世家》）6.2055

　　（5）当其时，巫行视小家女好者，云是当为河伯妇，即娉取。（《滑稽列传补》）10.3211

　　两例中的"形·者"与前面名词（或名词短语）是部分与整体的关系。从语法结构上看，二者共同组成一个名词性的偏正短语，其中名词是定语，"形·者"是中心成分。

　　（二）"者"字短语中"者"前的结构为动词或其短语，具体有以下几种情况：

　　㊀〔动词（或动词短语）·"者"〕。如：

　　（1）陛下用群臣如积薪耳，后来者居上。（《汲郑列传》）10.3109

　　（2）窃鉤者诛，窃国者侯，侯之门，仁义存。（《游侠列传》）10.3182

　　（3）父老苦秦苛法久矣，诽谤者族，偶语者弃市。吾与诸侯约，先入关者王之。吾当王关中。（《高祖本纪》）1.362

　　类似以上例句中的"者"字短语，在《左传》和《史记》中都不难见到。以下几种结构，《史记》比《左传》多见或更为复杂。

㈡〔并列短语·"者"〕。如：

（1）因下令军中曰："猛如虎、狠如羊、贪如狼、彊不可使者，皆斩之。"（《项羽本纪》）1.305

此例中四个短语并列，最后加"者"，意指具备这四种特点的人。

有时并列的主谓短语加"者"，如：

（2）若至力农畜工虞商贾为权利以成富，大者倾都、中者倾县、下者倾乡里者，不可胜数。（《史记·货殖列传》）

此例大意是，至于努力于耕种、畜牧、工匠、利用山林川泽和行商坐贾，玩弄权术谋取财利而致富，大的倾动一个都市、中等的倾动一县、下等的倾动一乡一里的，多得数不过来。例中的"大者"、"中者"、"下者"分别作三个短语中的主语，三个并列的主谓短语加"者"又组成一个长长的名词短语。

㈢〔名词＋动词（或动词短语）·"者"〕。

（1）高祖自往击之，会天寒，士卒堕指者什二三，遂至平城。（《高祖本纪》）2.385

（2）诸侯军救巨鹿下者十余壁，莫敢纵兵。（《项羽本纪》）1.307

（3）请益其车骑壮士可为足下辅翼者。（《刺客列传》）8.2524

在这些例句中，〔动（或动词短语）·"者"〕与前面的名词在意义上是部分与整体的关系；从语法结构上看，二者组成一个名词性的偏正短语，其中名词是定语，〔动（或动词短语）〕是中心成分。

有时作为定语的名词或名词短语可以承上省略，如：

（4）天下之游士冯轼结靷西入秦者无不欲彊秦而弱齐；冯轼结靷东入齐者无不欲彊齐而弱秦。（《孟尝君列传》）7.2361

此例的"冯轼结靷东入齐者"承上省略了"天下之游士"。

有时作为定语的名词与中心成分之间有助词"之"连接，如：

（5）立宛贵人之故待遇汉使善者名昧蔡以为宛王，与盟而罢兵。（《大宛列传》）10.3177

㈣名词（或名词短语）后之动词短语由几个并列短语组成，如：

（1）秦带甲百余万，车千乘，骑万匹，虎贲之士跿跔科头贯颐奋戟者至不可胜计。秦马之良，戎兵之众，探前趹后蹄间三寻腾者不可胜数。（《张仪列传》）7.2293

虎贲之士，指勇武的士兵。跿跔，音 tú jù，跳跃。科头：指不著兜鍪入敌。贯颐，指两手捧脸直入敌阵。奋戟：指执戟奋力冲入敌阵。都表示战士的勇敢。这句是说，在虎贲之士中像这样勇敢作战的士兵多得数不过来。探前趹后：指马前足探向前，后足趹于后。寻：八尺为一寻。蹄间三寻腾：指马在疾驰时，前后蹄间一跃过三寻。表示马队奔驰的急速。后句是说，在秦马十分优良，战士非常之多的行进队伍中急驰猛奔的马不可胜数。

㈤有时作定语的部分也是"者"字短语，如：

（1）主父偃既至齐，乃急治王后宫宦者为王通於姊翁主所者，令其辞证皆引王。（《齐悼惠世家》）6.2008

"王后宫宦者"为定语，"为王通於姊翁主所者"为中心成分。

㈥〔动（或动词短语）·"者"＋名词（或名词短语）〕。有时"者"字短语作定语，修饰后面的名词短语，如：

（1）於是平原君乃斩笑躄者美人头。（《平原君虞卿列传》）7.2366

此例中的"笑躄者"修饰"美人"，"笑躄者美人"修饰"头"；意即斩掉笑跛脚人的那个美人的脑袋。

由以上分析可以看出，"者"这个助词神通广大，无论形容词、动词（及其短语）或者句子，和"者"结合后都可变为名词性短语。这种短语能形象生动地表明具体对象的特征，因此具有很强的生命力，世代相传，沿用不衰。《史记》和《左传》相比，不仅在数量上有明显增长，而且结构上也更加复杂多样。

1.2.3　"所"字短语的大量增加与复杂化

（一）《左传》中的一些名词，《史记》除常用"者"字短语加以替换外，还常用"所"字短语替换以表明其身分或特点。如：

《左》：宣子与诸大夫皆患穆嬴，且畏偪，乃背先蔑而立灵公。（文7）2.559

《史》：赵盾与诸大夫皆患缪嬴，且畏诛，乃背所迎而立太子夷皋，是为灵公。（《晋世家》）5.1672

《史记》用"所迎"改变了《左传》的"先蔑"，表示赵盾和大夫们背弃了原先派先蔑、士会到秦国去迎接的公子雍。"所迎"，实指公子雍，表达得更为准确。又如：

> 《左》：对曰："不有废也，君何以兴？"（僖 10）1. 333
> 《史》：里克对曰："不有所废，君何以兴？"（《晋世家》）5. 1650

《史记》的"所废"代替了《左传》的"废"，更为确切地表明"有"的宾语是一个名词性的成分。

（二）《史记》有时在《左传》行文的基础上增加"所"字短语，如：

> 《左》：为之娶于齐，而美，公取之。（桓 16）1. 146
> 《史》：右公子为太子娶齐女，未入室，而宣公见所欲为太子妇者①好，说而自取之。（《卫康叔世家》）5. 1593

《史记》用"宣公见所欲为太子妇者好"表达了《左传》"而美"所包含的意思，其中把"所欲为太子妇者"加在"好（与"美"意相当）"前作主语，不仅使文义更加明确，而且交代了宣公的身份，把他的荒淫无耻暴露无遗。又如：

> 《左》：先王违世，犹诒之法，而况夺之善人乎？（文 6）2. 547
> 《史》：且先王崩，尚犹遗德垂法，况夺之善人良臣、百姓所哀者②乎？（《秦本纪》）1. 195

《史记》在《左传》的"善人"后面加了"良臣"，还加了"所"字短语"百姓所哀者"，使读者对陪同秦缪公殉葬的奄息、仲行、鍼虎三人的为人有更加具体、深刻的了解。

从以上对比中可以看到，《史记》常用"所"字短语来替换一个简单的专有名词或一个单词，或者增加"所"字短语来渲染文义。《左传》全书的"所"字共出现 460 次，约占全书总字数的 0. 23%，每千字中有 2. 3个"所"字。而《史记》仅第八册就出现 332 次，约占第八册总字数的 0. 46%，每千字中有"所"字 4. 6 个，是《左传》的两倍。从《史记》全书的情况看，"所"字短语不仅数量比《左传》多，而且还有一些相当

---

① 这个短语中有"所"也有"者"，我们把它归入"所"字短语了。

② 同上。

复杂的结构。下面介绍"所"字短语在《史记》中的几种用法及其结构。

（一）〔"所"·动（或动词短语）〕作句中主语。如：

（1）前主所是著为律，后主所是疏为令，当时为是，何古之法乎！"（《酷吏列传》）10.3153

"所是"表示"所认为对的东西"。"是"为动词。

（2）欲归燕，已有隙，恐诛；欲降齐，所杀虏於齐甚众，恐已降而后见辱。（《鲁仲连邹阳列传》）8.2469

"所杀虏於齐"，可有两解：（一）齐将士之被杀被虏者；（二）齐被燕所俘虏人被杀者。

（3）孝景崩，即日太子立，称制，所镇抚多有田蚡宾客计筴。（《魏其武安侯列传》）9.2842

"所镇抚"，似泛指孝武帝上台后朝廷为镇抚人心所采取的重大措施。句意指所采取的措施中很多是田蚡宾客的计谋。

（二）〔"所"·动（或动词短语）〕作动词宾语。如：

（1）今入关，财物无所取，妇女无所幸，此其志不在小。（《项羽本纪》）1.311

（2）吾入关，秋毫不敢有所近。（《项羽本纪》）1.312

（3）士固有杀身以成名，唯义之所在，虽死无所恨。（《范雎蔡泽列传》）7.2420

（4）不知其君视其所使，不知其子视其所有。（《田叔列传》）9.2780

（5）黄金有疵，白玉有瑕；事有所疾，亦有所徐；物有所拘，亦有所据；罔有所数，亦有所疏；人有所贵，亦有所不如。（《龟策列传》）10.3237

例（4）中的"所使"、"所有"受代词"其"的修饰，作动词"视"的宾语。

（三）〔"所"·动（或动词短语）〕作名词谓语。如：

（1）高祖曰："丰吾所生长，极不忘耳。"（《高祖本纪》）2.390

"丰吾所生长"意即"丰邑（是）我生长的地方。""所生长"受代词"吾"修饰，作名词谓语。

（2）夫鲁，坟墓所处，父母之国。（《仲尼弟子列传》）7.2197

（四）〔"所"·动（或动词短语）〕用于名词（或名词短语）前作定

语，如：

（1）高祖所教歌儿百二十人，皆令为吹乐。（《高祖本纪》）2.393

"所教"受"高祖"修饰，构成偏正短语"高祖所教"，作"歌儿"的定语。

（2）上常衣绨衣，所幸慎夫人，令衣不得曳地，帏帐不得文绣，以示敦朴，为天下先。（《孝文本纪》）2.433

（3）和氏璧，天下所共传宝也。（《廉颇蔺相如列传》）8.2440

（4）所赐钱财尽索之於女子。（《滑稽列传》）10.3205

（5）今君又尚厚积余藏，欲以遗所不知何人。（《孟尝君列传》）7.2353

"所不知"修饰"何人"，意指"不知道的什么人"。

有时〔"所"·动〕与中心成分之间有助词"之"，这样〔"所"·动〕的定语性质就更明显。如：

（6）顷之，襄子当出，豫让伏於所当过之桥下。（《刺客列传》）8.2521

以上例句都是"所"加动词作定语，还有的例句是〔"所"·动宾〕作定语，如：

（7）魏子所与粟贤者闻之，乃上书言孟尝君不作乱，请以身为盟；遂自刭宫门以明孟尝君。（《孟尝君列传》）7.2357

"魏子所与粟"修饰"贤者"，"魏子"修饰"所与粟"；"所与粟"是"所"加"动宾"——"与粟"，表示"魏子与粟之人"。而不能分析为"魏子所与之粟"。"魏子所与粟贤者"意即"魏子曾给与过粟米的那位贤者"。

有的是〔"所"·介·动宾〕作定语，如：

（8）尽求捕王所与谋反宾客在国中者，索得反具以闻。（《淮南衡山列传》）10.3093

"王所与谋反"修饰"宾客"，"王"修饰"所与谋反"；"所与谋反"是"所与"加"动宾"——"谋反"，表示"与之一块谋反的人"。"王所与谋反宾客"意即"淮南王与之一块谋反的宾客"。

以上作定语的用法，《左传》虽有，却很少；《左传》"所"字的主要用法是"所"加动词构成名词性短语，在句中作主语或宾语。〔"所"·

动〕作定语有少数例句，如：

晋侯观于军府，见锺仪。问之曰："南冠而絷者，谁也？"有司对曰："郑人所献楚囚也。"（成9）2.844

至于〔"所"·动宾〕作定语的例子，在《左传》中没有见到。

⑤"所"字短语与"者"字短语组成的名词短语。

《史记》中有部分例句由"所"字短语和"者"字短语组成名词短语在句中作句子成分。"所"字短语与"者"字短语大致有以下两种情况：

一种是两个短语之间为整体与部分的关系，修饰与被修饰的关系，如上面例中的"尽求捕王所与谋反宾客在国中者"，"所"字短语"王所与谋反宾客"表示整体，"在国中者"表示部分。这两个短语之间可加助词"之"，变为"王所与谋反宾客之在国中者"。

另一种是两个短语所表示的为同一对象，如：

（1）高乃与公子胡亥、丞相斯阴谋破去始皇所封书赐公子扶苏者，而更诈为丞相斯受始皇遗诏沙丘，立公子胡亥为太子。（《秦始皇本纪》）1.264

"始皇所封书赐公子扶苏者"这一名词短语为"破去"的宾语。"始皇所封书"与"赐公子扶苏者"两个短语之间不是整体与部分的关系，它们说明的是同一对象："始皇所封书——赐公子扶苏者"。它们也不是同位关系，因可以说"阴谋破去始皇所封书"，而不能说"阴谋破去赐公子扶苏者"。二者虽然说明的是同一对象，但它们的语法作用是不同的，"者"字短语似是对"所"字短语中的中心成分起补充说明的作用。本例可变换为"始皇所封赐公子扶苏书"。又如：

（2）子房始所见下邳圯上老父与《太公书》者，后十三年从高帝过济北，果见谷城下黄石，取而葆祠之。（《留侯世家》）6.2048

"子房始所见下邳圯上老父"跟"与《太公书》者"中间不能加"之"，可以变换为"子房始所见下邳圯上与《太公书》之老父"。又如：

（3）逃於道，而见乡者后宫童妾所弃妖子出於路者，闻其夜啼，哀而收之。（《周本纪》）1.147

"出於路者"修饰"妖子"，意即"后宫童妾所弃、出於路之妖子。"

这类名词短语在《左传》中没有见到。

㈥ "所" 字短语加 "者" 组成的名词短语。

（1）而李园女弟初幸春申君有身而入之王所生子者遂立，是为楚幽王。（《春申君列传》）7. 2398

此例中 "所" 字短语 "李园女弟初幸春申君有身而入之王所生子" 与 "者" 组成一个长得少见的名词短语，作动词 "（遂）立" 的主语。在 "所" 字短语内部，"李园女弟初幸春申君有身而入之王所生" 修饰 "子"，而 "初幸春申君有身而入之王" 又修饰 "李园女弟"。这个 "所" 字短语加 "者"，变成 "者" 字短语，它的大意是，"李园的妹妹，当初为春申君宠爱、怀孕后进献给楚考烈王，所生的那个儿子"（就立为王）。"者" 的作用似乎是对 "子" 复指和强调，表示就是 "那个儿子"，不是别人。

（2）伍子胥初所与俱亡故楚太子建之子胜者，在於吴。（《伍子胥列传》）7. 2181

此例的 "所" 字短语 "伍子胥初所与俱亡故楚太子建之子胜" 内部，"伍子胥初所与俱亡" 修饰 "故楚太子建之子胜"。整个 "所" 字短语加 "者" 变成 "者" 字短语，大意是，"伍子胥当初跟他一块逃亡的已故楚太子建的儿子胜这个人"，（在吴国）。"者" 表示对 "胜" 的复指和强调。

这类例句也不见於《左传》。

由以上对 "所" 字短语的分析我们看到，"所" 字与 "者" 字相似，它的结合能力也很强。它与动词（或其短语）组成名词性短语，在句中可作主语、宾语、名词性谓语、定语等。这种短语生动地表示具体对象的某些特征，也是很有生命力的一种语法结构。

1.2.4　《左传》的〔主语・"之"・谓语〕短语在《史记》中有减少的趋势

《左传》有不少〔主语・"之"・谓语〕短语用作句中主语、宾语或表时间的短语，这是《左传》语法的特色之一，而在《史记》中，这种短语有减少的趋势。如：

《左》：秦穆公之不为盟主也宜哉！（文6）2. 547

《史》：秦缪公广地益国，东服疆晋，西霸戎夷，然不为诸侯盟主，亦宜哉！（《秦本纪》）1. 195

《左传》的"秦穆公之不为盟主"在《史记》里变成"不为诸侯盟主"。又如：

> 《左》：寡君之使婢子侍执巾栉，以固子也。（僖22）1.394
> 《史》：秦使婢子侍，以固子之心。（《晋世家》）5.1655

《左传》的"寡君之使婢子侍执巾栉"在《史记》里变成"秦使婢子侍"。

以上是作主语的〔主语·"之"·谓语〕变成〔（主语）·谓语〕短语的例子。下面看看作宾语的例子：

> 《左》：定王使王孙满劳楚子，楚子问鼎之大小轻重焉。（宣3）2.669
> 《史》：周定王使王孙满劳楚王。楚王问鼎小大轻重。（《楚世家》）5.1700

《左传》"鼎之大小轻重"变为《史记》的"鼎小大轻重"。

> 《左》：夫差，而忘越王之杀而父乎？（定14）4.1596
> 《史》：阖庐使立太子夫差，谓曰："尔而忘句践杀汝父乎？"（《吴太伯世家》）5.1468

《左传》的"越王之杀而父"变为《史记》的"句践杀汝父"。

以上例中，在《左传》里作宾语的〔主语·"之"·谓语〕短语，在《史记》里都变成〔主·谓〕短语。下面再看作时间短语的例子：

> 《左》：丕郑之如秦也，言於秦伯曰：……（僖10）1.335
> 《史》：邳郑使秦，闻里克诛，乃说秦缪公曰：……（《晋世家》）5.1652

《左传》的"丕郑之如秦也"在《史记》里变为"邳郑使秦"。

> 《左》：惠公之在梁也，梁伯妻之。（僖17）1.372
> 《史》：初，惠公亡在梁，梁伯以其女妻之。（《晋世家》）5.1655

《左传》的"惠公之在梁也"在《史记》里变为"惠公亡在梁"。

以上在《左传》里作为时间短语的〔主语·"之"·谓语〕，在《史记》里都变成了〔主·谓〕短语。还有的〔主语·"之"·谓语〕

短语到《史记》中就消失了，如：

> 《左》：胥童以胥克之废也，怨郤氏。（成17）2.776
> 《史》：宠姬兄曰胥童，尝与郤至有怨。（《晋世家》）5.1680

"胥克之废"作介词"以"的宾语，表示过去曾发生过的事情，作为原因；《史记》只用一个"尝"字表示过去，没有用"胥克之废"，因此这个〔主语·"之"·谓语〕短语就不见于《史记》了。

当然，在《史记》里也还有不少〔主语·"之"·谓语〕短语；作主语的，如：

（1）人之贤不肖譬如鼠矣，在所自处耳！（《李斯列传》）8.2539

作宾语的，如：

（2）灵王闻太子禄之死也，自投车下。（《楚世家》）5.1707

作名词性谓语的，如：

（3）樊於期偏袒搤挽而进曰："此臣之日夜切齿腐心也，乃今得闻教！"（《刺客列传》）8.2533

作表时间的短语，如：

（4）昔文公之入也无卫，故有吕、郤之难。（《晋世家》）5.1672

但从总体上看，比之《左传》，确有减少的趋势。

＊　　　＊　　　＊　　　＊

由以上分析我们看到，句子成分的进一步完备；以名词及其短语代替某些代词如"之"等；以各种比较复杂的、富有表现力的名词性短语代替简单的人名、物名或作为其同位语，是《史记》句子中名词性成分的重要作用。特别是各种名词短语如偏正短语、"者"字短语、"所"字短语等，生动地表示出被描述对象的身份、性质、特点以及人物之间的关系等，有时还有修辞作用，给具体对象增添了色彩，使之栩栩如生。这些都充分体现出不同的语法结构在语言表达上的特殊作用。同时也向人们显示出，名词短语的发达是句子结构复杂化的重要标志之一。

需要说明的是，由《左传》到《史记》语言有较大变化，是语言历史发展的必然。《左传》、《史记》语法各有其自身的特点，反映着不同的历史阶段。我们通过二者的比较来研究《史记》的语法特点，决无扬《史》抑《左》之意。

二　丰富多彩的定语

这一节讨论名词及名词性短语的修饰语即定语的情况。

2.1　《左传》名词的修饰语本已比较多样，《史记》比它更为丰富

《左传》一些没有定语的名词在《史记》里往往有了定语，如：

> 《左》：太子祭于曲沃，归胙于公。（僖4.6）1.297
> 《史》：太子於是祭其母齐姜於曲沃，上其薦胙於献公。（《晋世家》）5.1645

胙，杜注：祭之酒肉。《史记》在"胙"前加了定语"其薦"，表明是太子祭祀时的酒肉，下文"献公时出猎，置胙於宫中"，就不再用定语了。又如：

> 《左》：鱄设诸寘剑於鱼中以进。（昭27）4.1484
> 《史》：使專诸置匕首於炙鱼之中以进。（《吴太伯世家》）5.1463

鱼，杜注：全鱼炙。《史记》在"鱼"前加定语"炙"，不仅无须注释，而且鱼的形象具体、明确，兼有修辞的效果。

以上例中的定语都直接加在名词前，有叶在定语和中心成分之间用助词"之"连接。如：

> 《左》：救灾、恤邻，道也。（僖13）1.345
> 《史》：救灾、恤邻，国之道也。（《晋世家》）5.1653

还有一些名词在《左传》中已有定语，《史记》又给增添了新的定语，如：

> 《左》：被此名也以出，人谁纳我？（僖4）1.298
> 《史》：被此恶名也以出，人谁纳我？（《晋世家》）5.1646

《左传》的"此名"，有"此"作定语；《史记》又加上定语"恶"，变成"此恶名"，意义表达就更加准确、生动。杨伯峻先生在《左传》的"此名"下加注："此名谓杀父之恶名。"《史记》以"恶"作定语，意义豁然，不需加注。又如：

《左》：我，王嗣也，吾欲求之。（昭27）4. 1483

《史》：我，真王嗣，当立，吾欲求之。（《吴太伯世家》）5. 1463

《左传》的"王嗣"，"王"为定语，《史记》又加上一个定语"真"。

从以上《左》、《史》对照中，已能看出《史记》定语增多的端倪。若从《史记》的全书来看，名词的修饰语就更是花样繁多、丰富多采。主要谈以下几点：

2.2　定语与中心成分之间没有助词"之"连接

2.2.1　形容词作定语

（一）表示事物的色彩。如：

（1）建老白首，万石君尚无恙。（《万石张叔列传》）9. 2765

（2）吕后被，还，过轵道，见物如苍犬。（《吕太后本纪》）2. 405

（3）是时汉下诏书："赵有敢随王者辠三族。"唯孟舒、田叔等十余人赭衣自髡钳，称王家奴，随赵王敖至长安。（《田叔列传》）9. 2776

（4）赵禹去，谓两人曰："各自具案马新绛衣。"（《田叔列传》）9. 2781

（5）於是佗乃自尊号为南越武帝，……迺乘黄屋左纛，称制，与中国侔。（《南越列传》）9. 2969

（6）其上则有赤猨蠷蝚，……其下则有白虎玄豹。（《司马相如列传》）9. 3004

（二）表示事物的性质。如：

（1）虽有乌获、逢蒙之伎，力不得用，枯木朽株尽为害矣。（《司马相如列传》）9. 3053

（2）天下之彊弓劲弩皆从韩出。……以韩卒之勇，被坚甲，蹠劲弩，带利剑，一人当百，不足言也。（《苏秦列传》）7. 2251

（3）单于……数使使於汉，好辞甘言求请和亲。（《匈奴列传》）9. 2912

（4）高祖醉，曰："壮士行，何畏！"（《高祖本纪》）2. 347

（5）大风起兮云飞扬，威加海内兮归故乡，安得猛士兮守四方！（《高祖本纪》）2. 389

（6）汉兴，除秦苛政。（《孝文本纪》）2. 414

（7）伐无道，诛暴秦。（《陈涉世家》）6.1952

（8）吴王闻之，悉发精兵击越，败之夫椒。（《越王句践世家》）5.1740

（9）大王诚能用臣之愚计，则韩、魏、齐、燕、赵、卫之妙音美人必充后宫，燕、代橐驼良马必实外厩。（《苏秦列传》）7.2261

（10）此奇货可居。（《吕不韦列传》）8.2506

（三）表示事物的状态。如：

（1）项梁……再破秦军，……有骄色。（《项羽本纪》）1.303

（2）高祖为人，隆準而龙颜。（《高祖本纪》）2.342（隆：高。準：鼻。）

（3）其后秦遂以兵灭六王，并中国，外攘四夷，死人如乱麻。（《天官书》）4.1348

（4）此皆广川大水，山林谿谷，不食之地也。（《春申君列传》）7.2391

（5）匈奴……其长兵则弓矢，短兵则刀鋋。（《匈奴列传》）9.2879

（6）夫三公者，百寮之率、万民之表也，未有树直表而得曲影者也。（《平津侯主父列传》）9.2963

有时双音节形容词作定语。如：

（7）赵人闻孟尝君贤，出观之，皆笑曰："始以薛公为魁然也，今视之，乃眇小丈夫耳。"（《孟尝君列传》）7.2355

以上做定语的形容词，有些在《左传》里主要用作或只用作形容词谓语，如"滥"、"甘"、"壮"、"猛"、"曲"、"骄"等。例如：

（1）善为国者，赏不僭而刑不滥。赏僭，则惧及淫人；刑滥，则惧及善人。（襄26）3.1120

（2）币重而言甘，诱我也。（僖10）1.336

（3）臣之壮也，犹不如人；今老矣，无能为也已。（僖30）1.479

（此"壮"字与上"壮士"之"壮"虽都为形容词，但含义不尽同。"壮士"之"壮"为"强壮"之义，此"壮"为"少壮"之义。）

（4）客容猛，非祭也，其伐戎乎！（昭17）4.1389

（5）我曲楚直，其众素饱，不可谓老。（僖28）1.458（此"曲"与上"曲影"之"曲"含义不同，此为"理亏"之义，彼为"弯曲"

之义。）

（6）夫宠而不骄，骄而能降，降而不憾，憾而能眕者，鲜矣。（隐3）1.32

还有一些在《左传》里常用作动词，如"深"、"乱"等。如：

（7）士蒍城绛以深其宫。（庄26）1.234

（8）男女之别，国之大节也，而由夫人乱之，无乃不可乎？（庄24）1.230

还有一些在《左传》中没有见，如"枯"、"豪"、"奇"，等等。

总起来看，《史记》中形容词作定语的情况比起《左传》有明显增多，形容词的范围也有较大扩展。

2.2.2　名词作定语

《左传》名词作定语的情况本就比较生动，《史记》中这项用法更为丰富。现扼要介绍于下：

（一）普通名词或名词短语作定语。

㊀表示事物的状态或性质。如：

（1）秦王为人，蜂準，长目，挚鸟膺，豺声，少恩而虎狼心。（《秦始皇本纪》）1.230

（準：鼻子。膺：胸。）

（2）燕无故而得十城，必喜；秦王知以己之故而归燕之十城，亦必喜，此所谓弃仇雠而得石交者也。（《苏秦列传》）7.2263

（3）今吾观先生之玉貌，非有求於平原君者也。（《鲁仲连邹阳列传》）8.2460

（4）有使者铜色而龙形，光照上天。（《淮南衡山列传》）10.3086

（5）为治新缯绮縠衣，闲居斋戒；为治斋宫河上，张缇绛帷，女居其中。（《滑稽列传》）10.3211

此例中的"新"修饰"缯"，"新缯绮縠"修饰"衣"。

（6）宁见乳虎，无值宁成之怒。（《酷吏列传》）10.3145

（7）足下何不归将印，以兵属太尉？请梁王归相国印，与大臣盟而之国，齐兵必罢。（《吕太后本纪》）2.408

（8）六年，高祖五日一朝太公，如家人父子礼。（《高祖本纪》）2.382

㊀表示人物的身份或职业等特征。如：

（1）南越反，拜为楼船将军。（《酷吏列传》）10.3149

（2）臣有息女，愿为季箕帚妾。（《高祖本纪》）2.344

（3）商瞿年长无子，其母为取室。孔子使之齐，瞿母请之。孔子曰："无忧，瞿年四十后当有五丈夫子。"已而果然。（《仲尼弟子列传》）7.2216（五丈夫子：五男。）

（4）九江王黥布，楚枭将。（《留侯世家》）6.2039

（5）丁男被甲，丁女转输。（《平津侯主父列传》）9.2958（丁：成年人。丁男、丁女：指壮年男女。）

有时表示修饰语与被修饰语之间的领属关系，如：

（6）士卒次舍、井灶、饮食、问疾、医药，身自拊循之。（《司马穰苴列传》）7.2158

（7）瞽叟爱后妻子，常欲杀舜。（《五帝本纪》）1.32"后"修饰"妻"，"后妻"修饰"子"。

（二）以专名作定语，表示领属关系，或表示物品为某地特产。如：

（1）东阳少年杀其令。（《项羽本纪》）1.298

（2）上出白登，匈奴骑围上。（《淮阴侯列传》）8.2634

（3）高祖为亭长，乃以竹皮为冠，令求盗之薛治之，时时冠之，及贵常冠，所谓"刘氏冠"乃是也。（《高祖本纪》）2.346

（4）臣在大夏时，见邛竹杖，蜀布。（《大宛列传》）10.3166

（5）得乌孙马好，名曰"天马"；及得大宛汗血马，益壮，更名乌孙马曰"西极"，名大宛马曰"天马"云。（《大宛列传》）10.3170

（三）以表示时间的短语或词作定语，这种用法在《左传》很少见。如：

（1）吕太后者，高祖微时妃也。（《吕太后本纪》）2.395"高祖微时"这个表时间的名词短语修饰"妃"，表明高祖与"吕太后"之间所曾有过的历史关系。

（2）汉大臣皆故高帝时大将。（《孝文本纪》）2.413

（3）於是陈王以故所善陈人武臣为将军。（《张耳陈余列传》）8.2573"陈人"修饰"武臣"，"故所善"这个表时间的短语修饰"陈人武臣"。

（4）初，田婴……贱妾有子名文，文以五月五日生。婴告其母曰：

"勿举也。"其母窃举生之。……文顿首，因曰："君所以不举五月子者，何故？"婴曰："五月子者，长与户齐，将不利其父母。"（《孟尝君列传》）7.2352

（五月子：指五月份生的孩子。）

有时以表时间的词如"始"、"昔"、"初"、"故"、"今"等作定语，表示对象的时间特征。如：

（5）甘罗还报秦，乃封甘罗以为上卿，复以始甘茂田宅赐之。（《樗里子甘茂列传》）7.2321

"始"修饰"甘茂田宅"，意指甘茂以前的田宅。

（6）甘罗谓文信侯曰："借臣车五乘，请为张唐先报赵。"文信侯乃入言之於始皇曰："昔甘茂之孙甘罗，年少耳，然名家之子孙，诸侯皆闻之。"（《樗里子甘茂列传》）7.2320"昔"修饰"甘茂"，"昔甘茂"修饰"孙甘罗"，意指"过去的那位甘茂老将的孙子甘罗"。

（7）广……尝夜从一骑出，从人田间饮。还至霸陵亭，霸陵尉醉，呵止广。广骑曰："故李将军。"尉曰："今将军尚不得夜行，何乃故也！"（《李将军列传》）9.2871

例中的"故"与"今"相对而言，"故"指"过去的"，"今"指"当今的"。

（8）是时汉既灭越，而蜀、西南夷皆震，请吏入朝。於是置益州、越巂、牂柯、沈黎、汶山郡，……乃遣使柏始昌、吕越等岁十余辈，出此初郡抵大夏。（《大宛列传》）10.3170

"初郡"，即指上文所说的"益州、越巂、汶山"等郡，由於它们后来背叛汉朝，全都被废除了郡制，因此这里把它们叫作"初郡"。（见第十册3171页注）

有时表时间的定语不表示过去或现在，而表示时段。如：

（9）项羽乃悉引兵渡河，皆沉船，破釜甑，烧庐舍，持三日粮，以示士卒必死，无一还心。（《项羽本纪》）1.307

（四）表示处所的名词加方位词作定语，且在定语与中心词之间无助词"之"。这种用法在《左传》中也极少见。《左传》中仅有极少数"名＋方位词"加"之"作定语的例子，如：

（1）舟中之指可掬也。（宣12）2.739

（2）为城下之盟而还。（桓12）1.134

《史记》中"名＋方位词"直接用于名词前作定语的情况很多，也很生动，举数例于下：

（3）晋军败，走河，争渡，船中人指甚众。（《晋世家》）5.1677

《左传》的"舟中之指"，《史记》作"船中人指"，"船中"修饰"人指"，"人"修饰"指"。

（4）雎从簧中谓守者曰："公能出我，我必厚谢公。"守者乃请出弃簧中死人。（《范雎蔡泽列传》）7.2401

（5）乃丹书帛曰"陈胜王"，置人所罾鱼腹中。卒买鱼烹食，得鱼腹中书。（《陈涉世家》）6.1950

（6）上怒内史曰："公平生数言魏其、武安长短，今日廷论，局趣效辕下驹，吾并斩若属矣。"（《魏其武安侯列传》）9.2851

（辕下驹：驹，小马。小马驾辕，不惯。比喻人有所畏忌而局促不安的样子。）

（7）老父相吕后曰："夫人天下贵人。"（《高祖本纪》）2.346

（8）殿上群臣皆呼万岁，大笑为乐。（《高祖本纪》）2.386

（9）江傍家人常畜龟饮食之，以为能导引致气，有益於助衰养老。（《龟策列传》）10.3225

有时名词后虽不是方位词，但也是表示方位的词语。如：

（10）扁鹊以其言饮药三十日，视见垣一方人，以此视病，尽见五藏癥结。（《扁鹊仓公列传》）9.2785

（垣一方人：墙那边的人。意指扁鹊吃药后，能隔墙看见那边的人，眼能透视人的五脏六腑。）

有时表示处所的词单独作定语，如：

（11）丁男被甲，丁女转输，苦不聊生，自经於道树，死者相望。（《平津侯主父列传》）9.2958

（道树：道路边的树。）

2.2.3　数词或数量词作定语

《左传》中表示数量主要是"名词·数词·（量词）"的格式，《史记》中已有较多的"数词（量词）·名词"格式，如：

《左》：以乘韦先，牛十二犒师。（僖33）1.495

《史》：……以十二牛劳秦师。（《晋世家》）5.1670

《左》：公子地有白马四。（定10）4.1582

《史》：而穆王伐犬戎，得四白狼、四白鹿以归。（《匈奴列传》）9.2881

《史记》其他的例子还有不少，分述于下：

（一）表示数量多少。如：

（1）太后怒，乃令酌两卮酒，置前，令齐王起为寿。（《吕太后本纪》）2.398

（2）大王诚能出捐数万斤金，行反间，间其君臣，以疑其心，项王为人意忌信谗，心内相诛。（《陈丞相世家》）6.2055

（3）夫身中大创十余，适有万金良药，故得无死。（《魏其武安侯列传》）9.2846

（4）会暑，上辒车臭，乃诏从官令车载一石鲍鱼，以乱其臭。（《秦始皇本纪》）1.264

（5）番君将梅鋗功多，故封十万户侯。（《项羽本纪》）1.317

（6）出血，血如豆比五六枚。（《扁鹊仓公列传》）9.2806

（7）高祖……左股有七十二黑子。（《高祖本纪》）2.342

（二）表示年龄大小。如：

（1）尝从武安侯饮，坐中有九十余老人，少君乃言与其大父游射处，老人为儿时从其大父，识其处，一坐尽惊。……以为少君神，数百岁人也。（《封禅书》）4.1385

（"九十余老人"，指"九十余岁的老人"。）

（2）伏灵者，千岁松根也，食之不死。（《龟策列传》）10.3226

（三）表示长短。如：

吾以布衣提三尺剑取天下，此非天命乎？（《高祖本纪》）2.391

（四）表示约数和问数。如：

（1）卜击盗聚若干人，在某所，今某将卒若干人，往击之。（《龟策列传》）10.3241

《左传》表示约数未见"若干"，有"若而"，如：

（2）夫妇所生若而人。（襄 12）3997

《史记》还用"几何"作定语，询问数量，如：

（3）於是王乃使人驰而往问泉阳令曰："渔者几何家？……"泉阳令乃使吏案籍视图，水上渔者五十五家。（《龟策列传》）10.3230

《左传》的"几何"也用于对数量的询问，但不作定语，如：

（4）靖诸内而败诸外，所获几何？（僖 27）1.444

《史记》有时用"何如"询问时间长短，如：

（5）扁鹊曰："其死何如时？"曰："鸡鸣至今。"（《扁鹊仓公列传》）9.2788

《左传》的"何如"表示"怎样"，常用作谓语，如"师其何如？"（成 16）询问时间长短也用"几何"，如"人寿几何？"（襄 8），不作定语。

2.2.4　动词及其短语作定语

《左传》里动词直接位于名词前作定语的例子很少，如：

（1）郑、息有违言，息侯伐郑。（隐 11）1.78

（2）尔用先人之治命，余是以报。（宣 15）2.764

《史记》里这项用法大量增加，生动活泼。

（一）动词作定语。如：

（1）楚兵呼声动天，诸侯军无不人人惴恐。（《项羽本纪》）1.307

（2）陛下逐走兽，射蜚鸟。（《平津侯主父列传》）9.2957

（蜚：同"飞"。）

（3）卫将军从此两人过平阳主，主家令两人与骑奴同席而食，此二子拔刀列断席别坐。（《田叔列传》）9.2780

（4）褒人有罪，请入童妾所弃女子者於王以赎罪。弃女子出於褒，是为褒姒。（《周本纪》）1.147

（弃女子，意即被丢弃的女子。）

（5）故百姓无内外之繇，得息肩於田亩，天下殷富，粟至十余钱，鸣鸡吠狗，烟火万里，可谓和乐者乎！（《律书》）4.1242

（6）张汤者，杜人也。其父为长安丞，出，汤为儿守舍。还而鼠盗肉，其父怒，笞汤。汤掘窟得盗鼠及余肉。（《酷吏列传》）10.3137

（7）公见夫谈士辩人乎？虑事定计，必是人也。（《日者列

传》）10.3219

(8) 二年，以宋之赂鼎入於太庙。（《鲁周公世家》）5.1530

(9) 汉王烧绝栈道，无还心矣。（《留侯世家》）6.2039

(10) 胡骑得广，广时伤病，置广两马间，络而盛卧广。（《李将军列传》）9.2870

（二）动词短语作定语。如：

㊀并列的动词作定语，如：

平，反复乱臣也，愿王察之。（《陈丞相世家》）6.2054 "乱" 修饰"臣"，并列的动词短语 "反复" 修饰 "乱臣"。

㊁动词的偏正短语作定语，如：

(1) 得敢死之士三千人。（《平原君虞卿列传》）7.2369

(2) 一人曰："吾蛇先成。" 举酒而起，曰："吾能为之足。" 及其为之足，而后成人夺之酒而饮之。（《楚世家》）5.1722

㊂动宾短语作定语，如：

(1) 张良多病，未尝特将也，常为画策臣，时时从汉王。（《留侯世家》）6.2040

(2) 鲍生谓丞相曰："王暴衣露盖，数使使劳苦君者，有疑君心也。"（《肖相国世家》）6.2015

(3) 温舒为人谄，善事有势者；即无势者，视之如奴。有势家，虽有奸如山，弗犯。（《酷吏列传》）10.3150

(4) 然闻其西可千余里有乘象国，名曰滇越。（《大宛列传》）10.3166

(5) 越王苦身养士，有报我心。（《仲尼弟子列传》）7.2198

㊃并列的动宾短语作定语，如：

"汝何求？" 曰："愿请延年益寿药。"（《淮南衡山列传》）10.3086

㊄"介·宾·动" 短语作定语，如：

上从代来，初即位，施德惠天下，镇抚诸侯四夷皆洽欢，乃循从代来功臣。（《孝文本纪》）2.420

（循：《史记会注考证》本为 "修"。在此有嘉奖赏赐之意。）

㊅主谓短语作定语，如：

上病益甚，乃为玺书赐公子扶苏曰："与丧会咸阳而葬。" 书已封，

在中车府令赵高行符玺事所，未授使者。（《秦始皇本纪》）1.264

（行符玺事：负责管理皇帝大印，发送皇帝诏书等事。所：处所。）

2.2.5　各种成分组成的多层定语

（1）延陵季子之心，慕义无穷，见微而知清浊。呜呼，又何其闳览博物君子也！（《吴太伯世家》）5.1475

又，副词；何其，疑问副词"何"与语气副词"其"组成的惯用词组；闳览，偏正短语；以上三层都作动宾短语"博物"的状语；最后，它们一起作"君子"的定语。

（2）且太子所与俱诸将，皆尝与上定天下枭将也，今使太子将之，此无异使羊将狼也。（《留侯世家》）6.2045

枭，名词作定词；枭将，偏正短语作中心语。"与上定天下"，"介宾·动宾"，作"枭将"的定语；"皆"、"尝"两个副词，都是"与上定天下"的状语。

（3）严助及伍被，上欲释之。汤争曰："伍被本画反谋，而助亲幸出入禁闼爪牙臣，乃交私诸侯如此，弗诛，后不可治。"　（《酷吏列传》）10.3139

"亲幸"，并列的动词作状语，修饰"出入禁闼"；"出入禁闼"，动宾短语作"爪牙"的定语；"亲幸出入禁闼爪牙"，作"臣"的定语。（"亲幸出入禁闼爪牙臣"又作"助"的同位语。）

2.3　定语与中心成分之间有助词"之"连接

《左传》由"之"联接的定语，百分之九十以上都是名词，《史记》里却有不少是动词及其短语。下面我们对动、名、形三种定语的特点加以介绍。

2.3.1　〔动（或其短语）＋"之"＋名〕

（一）"之"前为并列的动词，如：

弘游燕之圃，淫纵恣之观，极驰骋之乐。（《平津侯主父列传》）9.2957

（二）"之"前为"动·宾"，如：

（1）是时汉兵与项羽相距，中国罢於兵革，以故冒顿得自强，控弦之士三十余万。（《匈奴列传》）9.2890

（2）彼秦者，弃礼义而上首功之国也。（《鲁仲连邹阳列传》）8.2461
（上首功：意即尊尚斩首之功。上，动词。）

（3）除宫刑，出美人，重绝人之世。（《孝文本纪》）2.436

（4）今肖何未尝有汗马之劳，徒持文墨议论，不战，顾反居臣等上，何也？（《肖相国世家》）6.2015

（5）夫搏牛之䖟不可以破虮虱。（《项羽本纪》）1.305

（6）诸引弓之民并为一家。（《匈奴列传》）9.2896

（三）"之"前为并列的"动宾"，如：

（1）有席卷天下、包举宇内、囊括四海之意，并吞八荒之心。（《秦始皇本纪》）1.278

（2）夫秦常积众暴兵数十万人，虽有覆军、杀将、系虏单于之功，亦适足以结怨深仇，不足以偿天下之费。（《平津侯主父列传》）9.2955

（四）"之"前为名词与"动宾"并列，如：

弘……食一肉、脱粟之饭。（《平津侯主父列传》）9.2951（一肉：意指不吃两个菜。脱粟：粮食脱壳而已，不求精鑿。）

（五）"之"前为"动补"，如：

方其割肉俎上之时，其意固已远矣。（《陈丞相世家》）6.2062

（六）"之"前为"副动"，如：

世有毋望之福，又有毋望之祸；今君处毋望之世，事毋望之主，安可以无毋望之人乎？（《春申君列传》）7.2397

（毋望，指不望而忽至。毋望之世，指生死无常。毋望之主，指喜怒无节。毋望之人，指能为非常之事的人。）

（七）"之"前为"主·谓"，如：

（1）今中国无狗吠之惊，而外累於远方之备，靡敝国家，非所以子民也。（《平津侯主父列传》）9.2955

（2）楚兵罢食尽，此天亡楚之时也，不如因其机而遂取之。（《项羽本纪》）1.331

2.3.2　〔名（或其短语）＋"之"＋名〕

这类例句较多，表领属的不谈，这里只介绍比较突出的用法，即并列的名词作定语。这些并列的名词，有的意义相反或互相对待；有的意义相近，互相配合。如：

（1）夫月满则亏，物盛则衰，天地之常也。（《田叔列传》）9.2783

（2）骊姬泣曰："太子何忍也！其父而欲弑代之，况他人乎？且君老矣，旦暮之人，曾不能待而欲弑之！"（《晋世家》）5.1645

（3）此雄雌之国也，势不两立为雄，雄者得天下矣。（《孟尝君列传》）7.2361

（雄雌之国：指彼此势不两立的双方。）

（4）儒者博而寡要，劳而少功，是以其事难尽从；然其序君臣父子之礼，列夫妇长幼之别，不可易也。（《太史公自序》）10.3289

（S）且褒斜材木、竹箭之饶，拟於巴蜀。（《河渠书》）4.1411

（6）而平氏朱强、杜衍、杜周为纵牙爪之吏。　　（《酷吏列传》）10.3146

（7）长城以北，引弓之国，受命单于；长城以内，冠带之室，朕亦制之。（《匈奴列传》）9.2902

（8）夫秦王有虎狼之心，杀人如不能举，刑人如恐不胜，天下皆叛之。（《项羽本纪》）1.313

（9）此弹丸之地弗予，令秦来年复攻王，王得无割其内而媾乎？（《平原君虞卿列传》）7.2372

2.3.3　〔形（或其短语）＋"之"＋名〕

（一）并列的形容词位于"之"前。如：

（1）此二国，岂拘於俗，牵於世，系阿偏之辞哉？（《鲁仲连邹阳列传》）8.2473

（2）鲁仲连者，齐人也。好奇伟俶傥之亘策，而不肯仕宦任职，好持高节。（《鲁仲连邹阳列传》）8.2459

（3）驺衍以阴阳主运显於诸侯，而燕齐海上之方士传其术不能通，然则怪迂阿谀苟合之徒自比兴，不可胜数也。（《封禅书》）4.1369

（二）叠音的形容词位于"之"前。如：

（1）然秦以区区之地，千乘之权，招八州而朝同列，百有余年矣。（《秦始皇本纪》）1.282

（2）寡人以眇眇之身，兴兵诛暴乱，赖宗庙之灵，六王咸伏其辜，天下大定。（《秦始皇本纪》）1.236

（3）以楚国堂堂之大，何求不得。（《滑稽列传》）10.3200

（4）今单于……亲与朕俱弃细过，偕之大道，结兄弟之义，以全天下元元之民，和亲已定，始于今年。（《孝文本纪》）2.431

《左传》有极少数双音节形容词用作谓语的例子，如：

宋国区区，而有诅有祝，祸之本也。（左襄17）3.1033

"宋国区区"即"区区宋国"之意。（区区，小貌。）但《左传》中没有见到用作定语的例句。

2.4　名词后的修饰语

2.4.1　数词、量词作为修饰语虽已有不少在名词前面，但仍有相当数量在名词之后，如：

（1）王恐，自杀、葬蓝田。燕数万衔土置冢上，百姓怜之。（《五宗世家》）6.2094

（2）我持白璧一双，欲献项王；玉斗一双，欲与亚父；会其怒，不敢献。（《项羽本纪》）1.314

（3）渠就，用注填阏之水，溉泽卤之地四万余顷，收皆亩一钟。（《河渠书》）4.1408

（4）若寡人国小也，尚有径寸之珠照车前后各十二乘者十枚，奈何以万乘之国而无宝乎？（《田敬仲完世家》）6.1891

"十枚"修饰"径寸之珠照车前后各十二乘者"。由于汉代经济繁荣、贸易发达，在商品交易的基础上出现不少新的量词或对商品的计算法，因而数、量词作修饰语的情况很丰富，在《货殖列传》中，一段话里名词之后就用了三十几组"数词＋量词"，如：

（5）通邑大都，酤一岁千酿，醯酱千瓨，浆千甒，屠牛羊彘千皮，贩谷粜千钟，薪藁千车，船长千丈，木千章，竹竿万个，其轺车百乘，牛车千两，木器髤者千枚，铜器千钧，素木铁器若卮茜千石，马蹄躈千，牛千足，羊彘千双，僮手指千，筋角丹沙千斤，其帛絮细布千钧，文采千匹，榻布皮革千石，漆千斗，糵麹盐豉千荅，鲐鮆千斤，鲰千石，鲍千钧，枣栗千石者三之，狐鼦裘千皮，羔羊裘千石，旃席千具，佗果菜千钟，子贷金钱千贯。（《货殖列传》）10.3274

其中只有"马蹄躈千"和"僮手指千"是"量词＋数词"，作"马"和"僮"的修饰语。"蹄"表示马蹄；"躈"表马口。用"蹄"、"躈"作量词来计算马的头数。僮：奴婢；用"手指"作量词计算"僮"数，奴婢也被视为商品。

2.4.2　值得注意的是名词后还有以短语或句子形式出现的定语。如：

而李园女弟初幸春申君有身而入之王所生子者遂立，是为楚幽王。（《春申君列传》）7.2398

"初幸春申君有身而入之王"修饰"李园女弟"，表明她的历史情况和楚幽王的来历。

三　动词谓语的发展变化

《史记》和《左传》的动词谓语句在各自的句式中都占绝大多数。动词谓语的发展变化是我们研究的主要内容之一。本节讨论以下几个问题：

3.1　简单谓语句

3.2　复杂谓语句

3.3　被动句的发展变化

3.4　有系词"是"的判断句

3.5　疑问句动宾词序的变化

3.1　简单谓语句

为了剖析动词谓语内部的发展变化情况，我们从两书中各取 5000 句，对它们的动词谓语作了一个调查统计，大致情况是，《左传》的简单谓语句共 3050 例，约占 61%；复杂谓语句共 1950 例，约占 39%。《史记》的简单谓语句共 2004 例，约占 40%；复杂谓语句共 2996 例，约占 60%。我们所说的简单谓语是指谓语的中心成分只有一个动词或一个动宾短语。具体情况如下：

3.1.1　〔（主语）·动〕。这是动词谓语句中最简单的句式，如：

《左传》：

（1）捷，吾以女为夫人。（庄8）1.175

（2）公说。（襄4）3.939

《史记》：

（1）优孟曰：……（《滑稽列传》）10.3201

（2）守曰："诺。"（《项羽本纪》）1.297

有时这类谓语有副词作状语修饰中心成分，如：

《左传》：

（1）王卒大败。（桓5）1.106

（2）亟战，将饥。（庄27）1.236

《史记》：

（1）沛公大惊。（《项羽本纪》）1.311

（2）王稽曰："不敢。"（《范睢蔡泽列传》）7.2403

此例中的助动词"敢"作谓语中心成分。

3.1.2　〔（主语）·动·宾〕这类句子的谓语由一个动宾短语构成。如：

《左传》：

（1）公伐邾。（文7）2.555

（2）请使，许之。（宣12）2.736

《史记》：

（1）华阳夫人无子。（《吕不韦列传》）7.2506

（2）收诸侯散卒。（《魏豹彭越列传》）8.2591

有时动词前有副词作状语，如：

《左传》：

（1）君其图之。（文7）2.558

（2）必从彘子！（宣12）2.732

《史记》：

（1）高帝悉去秦苛仪法。（《刘敬叔孙通列传》）8.2722

（2）故右渠之大臣成巳又反，复攻吏。（《朝鲜列传》）9.2989

3.2　复杂谓语句

这里所说的复杂谓语包括并列的动词谓语、连动式、"动宾·宾"、兼语句、"介宾·动"、"动·介宾"以及动词带结果补语、趋向补语或程度补语等句式。《史记》的复杂谓语所占比例由《左传》的39%上升到60%，这是《史记》句式的重要变化。它表明，在汉语句子中作为核心的动词谓语，它的发展方式之一是：谓语结构的逐步扩展，也就是谓语结构的复杂化。本节从以下几方面谈谓语结构复杂化的表现：并列的动词谓语；连动式大量增加；动宾结构带宾语；兼语句的明显增多。至于〔介·宾·动〕、〔动·介·宾〕以及动词带结果（趋向、程度）补语等的句式则分别另有专节介绍。

3.2.1　并列的动词谓语

（一）这类句子的谓语常由两个甚至三个以上单音节动词并列组成。

㊀两个单音节动词并列作谓语的情况在《左传》中已有所见。如：

（1）潘尫入盟，子良出质。（宣12）2.720

（2）今诸侯之事我寡君不如昔者，盖言语漏泄，则职女之由。（襄14）3.1006

《史记》中这类谓语明显增长。如：

（1）汉王疑之，召让魏无知。（《陈丞相世家》）6.2054

（让：责备。）

（2）燕王卢绾反，上使樊哙以相国将兵攻之。既行，人有短恶哙者。（《陈丞相世家》）6.2058

（短恶：说坏话。）

（3）旦日，卒中往往语，皆指目陈胜。（《陈涉世家》）6.1950

（4）及悼王死，宗室大臣作乱而攻吴起，吴起走之王尸而伏之，击起之徒因射刺吴起，并中悼王。（《孙子吴起列传》）7.2168

（5）兒宽……行常带经，止息则诵习之。（《儒林列传》）10.3125

（6）陛下素骄淮南王，弗稍禁，以至此，今又暴摧折之。（《袁盎晁错列传》）8.2738

（7）孔子既没，子夏居西河教授，为魏文侯师。（《仲尼弟子列传》）7.2203

有时两个形容词并列作谓语，如：

（1）陈婴者，故东阳令史，居县中，素信谨，称为长者。（《项羽本纪》）1.298

（2）天寒大雨，士卒冻饥。（《项羽本纪》）1.305

（3）是时楼船将军杨仆使使上书，愿便引兵击东越，上曰士卒劳倦，不许。（《东越列传》）9.2982

（4）国家安危，在此一举。（《项羽本纪》）1.305

㊀ 三（四）个动词并列组成的谓语，如：

（1）王有德义，故来告诉。（《龟策列传》）10.3229

（2）楚骑追汉王，汉王急，推堕孝惠、鲁元车下，滕公常下收载之。（《项羽本纪》）1.322

（3）楼烦欲射之，项王嗔目叱之，楼烦目不敢视，手不敢发，遂走还入壁，不敢复出。（《项羽本纪》）1.328

（4）状河伯留客之久，若皆罢去归矣。（《滑稽列传》）10.3212

（5）而单于终不肯为寇於汉边，休养息士马，习射猎。（《匈奴列传》）9.2912

（6）遂自刭，令客奉其头，从使者驰奏之高帝。（《田儋列传》）8.2648

（7）梁孝王，景帝母弟，窦太后爱之，……出入游戏，僭於天子。（《韩长孺列传》）9.2857

如果我们把《左传》和《史记》有关的例句作个对照，就会对这类谓语的发展情况及其原因看得更清楚。如：

> 《左》：公田，姬寘诸宫六日。（僖4）1.297
> 《史》：献公时出猎，置胙於宫中。（《晋世家》）5.1645

《左传》的“田”没有反映出打猎处所的远近；《史记》的“出猎”就使人知道献公远出打猎了，比仅用一个动词“田”明确得多。又如：

> 《左》：秦伯纳女五人，怀嬴与焉。（僖23）1.410
> 《史》：缪公以宗女五人妻重耳，故子圉妻与往。（《晋世家》）6.1660

《左传》的“与（焉）”意义不清楚；《史记》作“与往”，就能使人知道“与”的确切含义。又如：

> 《左》：潘崇曰：……“能行乎？”曰：“不能。”“能行大事乎？”曰：“能。”（文1）2.514
> 《史》：崇曰：……“能亡去乎？”曰：“不能。”“能行大事乎？”曰：“能。”（《楚世家》）5.1699

《左传》的“能行乎”，“行”意义含混；《史记》以“亡去”代

"行"，意甚清楚。又如：

> 《左》：闭辛与其弟巢以王奔随，吴人从之。（定4）4.1547
> 《史》：郧公止之，然恐其弑照王，乃与王出奔随，吴王闻昭王往，
> 　　　　即进击随。（《楚世家》）5.1715

《左传》的"奔"，《史记》作"出奔"。《左传》的"从"，意义不清，"从"在《左传》中，仅作为动词就有"跟从"、"顺从"、"追击"等多种含义；《史记》以"进击"解此例中的"从"，表达更为确切，这是不言而喻的。

通过以上对比我们不难看到以动词的并列短语作谓语代替单音节动词的优越性：它能使语义表达得更为明确具体；并能避免一词多义可能带来的歧义现象，同时这种变化也符合汉语双音节化的要求，单音词在句中并列使用的趋势推动着词汇向双音化方向发展，是单音词过渡到复音词的一个重要途径。

（二）由并列的动宾短语构成的谓语。

㊀ 两个并列的动宾短语构成谓语，如：

（1）孔子修旧起废，论《诗》、《书》，作《春秋》，则学者至今则之。《太史公自序》）10.3295

（2）於是大风从西北而起，折木发屋。（《项羽本纪》）1.322

（3）文身断发，披草莱而邑焉。（《越王句践世家》）5.1739

（4）越王句践反国，乃苦身焦思，置胆於坐，坐卧即仰胆，饮食亦尝胆也。……厚遇宾客，振贫弔死，与百姓同其劳。（《越王句践世家》）5.1742

（5）汤汤洪水滔天，浩浩怀山襄陵。（《五帝本纪》）1.20

（怀：包裹之意，襄：上。言洪水之大，势若漫天。）

（6）故病有六不治：骄恣不论於理，一不治也；轻身重财；二不治也。（《扁鹊仓公列传》）9.2794

㊁ 有时三个动宾短语并列，如：

（1）所贵於天下之士者，为人排患释难解纷乱而无取也。（《鲁仲连邹阳列传》）8.2465

3.2.2　连动式大量增加

连动式指同一主语的两个动词（或动词短语）连用、时间上有先后

的结构形式。

（一）连动式作谓语，《史记》比《左传》有明显增加。如：

> 《左》：初，郑武公娶于申，曰武姜。（隐1）1.10
> 《史》：武公十年，娶申侯女为夫人，曰武姜。（《郑世家》）5.1759

"娶于申"变为连动式"娶申侯女为夫人"。

> 《左》：卫庄公娶于齐东宫得臣之妹，……又娶于陈。（隐3）1.30
> 《史》：庄公五年，取齐女为夫人，……又取陈女为夫人。（《卫康叔世家》）5.1592

> 《左》：初，公筑台，临党氏，见孟任，从之。1.253
> 《史》：初，庄公筑台临党氏，见孟女，说而爱之。（《鲁周公世家》）5.1531

> 《左》：乞食於野人，野人与之块。（僖23）1.406
> 《史》：饥而从野人乞食，野人盛土器中进之。（《晋世家》）5.1656

"与之块"，实在不好理解；"盛土器中进之"，就使人一目了然。

从以上对照可以看到，连动式反映出动词谓语的扩展。它使语义的表达更为准确，使语言作为交际工具的职能进一步得到完善。

（二）《左传》的连动式大都有"而"、"以"连接，如：

（1）楚师轻窕，固垒而待之，三日必退。（成16）2.883

（2）且成师以出，闻敌强而退，非夫也。（宣12）2.726

《史记》则很多不用连词，如：

（1）还至洛阳，赦信以为淮阴侯，而与功臣剖符定封。（《陈丞相世家》）6.2057

（2）高祖起微细，拨乱世反之正，平定天下。（《高祖本纪》）2.392

（3）骠骑将军踰居延至祁连山，捕首虏甚多。（《卫将军骠骑列传》）9.2930

（4）西南夷又数反，发兵兴击，耗费无功。（《西南夷列传》）9.2995

（5）自博望侯开外国道以尊贵，其后从吏卒皆争上书言外国奇怪利害，求使。（《大宛列传》）10.3171

（6）富人争奢侈，而任氏折节为俭，力田畜。（《货殖列

传》）10.3280

（7）汉败，还至荥阳，豹请归视亲病，至国，即绝河津叛汉。（《魏豹彭越列传》）8.2590

也有部分连动式有连词连接，如：

（8）上读《子虚赋》而善之。（《司马相如列传》）10.3002

（9）度汉兵远不能至，而禁其食物以苦汉使。（《大宛列传》）10.3171

3.2.3　动宾结构带宾语

《史记》有一种特别的语法现象，即动宾结构带宾语，这种现象在《左传》中很难见到。《史记》中这样的例句虽然不多，但很值得注意。同时，若不了解这种结构关系，句子的意义也难于理解。如：

（1）武王驰之，纣兵皆崩畔纣。纣走，反入登于鹿台之上，蒙衣其殊玉，自燔于火而死。（《周本纪》）1.124

"蒙衣"是动宾结构，"其殊玉"是"蒙衣"的宾语。大意是，"纣把他的'殊玉'像穿衣服似地环绕在身上"。"殊玉"，《史记会注考证》作"珠玉"。

（2）相国为上在军，乃拊循勉力百姓，悉以所有佐军，如陈豨时。（《萧相国世家》）6.2018

"勉力"为动宾结构，"百姓"是"勉力"的宾语。大意是，"使百姓努力"或者"劝勉百姓使努力"。又如：

（3）僇力本业，耕织致粟帛多者复其身。（《商君列传》）7.2230

"僇力"，与"勠力"同，即"合力"之意，是动宾结构；"本业"是"僇力"的宾语。大意是，"合力搞好本业"。又如：

（4）是时张汤方乡学，以为奏谳掾，以古法议决疑大狱，而爱幸宽。（《儒林列传》）10.3125

"议"与"决疑"为并列的动词和动宾结构，"大狱"是"议"和"决疑"的宾语。

（5）今吕氏雅故本推毂高帝就天下，功至大。（《荆燕世家》）6.1995

"推毂"，动宾结构。毂（gǔ 谷）：车轮中心的圆木，也用为车轮的称代。"推毂"：推车前进，在这里比喻助人举事。"高帝"是"推毂"的宾语，又是"就天下"的主语；大意是，现在吕家诸人本来帮助高帝

取天下。"（参看六册，1996 页注〔六〕）

（6）魏其、武安俱好儒术，推毂赵绾为御史大夫。（《魏其武安侯列传》）9.2843

"推毂"，动宾结构。"赵绾"是"推毂"的宾语，又是"为御史大夫"的主语。大意是，魏其侯和武安侯促成赵绾做御史大夫。（参看九册2843 页注〔一〕）

（7）巴蜀……栈道千里，无所不通，唯褒斜绾毂其口。（《货殖列传》）10.3262

"褒斜"，谷名。绾（wǎn 碗）：盘结、控扼。绾毂：控制车毂。动宾结构。比喻处于中枢地位，对各方面起联络、扼制作用。这句大意是，褒斜道控制着巴蜀沃野的出入。（参看十册3262 页注〔八〕）

（8）愿君慎勿出於口，请别白黑所以异，阴阳而已矣。（《苏秦列传》）7.2245

"别白黑"，动宾结构，意思是分别清楚。"所以异"，是"别白黑"的宾语。大意是，请把所以不同的原因分别清楚。

（9）灌夫家居虽富，然失势，卿相待中宾客益衰。及魏其侯失势，亦欲依灌夫引绳批根生平慕之后弃之者。灌夫亦倚魏其而通列侯宗室为名高。（《魏其武安侯列传》）9.2847

这例是两个动宾结构"引绳"、"批根"共同带一个宾语"生平慕之后弃之者"。"引绳"，有"株连"意。"批根"，有"除根"、"杀尽"意。大意是，魏其侯失势，也想倚仗灌夫，把那些平素巴结他后来见其失势就抛弃他的人株连杀尽①。

3.2.4 《史记》兼语句比《左传》有明显增加。兼语式就是一个动宾结构套上一个主谓结构。动词的宾语兼作主谓结构的主语，因此把它叫做兼语。

（一）《左传》的几种句式在《史记》里都有变为兼语式的，扼要介绍于下：

㊀〔动（宾）·介·宾〕→兼语式。如：

---

① 例（5）至例（9）的解释参见杨伯峻先生文：《古汉语之罕见语法现象》，《中国语文》1982 年第 6 期，第 406 页。

《左》：初，卫宣公丞於夷姜，生急子，属诸右公子。（桓16）1.146

《史》：初，宣公爱夫人夷姜，夷姜生子伋，以为太子，而令右公子傅之。（《卫康叔世家》）5.1593

"属诸右公子"——→"令右公子傅之。"又如：

《左》：生寿及朔，属寿於左公子。（桓16）1.146

《史》：生子寿、子朔，令左公子傅之。（《卫康叔世家》）5.1593

"属寿於左公子"——→"令左公子傅之"。

㈡〔主语·谓语〕——→兼语式。如：

《左》：初，卫侯游于郊，子南仆。（哀2）4.1611

《史》：灵公游于郊，令子郢仆。郢，灵公少子也，字子南。（《卫康叔世家》）5.1599

"子南仆"——→"令子郢仆"。

㈢ 复句——→兼语式。如：

《左》：余无子，将立女。（哀2）4.1612

《史》：我将立若为後。（《卫康叔世家》）5.1599

以上句式变为兼语式后，句子含义和人物之间的关系都显示得更清楚。复句变为兼语式，显得紧凑利落，在一定的语言环境中（如某些对话中）这样变换句式，有其独到之处。正因为兼语式这种句式在表达意义上清楚无误，在语法结构上既复杂又精悍，运用灵活。因此它具有很强的生命力，在《史记》中有明显发展，值得注意。

（二）《左传》里，出现在兼语前的动词（以下简称动₁）有"使"、"以"、"俾"、"立"、"教"、"命"、"令"、"请"、"许"、"谓"等十来个①，而"使"、"以"出现的次数约占兼语数总数的80％以上，表明兼语式使用的范围还不是那样广泛。例如：

（1）郑伯使许大夫百里奉许叔以居许东偏。（隐11）1.74

---

① 关于《左传》中兼语式的数量及动₁出现情况，请参看陈克炯先生文：《从〈左传〉、〈史记〉的比较看汉语发展中的某些词汇语法现象》，载《江汉语言学丛刊》第一期，第192—193页。

（2）宋人使门尹般如晋师告急。（僖28）1.455

（3）唯君亦以我为知难而行也。（定6）4.1558

（4）敢尽布之执事，俾执事实图利之。（成13）2.865

（5）立子产为卿。（襄19）3.1051

（6）是教敝邑背盟誓也。（昭16）4.1380

（7）王命虢公讨樊皮。（庄30）1.247

（8）赵简子令诸侯之大夫输王粟、具戍人。（昭25）4.1457

（9）请君释憾於宋。（隐5）1.47

（10）帝许我罚有罪矣。（僖10）1.335

（11）君子谓羊斟非人也。（宣2）2.052

（12）君子谓昭公知所恶矣。（桓17）1.150

《史记》兼语式中"动₁"的范围明显扩大，大致可分以下四类①：

（一）使令、派遣类。

"动₁"常为含有使令、派遣之类意思的动词，"动₂"（兼语后的动词）往往表示"动₁"的结果或目的。主要动词有"使"、"令"、"遣"、"请"、"诈"、"发"、"麾"、"责"、"召"、"呼"等。如：

1.〔使〕

（1）使任安护北军，使田仁护边田谷於河上。（《田叔列传》）9.2781

（2）今使太子将之，此无异使羊将狼也。（《留侯世家》）6.2045

（3）宰相者，……使卿、大夫各得任其职焉。　（《陈丞相世家》）6.2062

（4）项梁使沛公及项羽别攻城阳。（《项羽本纪》）1.302

2.〔令〕

（1）而田单乃令城中人食必祭其先祖於庭。（《田单列传》）8.2454

（2）谁令公为之？（《张耳陈余列传》）8.2584

（3）天子发兵令恢佐破奴击破之。（《大宛列传》）10.3172

（4）故拘之牖里之库百日，欲令之死。（《鲁仲连邹阳列传》）8.2463

3.〔遣〕

（1）遂遣人分部悉捕诸吕男女，无少长皆斩之。　（《吕太后本

---

① 对"动₁"的分类参考了《现代汉语八百词》，参见该书第33—34页。

纪》）2.410

（2）乃遣当阳君、蒲将军将卒二万渡河，救巨鹿。（《项羽本纪》）1.307

4.〔请〕

子纠兄弟，弗忍诛，请鲁自杀之。（《齐太公世家》）5.1486

此"请"有"使"意。

5.〔诈〕

章将军等诈吾属降诸侯。（《项羽本纪》）1.310

"诈"在此有"诈使"意。

6.〔发〕

而后发使随汉使来观汉广大。（《大宛列传》）10.3173

7.〔麾〕

沛公如厕，麾樊哙去。（《樊郦滕灌列传》）8.2655

8.〔责〕

楚使者在，方急责英布发兵，舍传舍。（《黥布列传》）8.2601

"责"，有"责令"意。

9.〔召〕

（1）数日，号令召三老、豪傑与皆来会计事。（《陈涉世家》）6.1952

（2）三月，召临江王来，即死中尉府中。（《孝景本纪》）2.444

10.〔呼〕

长桑君亦知扁鹊非常人也，出入十余年，乃呼扁鹊私坐，间与语曰："我有禁方，年老，欲传与公，公毋泄。"《扁鹊仓公列传》）9.2785

㈢ 劝诫类。

"动₁"大都为表示劝诫或告教意思的动词，"动₂"表示"动₁"的要求或目的。其中有些"动₁"如"告"、"教"等，常带双宾语，我们划为兼语式的例句都必须具备的条件是："动₁"的宾语与"动₂"为主谓结构。如：

1.〔劝〕

亚父劝项羽击沛公。（《高祖本纪》）2.364

2.〔诫〕

梁乃出，诫籍持剑居外待。（《项羽本纪》）1.297

3.〔告〕

高帝以为然，乃发使告诸侯会陈。（《陈丞相世家》）6.2057

4.〔教〕

若教淮阴侯反乎？（《淮阴侯列传》）8.2629

5.〔言〕

武安侯乃微言太后风上，於是乃以魏其侯为丞相，武安侯为太尉。（《魏其武安侯列传》）9.2842

"言"，有"告诉"、"劝告"意。风，同"讽"，劝告。

㊂ 封职任免类。

"动₁"表示封爵，授职，调动，免、降职等意；"动₂"往往是动词"为"。"动₂"主要有"封"、"拜"、"立"、"尊"、"号"、"迁"、"徵"、"废"、"徙"、"赐"、"部署"、"迁拜"……。例如：

1.〔封〕

（1）天子修吴楚时功，乃封不疑为塞侯。（《万石张叔列传》）9.2771

（2）赵受之，因封冯亭为华阳君。（《白起王翦列传》）7.2333

2.〔拜〕

（1）秦王拜斯为客卿。（《李斯列传》）8.2541

（2）陆生卒拜尉他为南越王，令称臣奉汉约。归报，高祖大悦，拜贾为太中大夫。（《郦生陆贾列传》）8.2698

3.〔立〕

（1）魏地已下，欲相与立周市为魏王。（《魏豹彭越列传》）8.2589

（2）立窦姬为皇后，女嫖为公主；其明年，立少子武为代王。（《外戚世家》）6.1972

4.〔尊〕

（1）正月，诸侯及将相相与共请尊汉王为皇帝。 （《高祖本纪》）2.379

（2）於是乃追尊薄父为灵文侯。（《外戚世家》）6.1971

5.〔号〕

於是景帝曰："石君及四子皆二千石，人臣尊宠乃集其门。"号奋为万石君。（《万石张叔列传》）9.2764

6. 〔迁〕

（1）秦灭魏，迁咎为家人。（《魏豹彭越列传》）8.2589

（2）既已，上立胶东王为太子，召绾，拜为太子太傅，久之迁为御史大夫。（《万石张叔列传》）9.2770

"迁为……"是"迁绾为……"的省略。兼语被省略后，不同主语的两个动词并列在一起，如"迁为"、"拜为"（见本例）、"徙为"、"立为"……等等，在《史记》中颇多。

"迁咎为家人"中的"迁"表贬谪之意。"家人"：平民。后例中的"迁"有升迁之意。

7. 〔徵〕

武安侯为丞相，徵汤为吏。（《酷吏列传》）10.3138

8. 〔废〕

（1）七年冬，废栗太子为临江王。（《孝景本纪》）4.443

（2）九年，赵相贯高等事发觉，夷三族；废赵王敖为宣平侯。（《高祖本纪》）2.386

9. 〔徙〕

（1）陵之免丞相，吕太后乃徙平为右丞相。（《陈丞相世家》）6.2060

（2）三年正月乙巳，赦天下。……徙济北王志为淄川王，淮阳王余为鲁王，汝南王非为江都王。（《孝景本纪》）2.440

10. 〔赐〕

汉王赐勃爵为威武侯。（《绛侯周勃世家》）6.2067

有时两个并列的动词带兼语，如：

11. 〔部署〕

梁部署吴中豪傑为校尉、侯、司马。（《项羽本纪》）1.297

12. 〔迁拜〕

上东巡，仁奏事有辞，上说，拜为京辅都尉；三月，上迁拜为司直。（《田叔列传》）9.2778

"迁拜"后省略了兼语"（田）仁"。

㈣ 褒贬评论类。

"动₁"表示主观上某种态度或看法，大多带有褒或贬的倾向性，如表示赞许或责怪等；"动₂"表示赞许或责怪的原因，或看法的具体内容。

"动₁"有"多"、"贤"、"誉"、"视"、"效"、"笑"、"怪"、"谗"、"法"、"谓"、"称"、"相"、"揣"、"怜"、"为"、"以……为"等。《左传》这类用法的"动₁"很少，在《史记》中有很大发展。

1.〔多〕

（1）鲍叔既进管仲，以身下之。……天下不多管仲之贤而多鲍叔能知人也。（《管晏列传》）7.2132

"多"：赞美、推重。

（2）当是时，诸公皆多季布能摧刚为柔。（《季布栾布列传》）8.2730

（3）如此，上必多君有让，不废君。（《魏其武安侯列传》）9.2853

2.〔贤〕

（1）上贤贯高为人能立然诺，使泄公具告之。 （《张耳陈余列传》）8.2585

3.〔誉〕

布所幸姬疾，请就医，医家与中大夫贲赫对门，姬数如医家，贲赫自以为侍中，迺厚馈遗，从姬饮医家。姬侍王，从容语次，誉赫长者也。（《黥布列传》）8.2603

此例的兼语"赫"后没有"动₂"，而是表判断的名词谓语"长者"；例不多见。在理解时可以在"赫"后加上"为"。

4.〔视〕

（1）诸将过此者多，吾视沛公大人长者。（《高祖本纪》）2.358

"视"有"认为"、"看作"之意。此句大意是，"吾认为沛公是大人长者"，或"我把沛公看作大人长者"。此例也没有"动₂"，在兼语后是名词谓语"大人长者"。

（2）嗟乎！吾诚得如皇帝，吾视去妻子如脱躧耳。 （《孝武本纪》）2.468

此例的兼语是动宾短语"去妻子"。可能在"视……如……"等少数兼语句式中，兼语有这种特殊现象，他如成语"视死如归"，兼语也是动词而不是名词。

5.〔效〕

夫绛侯、东阳侯称为长者，此两人言事曾不能出口，岂效此啬夫谍谍利口捷给哉！"（《张释之冯唐列传》）9.2752

6.〔笑〕

景公坐柏寝，叹曰："堂堂！谁有此乎？"群臣皆泣，晏子笑。公怒。晏子曰："臣笑群臣谀甚。"（《齐太公世家》）5.1504

7.〔怪〕

（1）窃怪大王与楚何亲也。（《黥布列传》）8.2600

8.〔谗〕

人或谗种且作乱，越王乃赐种剑曰："……"，种遂自杀。（《越王句践世家》）5.1747

9.〔法〕

错为内史，门东出，不便，更穿一门南出。南出者，太上皇庙堧垣。嘉闻之，欲因此以法错擅穿宗庙垣为门，奏请诛错。（《张丞相列传》）8.2684

此例中的"以"为连词，"法"为"动₁"。此句大意是，想因此而法办晁错擅自穿通宗庙墙作门。

10.〔谓〕

（1）项藉死，天下定，上置酒。上折随何之功，谓何为腐儒。（《黥布列传》）8.2603

"谓"有"认为"之意。

（2）今如此避而不击，后有大者，何以加之！则诸侯谓吾怯，而轻来伐我。（《淮阴侯列传》）8.2615

11.〔称〕

天下称郦况卖交也。（《樊郦滕灌列传》）8.2663

"称"，有"声称"、"认为"之意。

12.〔相〕

布欣然笑曰："人相我当刑而王，几是乎？"（《黥布列传》）8.2597

"相"，一种迷信行为，观察人的容貌以测定其贵贱安危。

13.〔揣〕

陆生曰："何念之深也？"陈平曰："生揣我何念？"（《郦生陆贾列传》）8.2700

14.〔怜〕

天子怜百姓新劳苦，故且休之。（《郦生陆贾列传》）8.2697

15. 〔为〕

（1）吕后为人刚毅。（《吕太后本纪》）2.396

（2）叔为人刻廉自喜。（《田叔列传》）9.2775

（3）越王为人长颈鸟喙，可与共患难，不可与共乐。（《越王句践世家》）5.1746

（4）高祖为人隆准而龙颜，美须髯，左股有七十二黑子。（《高祖本纪》）2.342

动₁ 为 "为" 的句子，大多表示对句中主语所代表人物的评论或描述。兼语 "人" 即指主语，"……为人……" 成为一种固定句式。兼语后多为名词谓语或形容词谓语。这种句式在《左传》中很难见到，在《史记》中却有很多，它带有评论者的感情色彩和倾向性，在描述、评论人物时常常出现。这是一种很有用的句式，至今保留在现代汉语中。

16. 〔以……为〕这是兼语式的一种固定格式，"以" 为动₁，"为" 为动₂。表示 "把……视为（当作）……" 主要表示主观上以为如何。《左传》里这种兼语句较多，如：

（1）我以不贪为宝，尔以玉为宝。（襄15）3.1024

（2）穆叔以属鄫为不利。（襄5）3.944

（3）先君以寡人为贤，使主社稷。（隐3）1.29

有时 "以" 的宾语省略，"以为" 连用，如：

（4）玉人以为宝也。（襄15）3.1024

（5）晋人归孔达於卫，以为卫之良也。（文4）2.5331

有时 "以" 相当 "以为"，在《左传》中只有极个别例句：

（6）公以告臧孙，臧孙以难；告郈孙，郈孙以可。（昭25）4.1463

《史记》的 "以……为……" 式有较多变化：有 "以……为……" 式，如：

（1）武帝说，以仁为能不畏彊御，拜仁有丞相司直，威振天下。（《田叔列传》）9.2782

（2）割东武城而封君者，非以君为有功也。（《平原君虞卿列传》）7.2369

有省略了介词宾语的 "以为" 式，如：

（3）见楚使，即详惊曰："吾以为亚父使，乃项王使！"（《陈丞相世

家》）6. 2055

"以"相当"以为"，在《史记》中数量有所增加，如：

（4）孟尝君曾待客夜食，有一人蔽火光。客怒，以饭不等，辍食辞去。孟尝君起，自持其饭比之。客惭，自刭。（《孟尝君列传》）7. 2354

（5）陛下以绛侯周勃何如人也？（《张释之冯唐列传》）9. 2752

（6）始大人常以臣无赖，不能治产业，不如仲力。（《高祖本纪》）2. 387

值得注意的是"以为"作为一个复音词，相当于现代汉语里"以为"的用法，即表"认为"之意，"以"后没有省略什么。如：

（1）始皇自以为功过五帝，地广三王，而羞与之侔。（《秦始皇本纪》）1. 276

（2）上以为绾长者，不忍，乃赐绾告归。（《万石张叔列传》）9. 2770

在这两个例句中，兼语都在"以为"之后。上例有两个兼语，一为"功"，其谓语为"过五帝"；另一为"地"，其谓语为"广三王"。下例为"绾"，其谓语为"长者"。

还有"以为……为"式，如：

武帝闻之，以为任安为详邪，不傅事，何也？（《田叔列传》）9. 2782

通过以上例句可以看到：一，这类兼语句在《史记》中出现很多；二，兼语后的谓语并不都是动词性的，有些是名词性的，还有一些是形容词性的。

㈤兼语式的扩展。兼语式除按动₁的作用及意义分为以上四类外，还有一些复杂的兼语句值得注意。如：

① 兼语套兼语。这种句式《左传》虽然也有，但很个别；《史记》中比较多见，如：

（1）项王使项悍拜平为都尉。（《陈丞相世家》）6. 2052

"使"为第一动词，"项悍"为第一兼语；"拜"为第二动词，"平"为第二兼语；"为"为第三动词。又如：

（2）汉王大怒而骂，陈平蹑汉王，汉王亦悟，乃厚遇齐使，使张子房卒立信为齐王。

（3）赵高教其女婿咸阳令阎乐劫不知何人贼杀人移上林。（《李斯列传》）8. 2562

动$_1$——教，兼语$_1$——其女婿咸阳令阎乐；动$_2$——劾，兼语$_2$——不知何人；动$_3$为连动式："贼杀人移上林"，连动式的前项为两个并列的动词"贼、杀"，后项为动词"移"。

② 兼语后的谓语复杂化。如上面例（3），兼语$_2$后面的谓语为连动式，又如：

张良入谢曰："沛公不胜桮杓，不能辞。谨使良奉白璧一双再拜献大王足下；玉斗一双再拜奉大将军足下。"（《项羽本纪》）1.315

此例兼语"良"的后面为两个连动式，第一个连动式是"奉白璧一双再拜献大王足下"；第二个连动式是"（奉）玉斗一双再拜奉大将军足下"。第二个连动式的"玉斗一双"前面，承上文省略了动词"奉"。

（三）在分类叙述《史记》兼语式之后，我们将《左》、《史》兼语式中的"动$_1$"列表对照于下：

分类 书名	使令、派遣	劝 诫	封职、任免	褒贬评论	共计
左传	使、俾、命、令、许	教、请	立	谓、以……为	
小计	5	2	1	2	10
史记	使、令、遣、请、诈、发、麾、责、召、呼	劝、诫、告、教、言	封、拜、立、尊、号、迁、徵、废、徙、赐、部署、迁拜	多、贤、誉、视、效、笑、怪、逊、法、谓、称、相、揣、怜、为、以……为	
小计	10	5	12	16	43
共计	15	7	13	18	53

由以上分析、统计我们看到：

㊀ 兼语式中的"动$_1$"由《左传》的十个左右增加到《史记》的四十余个，有比较明显的增长。

㊁《左传》的"动$_1$"不仅范围小，而且出现次数多的"动$_1$"为数

更少，仅限于"使"、"以"等；《史记》不仅范围扩大，而且绝大多数都频繁出现，足证兼语式具有很强的孳生力，在语言中十分活跃。

㈢ 从《左传》与《史记》的对照看，《左传》以"使令、派遣类"为最多，而《史记》则以"褒贬、评论类"为最多。似可看出，兼语式先由"使令、派遣类"的用法发展起来，继而扩展到其他方面。特别是对人的褒贬评论，用这种句式可以使意义得到生动的表达，因而这项用法的兼语句发展更为迅速，到现代汉语里拥有更多的"动₁"。①

㈣ 兼语式是汉语特有的句式，它的结构紧凑，内容丰富，很有表现力。由《左传》到《史记》，兼语式的大量出现更突出了汉语的这一特点。

3.3 被动句的发展变化

《史记》的被动句比较多，而且有重要的发展变化，值得专门一谈。下面从三方面介绍：《史记》与《左传》形式基本相同的几种被动句；《史记》里新出现的有形式标志的被动句；没有形式标志的被动句。

3.3.1 《史记》与《左传》形式基本相同的几种被动句。

（一）以"为"作为标志的被动句。

《左传》有这类句式，如：

（1）止，将为三军获。（襄18）3.1038

（2）战而不克，为诸侯笑。（襄10）3.982

"为"后不出现施动者，如：

（3）亲戚为戮，不可以莫之报也。（昭20）4.1408

《史记》这类被动句有不少与《左传》同者，如：

（1）吾子，白帝子也，化为蛇，当道；今为赤帝子斩之，故哭。（《高祖本纪》）2.347

（2）身客死於秦，为天下笑。（《屈原贾生列传》）8.2485

"为"后不出现施动者，如：

（3）将军何不还兵与诸侯为从，约共攻秦，分王其地，南面称孤；此孰与身伏铁质，妻子为戮乎？（《项羽本纪》）1.308

与《左传》相比有些新的变化，如，"为"后的施事者由代词充当：

---

① 参见《现代汉语八百词》，第33页—34页。

（1）夺项王天下者，必沛公也；吾属今为之虏矣。（《项羽本纪》）1.315

（2）项羽有一范增而不能用，此其所以为我擒也。（《高祖本纪》）2.381

有时"为"后连接"动·补"，如：

（3）秦之遇将军可谓深矣，父母宗族皆为戮没。（《刺客列传》）8.2532

"为"后面的动词带有宾语，这种例子不多见，如：

（4）今犯法已论，而使毋罪之父母妻子同产坐之，及为收帑，朕甚不取。（《孝文本纪》）2.418

（帑：通孥，妻儿。收：逮捕、拘押。大意说，一人犯罪，妻儿都被治罪。）

（二）以"见"为标志的被动句。

《左传》这类被动句比较简单，"见"后连接动词，如：

随之见伐，不量力也。（僖20）1.387

《史记》的"见"字被动句有以下几种情况：

"见"后连接动词，与《左传》同，如：

（1）妪子何为见杀？（《高祖本纪》）2.347

"见"后连接"动·补"，如：

（2）即入见辞去，疾步数还顾。（《滑稽列传补》）10.3204

"见"和动词之间未见有动作行为的施动者，若必须引进施动者时，往往在动词后用介词"於"引进。如：

（1）吾尝三仕三见逐於君，鲍叔不以我为不肖，知我不遭时也。（《管晏列传》）7.2132

（2）且夫有高人之行者固见非於世；有独知之虑者，必见敖於民。（《商君列传》）7.2229

（3）且夫臣人与见臣於人，制人与见制於人，岂可同日道哉！（《李斯列传》）8.2548

有时"见"后连接"以为"，表示"被认为……"之意，如：

（1）孟轲，……游事齐宣王，宣王不能用。适梁，梁惠王不果所言，则见以为迂远而阔於事情。（《孟子荀卿列传》）7.2343

大意是说，孟轲被梁惠王认为是迂远而阔於事情。迂远：拘泥固执，不切实际。阔：迂阔，不切实。

有时"见"后的动词带宾语，如：

（2）今军吏计功，以天下不足徧封，此属畏陛下不能尽封，恐又见疑平生过失及诛，故即相聚谋反耳。（《留侯世家》）6.2043

这类例句及"为"项下的"为收帑"例很重要，值得注意。王力先生在《汉语史稿》中册《被动式的发展》一节中说到，在唐以前"在被动词的后面都是没有宾语的，因为受事者已转为主语，自然用不着宾语了。……但是到了唐代，被动式又有了新的发展，'被'字的前面有主语，动词的后面仍然有宾语，而宾语所代表的事物又是主语所代表的人物所领有的。因此，在这类被动式里，主语只不过是个间接的受事者，而动词后的宾语才是直接的受事者。"（中册，429 页，中华书局 1980 年版）接着王力先生举了白居易诗句"常被老元偷格律"（这里主语被省略了）和《丑女缘起变文》中例句"娘子被王郎道着丑貌"等例句。

王先生指出被动句的这一新发展是值得注意的，但它不是始自唐代而是早在汉代就已经出现了。尽管这一现象可能到唐代及其以后才普遍起来，但它却至少在《史记》中已经萌生。

（三）以"於"为标志的被动句：〔动·於·宾〕。

这类被动句在《左传》中居于被动句式的首位。如：

（1）鍼惧选於寡君，是以在此。（昭1）4.1215

"於"引进动作行为的施动者。"选"：遣、放逐。

《史记》中这类被动句也比较多，但少于"为"字句。如：

（1）事无小大皆决於毐。（《秦始皇本纪》）1.227

（2）怀王以不知忠臣之分，故内惑於郑袖，外欺於张仪。（《屈原贾生列传》）8.2485

（3）夫破人之与破於人也，臣人之与臣於人也，岂可同日而论哉！（《苏秦列传》）7.2248

（四）以"于"为标志的被动句：〔动·于·宾〕

这是最古老的被动句式，甲骨文、金文中都只有这种句式，后来"于"逐渐为"於"所取代；到《左传》还有遗留，但为数已经很少，全书仅13例。如：

（1）王姚嬖于庄王。（庄19）1.212

在《史记》里，"于"字被动句极为个别，几乎只保留于帝王的正式文告或者可能是司马迁转抄自其他记载史事的文字中，如：

（2）今乃幸以天年，得复供养于高庙，朕之不明与嘉之，其奚悲哀之有！（《孝文本纪》）2.434

此例的"于"后虽为处所，但仍为被动句，意为：能被供养在高庙。

3.3.2　《史记》中新出现的被动句式：

（一）"为……所……"式。

《左传》里没有发现这种句式。僖公28年的"为其所得者棺而出之"（一册，435页）可以有三种解释，一是，"为"是动词，"其所得者"和"棺"是它的两个宾语，意思是"给他们得到的那些尸体做了棺材装运出去"；二是，"为"是介词，句意是，"为他们得到的那些尸体制作棺材装运出去"；三是，"为"是介词，"其"是代词，"为其所得者"是被动句"为其所得"加"者"，表示"被他们得到的尸体"之意。但这后一种用法似不符合《左传》的语法特点，因《左传》的代词"其"都表领属，不表宾格。同时"为"出现数百次，仅有这么一个被动句，也是很离奇的。因此我们未取第三种说法。周法高先生在《中国古代语法·称代编》中把这个例句视为被动句，同时还举了《管子·枢言》、《墨子·天志上》各一例（称代编，389页）。即使按照周先生的说法，《左传》也仅此一例。而《史记》的"为…所…"式被动句却是所在多有，主要有以下几种情况：

㊀〔"为"·名词·"所"·动词）。"为"后面的名词是引进的施动者，"所"是助词，在这种句式中意义较虚，一方面起加强被动语气的作用，主要是从结构上起联接和标志作用。如：

（1）高祖击布时，为流矢所中，行道病。（《高祖本纪》）2.391

（2）吾闻先即制人，后则为人所制。（《项羽本纪》）1.297

（3）后世贤，师吾俭；不贤，毋为势家所夺。（《肖相国世家》）6.2019

㊁〔"为"·名·"所"·动·补〕"所"后面的"动·补"大多是动词带另一动词作补语。如：

（4）王迁立，乃用郭开谗，卒诛李牧，令颜聚代之。是以兵破士北，

为秦所禽灭。(《张释之冯唐列传》) 9.2758

　　动词"禽"后由另一动词"灭"作结果补语。

　　㈢〔"为"·"之"·"所"·动〕表示施动者的名词由代词充当。如:

　　(5) 今足下虽自以与汉王为厚交,为之尽力用兵,终为之所禽矣。(《淮阴侯列传》) 8.2622

　　㈣〔"为"·"所"·动〕 "为"后没有表施动的词,直接和〔"所"·动〕连接,如:

　　(6) 请以剑舞,因击沛公於坐,杀之。不者,若属皆且为所虏。(《项羽本纪》) 1.313

　　㈤〔"所"·动〕有时只用"所"加动词短语表示被动,如:

　　(7) 帜皆赤,由所杀蛇白帝子,杀者赤帝子,故上赤。(《高祖本纪》) 2.350

　　"所杀蛇"与"杀者"互相对照,一为被杀者,一为杀者,甚为分明。

　　(二) 以"被"为标志组成的被动句。大致有以下几种情况:

　　㈠〔"被"·动〕"被"与动词之间没有施动者。如:

　　(1) 孔子居陈三岁,会晋楚争疆,更伐陈,及吴侵陈,陈常被寇。……於是孔子去陈。(《孔子世家》) 6.1923

　　(2) 孝景时,晁错以刻深颇用术辅其资,而七国之乱,发怒於错,错卒以被戮。(《酷吏列传》) 10.3132

　　(3) 信而见疑,忠而被谤,能无怨乎? (《屈原贾生列传》) 8.2482

　　有时"被"后有两个动词,如:

　　(4) 赵高昆弟数人,皆生隐宫,其母被刑僇,世世卑贱。(《蒙恬列传》) 8.2566

　　(僇:同"戮"。)

　　㈡〔"被"·动词·"於"·名词〕介词"於"在〔"被"·动〕之后引进施动者(或动作行为发生的处所)。如:

　　(5) 自子夏,门人之高弟也,犹云"出见纷华盛丽而说,入闻夫子之道而乐,二者心战,未能自决",而况中庸以下,渐渍於失教,被服於成俗乎? (《礼书》) 4.1159

（6）栗腹以十万之众五折於外，以万乘之国被围於赵。（《鲁仲连邹阳列传》）8.2466

⊜〔"被"·动·宾〕

（7）昆弟诸子欲厚葬汤，汤母曰："汤为天子大臣，被汙恶言而死，何厚葬乎！"（《酷吏列传》）10.3144

注意此例的"被汙恶言"与前面的"为收帑"、"见疑平生过失"不同；"帑"和"平生过失"都是句中隐含的主语（动作行为的受事者）所领有的；而"恶言"却恰好相反，它是从属于"被"后所隐含的施动者，可理解为"被汙以恶言"。

（三）〔"遇"·动〕以"遇"作为被动句的标志。如：

（8）湣王之遇杀，其子法章变名姓为莒太史敫家庸。（《田敬仲完世家》）6.1901

遇杀：被杀。

（四）〔"遭"·名词·动词〕以"遭"作标志的，如：

（9）今龟使抵网，而遭渔者得之。（《龟策列传》）10.3233

3.3.3 没有形式标志的被动句

《史记》不仅有很多具有以上各种形式标志的被动句，还有很多没有什么形式标志的被动句。《左传》虽然也有极少数这样的例句，如：

久将墊隘，隘乃禽也。（襄25）3.1104

但远不如《史记》那样随处可见。在阅读中若不了解《史记》这一特点就会带来理解上的障碍。《史记》这类被动句大致有以下几种情况：

（一）〔动（动）·名（施动者）〕

下面所介绍的（一）、（二）两类被动句可能与《史记》中"於、于"二介词大大减少有关，如果理解时在动词和名词之间加上介词"於"，意义即豁然可见。如：

（1）当此时，诸郡县苦秦吏者，皆刑其长吏，杀之以应陈涉。（《陈涉世家》）6.1953

（2）楚汉久相持未决，丁壮苦军旅，老弱罢转饟（《高祖本纪》）2.376

（3）项羽已杀卿子冠军，威震楚国，名闻诸侯。（《项羽本纪》）1.307

（4）而胡降者皆衣食县官。（《平准书》）4.1425

"衣食"：名词活用作动词。大意说，胡人降者都被朝廷养着（由朝廷供给衣食）。

（5）王后荼、太子迁及女陵得爱幸王，擅国权，侵夺民田宅，妄致系人。（《淮南衡山列传》）10.3083

（6）义纵者，河东人也。……纵有姊姁，以医幸王太后。（《酷吏列传》）10.3144

后两例表示"爱幸於王"、"幸於王太后"之意，但它们与主动式在形式上没有什么不同，如：

（7）窃闻安国君爱幸华阳夫人。（《吕不韦列传》）8.2506

这类例句必须通过上下文义去辨别。封建社会等级森严、以男子为中心；因而凡是"下（爱）幸上"、"女（爱）幸男"的句式，一般都是被动句，反之则大都是主动句。又如：

（8）今陛下以啬夫口辩而超迁之，臣恐天下随风靡靡，争为口辩而无其实。且下之化上疾於景响，举错不可不审也。（《张释之冯唐列传》）9.2752

"下之化上"：下面臣属百姓被皇上同化。"景"：同"影"。大意是：下面被上面同化比影子之於太阳、回声之於声音还反应得快些。

（二）〔动词·名词（表处所）〕动词后面的名词表示动作行为发生的处所。如：

（1）汉六年正月，封功臣。……良曰："……陛下用臣计，幸而时中，臣愿封留足矣，不敢当三万户。"乃封张良为留侯。（《留侯世家》）6.2042

此例中的"臣愿封留"为被动式，下文的"乃封张良为留侯"为主动式。前者的"封"，受事者即主语"臣"，后者的（隐含）主语是汉高帝，"封"的宾语、受事者是张良；前者在"封"与"留"之间可加"於"，变换为"封於留"，后者不能。

（2）高祖常繇咸阳。（《高祖本纪》）2.344

大意是，"高祖常被派到咸阳服徭役。"

（3）高帝欲伐匈奴，大困平城，乃遂结和亲。（《酷吏列传》）10.3141

大意是：高帝在平城被围困。

（4）汉王将数十万之众，距鞏、洛，阻山河之险，一日数战，无尺寸之功，折北不救，败滎阳，伤成皋，遂走宛、叶之间，此所谓智勇俱困者也。（《淮阴侯列传》）8.2623

意思是：在滎阳被打败，在成皋受了伤。试比较下面的例句：

（5）高祖与诸侯兵共击楚军，与项羽决胜垓下。淮阴侯将三十万自当之，……楚兵不利，淮阴侯复乘之，大败垓下。……项羽是以兵大败。（《高祖本纪》）2.379

此例的"（大）败垓下"是"（大）败项羽於垓下"之意。它与上面"败滎阳"形式一样，但一个表主动，一个表被动。这就要把句子形式与内容紧密结合起来加以分辨，看是否可以转换为〔动·宾·於·△〕而与上下文意义一致。

（三）〔主·谓（动或动·宾）〕借用一般主动式表被动的含义。在理解时，这些动词或动词短语前可加"被"；或在动词（或动·宾）后加"'於'＋施动者"；或转换为"'为'△所·'动'"句式。常见动词大致有下面一些：

㈠〔破〕

（1）楚兵新破於定陶，……项羽曰："……且国兵新破，王坐不安席。"（《项羽本纪》）1.305

"楚兵新破於定陶"为被动式，"国兵新破"跟它意义相同而形式有异。又如：

（2）与战，田臧死，军破。章邯进兵击李归等荥阳下，破之，李归等死。（《陈涉世家》）6.1957

试将"军破"与下文"破之"比较，可看出这类表被动意的句子，动词后大都不带宾语，动词的受事者就是主语所代表的对象。

（3）诸侯见齐之罢獘，君臣之不和也，兴兵而伐齐，大破之。……故齐所以大破者，以其伐楚而肥韩、魏也。（《范雎蔡泽列传》）7.2409

上文的"兴兵而伐齐，大破之"与下文的"故齐所以大破者"互相对照，一表主动，一表被动，甚为明显。

㈡〔灭〕

（4）曹相国参攻城野战之功所以能多若此者，以与淮阴侯俱。及信

已灭，而列侯成功，唯独参擅其名。(《曹相国世家》)6.2031

"已灭"——"已被灭"。

㈢〔败〕

(5) 项羽卒闻汉军之楚歌，以为汉尽得楚地，项羽乃败而走，是以兵大败。(《高祖本纪》)2.379

"败而走"——→"被击败而逃走"，"走"是"败"的结果。

㈣〔杀〕

(6) 故秦皇帝任中庶子蒙嘉之言，以信荆轲之说，而匕首窃发；周文王猎泾、渭，载吕尚而归，以王天下。故秦信左右而杀，周用乌集而王，何则？(《鲁仲连邹阳列传》)8.2477

从上文的叙述看得很清楚，"杀"是"被（刺）杀"之意。这里是一种文学上的夸张手法，意指秦皇帝有被人刺杀之事，并非说他被刺身亡。

㈤〔诛〕

(7) 淮阴侯谋反关中，吕后用萧何计，诛淮阴侯，……上已闻淮阴侯诛，使使拜丞相何为相国。(《肖相国世家》)6.2017

上文的"诛淮阴侯"与下文的"淮阴侯诛"互相对照，后者很明显表示被动。

㈥〔屠〕

(8) 刘季乃书帛射城上，谓沛父老曰："…今父老虽为沛令守，诸侯并起，今屠沛。沛今共诛令，择子弟可立者立之，以应诸侯，则家室完。不然，父子俱屠，无为也。"(《高祖本纪》)2.350

上文的"今屠沛"与下文的"父子俱屠"互相对应，后者为被动句甚明。

㈦〔亨〕

(9) 野兽已尽而猎狗亨。(《淮阴侯列传》)8.2025

"亨"——被烹。"亨"同"烹"。

㈧〔免〕

(10) 七月乙巳，……丞相刘舍免。八月壬辰，以御史大夫绾为丞相。(《孝景本纪》)2.447

"免"——→被免职。

㈨〔容〕

（11）臣闻平居家时，盗其嫂；事魏不容，亡归楚。（《陈丞相世家》）6. 2054

"不容"——→不被魏王所容。

有时表被动的为动补短语，如：

㈠〔残（灭）〕

（12）项羽尝攻襄城，襄城无遗类，皆坑之，诸所过无不残灭。（《高祖本纪》）2. 356

㈡〔诛（灭）〕

（13）淮阴、黥布等皆以诛灭，而何之勋烂焉。（《肖相国世家》）6. 2020

㈡〔杀（死）〕

（14）优旃者，秦倡侏儒也。善为笑言，然合於大道。……二世立，又欲漆其城，优旃曰："……"於是二世笑之，以其故止。居无何，二世杀死，优旃归汉，数年而卒。（《滑稽列传》）10. 3203

有时表被动的为动宾短语。如：

㈢〔枭（首）〕

（15）卫尉竭、内史肆、佐弋竭、中大夫令齐等二十人皆枭首。（《秦始皇本纪》）1. 227

㈣〔灭（族）〕

（16）客有说相国曰："君灭族不久矣。"（《肖相国世家》）6. 2018

㈤〔夺（妻）〕、〔断（足）〕

（17）五月，懿公游於申池，二人浴，戏。职曰："断足子！"戎曰："夺妻者"！二人俱病此言，乃怨。谋与公游竹中，二人弑懿公车上，弃竹中而亡去。（《齐太公世家》）5. 1496

"断足子"——→被人（指懿公）断了足的人的儿子。"夺妻者"——→被人（指懿公）夺去了妻子的人。

（18）乃上书曰："……他广实非荒侯子，不当代后。"诏下吏。孝景中六年，他广夺侯为庶人，国除。（《樊郦滕灌列传》）8. 2659

"夺侯"：被夺去侯爵的爵位。

㊅〔湛（七族）〕、〔烧（妻子）〕

（19）然则荆轲之湛七族，要离之烧妻子，岂足道哉！（《鲁仲连邹阳列传》）8.2475

"湛七族"——→被灭七族。"烧妻子"——→妻子被烧。

以上所列举的动词都表示受损害、不幸意。王力先生在《汉语史稿》第四十八节《被动句的发展》中，谈到"被"字句、"为"字句和"为……所"式"被动式的作用基本上是表示不幸或者不愉快的事情"（中册433页），从以上举例可进一步证明，没有特殊形式标志的被动式也基本上具有这个特点。

但也有少数被动句并未包含"不幸"之意，举例如下：

㊀〔称〕

（1）孝惠帝元年，除诸侯相国法，更以参为齐丞相。……其治要用黄老术，故相齐九年，齐国安集，大称贤相。（《曹相国世家》）6.2029

"大称贤相"：大大地被称颂为贤明的丞相。

（2）陈婴者，故东阳令史，居县中，素信谨，称为长者。（《项羽本纪》）1.298

"称为长者"：被公认为忠厚长者。

㊁ 爱

（3）今夫人事太子，甚爱而无子。（《吕不韦列传》）8.2507

此例的"爱"表示被动，与（一）项下举例中的"爱幸"、"幸"等用法同。

㊂ 给

（4）何乃给泗水卒史事，第一。（《肖相国世家》）6.2014

这句话大意是：肖何就被委任了泗水郡卒史的工作，在属官中居第一位。

㊃ 听

（5）故说听行通，身处尊位，泽及后世，子孙长荣。（《滑稽列传》）10.3206

"说听"：说话被人听从。

㊄ 立

（6）孝惠崩，太子立为帝。（《吕太后本纪》）2.402

㈥ 抱

（7）臣闻"母爱者子抱"，今戚夫人日夜侍御，赵王如意常抱居前。（《留侯世家》）6.2046

"母爱者子抱"：此例中的"爱"也表被动。大意是，受宠爱的母亲所生的孩子常常被父亲抱着。"赵王如意常抱居前"：赵王如意常（被）抱在皇帝跟前。

㈦ 徵

（8）何以《易》，元光元年徵，官至中大夫。（《儒林列传》）10.3127

徵：被征召。此例大意是：杨何由于通《易经》，在元光元年被征召，做官到中大夫。

① 用

（9）不听广武君策，广武君策不用。（《淮阴侯列传》）8.2615

"不用"：不被采用。

通过以上分析我们看到，《史记》与《左传》的被动句相比，一是形式标志增多。除与《左传》共同的被动句在《史记》中有新的发展外，《史记》又出现了新的被动句式，如"被"字句、"为……所"句，它们逐渐代替了"见"字句、"於（于）"字句，并逐渐发展、完善自己；"被"字句演变至今，成为现代汉语里最重要的一种被动句式。二是无标志的被动句大量出现。根据我们对《项羽本纪》、《高祖本纪》、《吕太后本纪》、《孝文本纪》、《孝景本纪》、《肖相国世家》、《曹相国世家》、《留侯世家》、《陈丞相世家》、《礼书》、《乐书》、《屈原贾生列传》、《李斯列传》、《酷吏列传》等篇章的统计，无标志的被动句约占被动句总数的40%，若不留意，就可能出错，这是我们在阅读《史记》时要特别留意的问题之一。三是被动句大都表示不幸或不愉快的事情，但也有少部分例外。

3.4　有系词"是"用法的判断句

系词"是"用法在《左传》中已有萌芽，有一例"是"的用法极象系词：

惠公蠲其大德，谓我诸戎是四嶽之裔胄也。（襄14）3.1006

在《史记》中"是"的系词用法虽仍很少，但比之《左传》有所增多①，如：

（1）襄子至桥，马惊，襄子曰："此必是豫让也。"使人问之，果豫让也。（《刺客列传》）8.2521

（2）政姊荣……乃於邑曰："其是吾弟与？嗟乎，严仲子知吾弟！"（《刺客列传》）8.2525

（3）乃为帛书以饭牛，详不知，言曰此牛腹中有奇。杀视得书，书言甚怪。天子识其手书，问其人，果是伪书。（《封禅书》）4.1388

（4）公子虔之徒告商君欲反，发吏捕商君。商君亡至关下，欲舍客舍。客人不知其是商君也，曰："商君之法，舍人无验者坐之。"（《商君列传》）7.2236

（5）周氏……廼髡钳季布，衣褐衣，置广柳车中，并与其家僮数十人，之鲁朱家所卖之。朱家心知是季布，廼买而置之田。（《季布栾布列传》）8.2729

（6）窦太后好《老子》书，召辕固生问《老子》书。固曰："此是家人言耳。"（《儒林列传》）10.3123

（7）西门豹曰："巫妪弟子是女子也，不能白事，烦三老为入白之。"（《滑稽列传》）10.3212

（8）於是帝乃诏使邢夫人衣故衣，独身来前。尹夫人望见之，曰："此真是也。"（《外戚世家》）6.1984

3.5 疑问代词作宾语的位置有变化

按照古汉语的语法规律，否定句和疑问句中的代词宾语往往置于动词之前，但《左传》的否定句已有不少例外，大约有 37.4% 的代词宾语不前置；《史记》否定词的词序有进一步不前置的趋势。特别值得注意的是疑问句的变化。《左传》的疑问句只在个别固定格式中代词宾语不前置，例如：

（1）秦伯曰："国谓君何？"对曰："小人感，谓之不免；君子恕，以为必归。"（僖15）1.366

---

① 关于系词"是"，我将另作专文讨论，此处只举出部分例句。

（2）以师伐人，遇其师而还，将谓君何？（成2）2.787 其他绝大多数作宾语的疑问代词都严格地遵循着宾语前置的规律。而《史记》的疑问句却有了重要变化，有不少疑问代词位于动词之后。"云"是一个很特殊的动词，自古以来疑问代词作它的宾语就不前置，《史记》也是如此：

（1）问陈平，平固辞谢，曰："诸将云何？"上具告之。（《陈丞相世家》）6.2056

（2）其后帝闲居，问左右曰："人言云何？"左右对曰："人言且立其子，何去其母乎？"（《外戚世家》）6.1986

（3）召军正问曰："军法期而后者至云何？"对曰："当斩。"（《司马穰苴列传》）7.2158

其他的例子如，《左传》有"谓×何"，《史记》有"谓何"、"谓谁"：

（4）韩冯之东兵之辞且谓秦何？曰"秦兵不用而得三川，伐楚、韩以窘魏，魏氏不敢东，是孤齐也。"张仪之东兵之辞且谓何？曰"秦韩欲地而兵有案，声威发於魏，魏氏之欲不失齐楚者有资矣。"（《田敬仲完世家》）6.1896

（5）优孟曰："请归与妇计之，三日而为相。"庄王许之。三日后，优孟复来，王曰："妇言谓何？"孟曰："妇言慎无为，楚相不足为也。"（《滑稽列传》）10.3201

（6）於是上亦问左丞相平。平曰："有主者。"上曰："主者谓谁？"平曰："陛下即问决狱，责廷尉；问钱谷，责治粟内史。"（《陈丞相世家》）6.2061

"何"、"谁"出现在其他动词之后，为《左传》所无。

（7）久之，景公遣使者持节赦贾，驰入军中。穰苴曰："将在军，君令有所不受。"问军政曰："驰三军法何？"正曰："当斩。"（《司马穰苴列传》）7.2158

（8）王先生曰："天子即问君何以治北海，令无盗贼，君对曰何哉？"（《滑稽列传补》）10.3210

（9）渔者几何家？名谁为豫且？（《龟策列传》）10.3230

四　生动多样的状语
——状语之一

《史记》的状语内容十分丰富，是《史记》语法的重要特色之一。我们把它分成两大部分来谈：一部分专门介绍介宾短语作状语的情况，见"状语之二"；这节介绍除了介宾之外的其他状语，包括副词、名词、方位词、时间词、数（量）词、动词、主谓短语、形容词、代词、重叠或部分重叠词、"形（动·副）＋'焉'（乎）"及多层状语。

4.1　副词作状语

《史记》的副词比起《左传》虽然淘汰了少部分古老的词汇，但总的看来有长足的发展，我们在这里力求介绍其概貌、指出其新的发展和特点。由于《史记》篇幅大、副词多，我们所谈的难免挂一漏万，望大家批评补正。

关于副词的范围，我们指的首先是经常用作副词的那些词，它们很少单独使用，总是对谓语中心成分起修饰作用。其次是一些虽然用作动词、形容词或名词，但也常常用作副词的词。至于一些主要用作动、形、名，偶而用作副词的词，我们还把它归入动、形、名项下，免得忽略了词类活用或由实词变为虚词的过度现象。

《史记》的副词按其语法功能可分为以下几类：

（一）表示否定。如：弗、毋、勿、无、不、靡、未等。《左传》的否定副词"蔑"在《史记》中很少见到。

"弗"后的动词大都不带宾语，但也有带宾语的，如：

群臣如张武等受赂遗金钱，觉，上乃发御府金钱赐之，以愧其心，弗下吏。（《孝文本纪》）2.433

"毋"一般表示禁止，但有时与"无"通，表示"没有"。如：

（1）薄昭还报曰："信矣，毋可疑者。"（《孝文本纪》）2.414

（2）居处毋度，出入拟於天子。（《孝文本纪》）2.426

（3）举适诸窦宗室毋节行者，除其属籍。（《魏其武安侯列

传》）9. 2843

"无"一般表示没有，但也常与"毋"通，表示禁止。如：

（1）且夫天子以四海为家，非壮丽无以重威，且无令后世有以加也。（《高祖本纪》）2. 386

（2）其令天下吏民，……絰带无过三寸，毋布车及兵器，毋发民男女哭临宫殿。（《孝文本纪》）2. 434

（3）余死，汝必为太史；为太史，无忘吾所欲论著矣。（《太史公自序》）10. 3295

"未"一般表示"不曾"，但有时也用作表禁止的副词，这种例句很少见，如：

沛公欲以兵二万人击秦峣下军，良说曰："秦兵尚疆，未可轻。"（《留侯世家》）6. 2037

"未尝"作为固定词组，表示"不曾"之意，如：

阙廷之礼，吾未尝敢不从宾赞也；廊庙之位，吾未尝敢失节也；受命应对，吾未尝敢失辞也。（《秦始皇本纪》）1. 268

"不"用得最多，它常和副词"当"连用作"不当"，如：

（1）足下非刘氏，不当立。（《吕太后本纪》）2. 411

它与"如"、"过"、"胜"、"顾"、"辞"等动词配合，形成"不如"、"不过"、"不胜"、"不顾"、"不辞"等一些习惯用法。如：

（2）夫披坚执锐，义不如公；坐而运策，公不如义。（《项羽本纪》）1. 305

（3）髡恐惧俯伏而饮，不过一斗径醉矣。（《滑稽列传》）10. 3199

（4）沛公不胜桮杓，不能辞。（《项羽本纪》）1. 314

（5）大行不顾细谨，大礼不辞小让。（同上）1. 314

"不有"表示"不能"或"没有"，如：

（6）夫政不简不易，民不有近；平易近民，民必归之。（《鲁周公世家》）5. 1524

"不"用于形容词前面，如：

（7）孝文皇帝临天下，通关梁，不异远方。（《孝文本纪》）2. 436

（8）淳于髡者，齐之赘婿也，长不满七尺，滑稽多变。（《滑稽列传》）10. 3197

"不"用于名词前:

(9)何谓不臣？愿闻罪而死。(《秦始皇本纪》)1.268

《左传》的一些"弗"在《史记》中变为"不"，如:

> 《左》: 公登台而请，弗许；请盟，弗许；请自刃於庙，弗许。(襄
> 25) 3.1097
>
> 《史》: 公登台而请解，不许；请盟，不许；请自杀於庙，不许。
> (《齐太公世家》) 5.1501

(二)表示估计、不肯定。如:大、率、可、大率、大氐、大抵等。

(1)剧孟行大类朱家而好博。(《游侠列传》)10.3184

(2)汉与匈奴和亲，率不过数岁即复倍约。(《韩长孺列传》)9.2860

(3)大宛在匈奴西南，在汉正西，去汉可万里。(《大宛列传》)10.3160

(4)於是商贾中家以上大率破。(《平准书》)4.1435

(5)自关以东，大氐尽畔秦吏应诸侯。(《秦始皇本纪》)1.273

(6)至于高祖，光有四海，叔孙通颇有所增益减损，大抵皆袭秦故。(《礼书》)4.1159

(7)《诗》三百篇，大抵贤圣发愤之所作为也。(《太史公自序》)10.3300

(三)表示程度。如:颇、实、极、绝、固、甚、太、最、尤、殊、益、大、良、滋、至、稍、渐、小、少、尚、犹、微、略、几、真、愈，等等。将用法较特殊或为《左传》所无者举例如下:

"大"表示程度之甚，如:

(1)项羽遂西，屠烧咸阳秦宫室，所过无不残破。秦人大失望，然恐，不敢不服耳。(《高祖本纪》)2.365

(2)及冒顿以兵至，击，大破灭东胡王。(《匈奴列传》)9.2889

"良"、"滋"表程度，为《左传》所无。如:

(1)西门豹簪笔磬折，向河立待良久。(《滑稽列传》)10.3212

(2)诸将以为赵氏孤儿良已死，皆喜。(《赵世家》)6.1784

上例的"良"有"甚"、"很"意；下例的"良"有"确"、"真"意。

(3)是以窦太后滋不说魏其等。(《魏其武安侯列传》)9.2843

"至"在《左传》中绝大多数都用作动词，表示"到"的意思；只有少数几个例句表示程度之甚，有"极端"之意；用作副词，在形容词之后，如：

（1）大之至也，其周之旧乎！（襄29）3.1163

用作形容词，作谓语，如：

（2）德至矣哉！大矣！（襄29）3.1165

在《史记》中，"至"作副词，用于谓语前，用例不少。表示"极"意，如：

（1）汉兴，至孝文四十有余载，德至盛也。（《孝文本纪》）2.437

（2）卓王孙大怒曰："女至不材，我不忍杀，不分一钱也。"（《司马相如列传》）10.3000

"极"在《左传》里大都用作名词，表示"极限"、"尽头"之意；作副词的仅一例，也位于谓语之后，如：

三年之丧，亲暱之极也。（哀20）4.1716

在《史记》里，"极"作副词用于谓语之前，且可用于否定句。如：

（1）高祖曰："丰吾所生长，极不忘耳。"（《高祖本纪》）2.390

（2）沛父兄诸母故人日乐饮极欢。（同上）2.389

"尤"在《左传》里用作副词的仅一例，也在谓语之后，表示程度之甚。如：

子木之信称於诸侯，犹诈晋而驾焉，况不信之尤者乎？（昭1）4.1201

在《史记》中副词"尤"表示程度之甚，在谓语之前，如：

（1）自河决瓠子后二十余岁，岁因以数不登，而梁楚之地尤甚。（《河渠书》）4.1412

（2）苍本好书，无所不观，无所不通，而尤善律暦。（《张丞相列传》）8.2681

"殊"在《左传》里无副词用法，仅有一例用作动词：

断其后之木而弗殊。（昭23）4.1441

《史记》中的"殊"作副词，表示程度极甚，用于谓语前。如：

（1）父曰："履我！"良业为取履，因长跪履之。父以足受，笑而去。良殊大惊，随目之。（《留侯世家》）6.2035

（2）大月氏王已为胡所杀，立其太子为王；既臣大夏而居，地肥饶，

少寇，志安乐，又自以远汉，殊无报胡之心。（《大宛列传》）10.3158

"颇"在《左传》仅数例，主要作形容词，表"偏颇"、"不正"之意。如：

外内颇邪，上下怨疾。（昭20）4.1416

《史记》的副词"颇"表示程度的（较）轻或（较）重，要根据上下文义加以辨别。表示程度（较）轻，如：

（1）孝文帝时，徐生以容为礼官大夫。传子至孙徐延、徐襄。襄，其天姿善为容，不能通《礼经》；延颇能，未善也。（《儒林列传》）10.3126

（容：汉书作"颂"。颇：略。）

表示程度（较）甚，如：

（2）及绛侯免相之国，国人上书告以为反，徵系清室，宗室诸公莫敢为言，唯袁盎明绛侯无罪。绛侯得释，盎颇有力。绛侯乃大与盎结交。（《袁盎晁错列传》）8.2738

（"颇"：有"甚"意。）

"绝"在《左传》用作动词，表示"断绝"之意，如：

世不绝祀。（襄24）3.1088

《史记》的"绝"用作副词的不乏其例，表示程度之甚，有"极（端）"、"绝顶"等意。如：

（1）吕不韦取邯郸诸姬绝好善舞者与居。（《吕不韦列传》）8.2508

（2）吕不韦乃进嫪毐，……遂得侍太后，太后私与通，绝爱之。（《吕不韦列传》）8.2511

（3）平王使无忌为太子取妇於秦，秦女好，无忌驰归报平王曰："秦女绝美，王可自取，而更为太子取妇。"平王遂自取秦女而绝爱幸之。（《伍子胥列传》）7.2171

"太"，在《左传》中没有出现。《史记》的副词"太"为数不少，用于形容词或动词谓语前，表示程度之过甚。如：

（1）臣愚，以为陛下法太明，赏太轻，罚太重。（《张释之冯唐列传》）9.2759

（2）太史公曰："世言荆轲，其称太子丹之命，'天雨粟，马生角'也，太过。"（《刺客列传》）8.2538

（3）新垣衍快然不悦，曰："噫嘻，亦太甚矣先生之言也！"（《鲁仲连邹阳列传》）8.2463

"渐"在《左传》中未见用作副词的。

"最"在《左传》中没有出现，而《史记》的"最"出现次数较多，表示程度"极甚"；用法灵活。如：

（1）田骈之属皆已死齐襄王时，而荀卿最为老师。（《孟予荀卿列传》）7.2348

（2）悉取将军之资粮享士卒，身与士卒平分粮食，最比其羸弱者，三日而后勒兵。（《司马穰苴列传》）7.2158

（3）最从高帝得相国一人，丞相二人，将军、二千石各三人；别破军二，下城三，定郡五，县七十九，得丞相、大将各一人。（《绛侯周勃世家》）6.2070

（此例的"最"表示总举绛侯周勃跟从高祖攻战克获之数。）有时"最"单独成句，如：

（4）汉王赐勃爵为威武侯。……攻槐里、好畤，最。击赵贲、内史保於咸阳，最。……攻曲逆，最。…食绛八千一百八十户，号绛侯。（《绛侯周勃世家》）6.2067

（此例的"最"表示在它前面所说的活动中，周勃表现最好，功最大。）

有时"最"用于形容词或副词谓语前。如：

（5）平阳侯曹参身被七十创，攻城略地，功最多。（《肖相国世家》）6.2016

（6）诸子孙咸孝，然建最甚。（《万石张叔列传》）9.2766

此例中，副词"甚"作谓语。

"真"，《左传》没有，《史记》却用得多而活，如用在动词谓语前：

（1）孝文且崩时，诫太子曰："即有缓急，周亚夫真可任将兵。"（《绛侯周勃世家》）6.2075

用在名词谓语前，如：

（2）嗟乎，此真将军矣！（《绛侯周勃世家》）6.2074

用于系词"是"前，如：

（3）於是帝乃诏使邢夫人衣故衣，独身来前。尹夫人望见之，曰：

"此真是也。"（《外戚世家》）6.1984

"略"在《左传》无副词用法，《史记》的副词"略"表"大略"之意，如：

（1）於是项梁乃教籍兵法，籍大喜，略知其意，又不肯竟学。（《项羽本纪》）1.296

"几"在《左传》无副词用法，在《史记》里作副词常表示"几乎"之意。如：

（1）如意立为赵王后，几代太子者数矣，赖大臣争之。（《吕太后本纪》）2.395

（2）吕氏以外家恶而几危宗庙，乱功臣。（《吕太后本纪》）2.411

（四）表示范围。如：皆、尽、悉、举、徧、具、俱、唯、独、相、各、自、反、特、咸、并、兼、共、毕、索、偕、颇、每等。

"具"作副词，常表示受事的范围。如：

（1）张良是时从沛公，项伯乃夜驰之沛公军，私见张良，具告以事。（《项羽本纪》）1.311

（2）良乃入，具告沛公。（《同上》）1.311

"俱"常表施事的范围。如：

秦始皇帝游会稽，渡浙江，梁与籍俱观。（《项羽本纪》）1.296

"毕"、"索"、"偕"表示范围的全尽。如：

（1）师毕渡盟津，诸侯咸会。（《周本纪》）1.121

（2）淳于髡仰天大笑，冠缨索绝。（《滑稽列传》）10.3198

（3）郦商为将，将陈留兵，与偕攻开封，开封未拔。（《高祖本纪》）2.385

"颇"有时表示"施事"的范围，如：

（1）骠骑既渡河，与浑邪王众相望。浑邪王裨将见汉军而多欲不降者，颇遁去。（《卫将军骠骑列传》）9.2933

（2）於是为发卒万余人穿渠，……作之十余岁，渠颇通，犹未得其饶。（《河渠书》）4.1412

"颇"有时表示"受事"的范围。如：

（3）平阳侯颇闻其语，遒驰告丞相、太尉。（《吕太后本纪》）2.409

"兼"所表示的范围有时包括两个以上的对象，如：

周衰，礼废乐坏，大小相踰，管仲之家，兼备三归。（《礼书》）4.1159

（三归，娶三姓女。）

（五）表示频率与速度。如：永、久、长、常、屡、骤、数、比、亟、期、辄、又、再、复、仍、亦、属、立、即、忽、径、趣、便、罕、稀、徐、缓、疾、暴。

"长"表示"长期"，"常"表示"经常"，如：

（1）高祖欲长都洛阳。（《高祖本纪》）2.381

（2）常出奇计，救纷纠之难，振国家之患。（《陈丞相世家》）6.2062

"复"常表动作的重复，"又"表示在原来的基础上又加上……，"再"常表第二次。如：

（1）卿大夫已以吏及宾客见参不事事，来者皆欲有言。至者，参辄饮以醇酒，间之，欲有所言，复饮之，醉而后去，终莫得开说。（《曹相国世家》）6.2029

（2）项梁起东阿，西，比至定陶，再破秦军，项羽等又斩李由，益轻秦，有骄色。（《项羽本纪》）1.303

"仍"、"比"、"期"表示"连续"、"经常"等意。如：

（1）寿星仍出，渊耀光明。（《封禅书》）4.1399

（2）孝惠崩，高后用事，春秋高，听诸吕，擅废帝更立，又比杀三赵王，灭梁、赵、燕以王诸吕，分齐为四。（《吕太后本纪》）2.407

（3）仁为人阴重不泄，常衣敝補衣溺裤，期为不絜清，以是得幸。（《万石张叔列传》）9.2772

（"期"，经常。）

"立"、"疾"、"趣"、"径"、"便"表示"立即"、"就"等意。如：

（1）沛公至军，立诛杀曹无伤。（《项羽本纪》）1.315

（2）优旃曰："我即呼汝，汝疾应曰诺。"（《滑稽列传》）10.3202

（3）周苛骂曰："若不趣降汉，汉今虏若，若非汉敌也。"（《项羽本纪》）1.326

（4）髡恐惧俯伏而饮，不过一斗径醉矣。……奉觞上寿，数起，饮不过二斗径醉矣。……欢然道故，私情相语，饮可五六斗径醉矣。（《滑稽列传》）10.3198

（5）少年欲立婴便为王，异军苍头特起。（《项羽本纪》）1.298

"希"表示"稀少"，如：

吕后年长，常留守，希见上，益疏。（《吕太后本纪》）2.395

"乍"表示"忽而"，如：

不平者，血不居其处；代者，时参击并至，乍躁乍大也。（《扁鹊仓公列传》）9.2802

"更"表示连接，如：

西北外国使，更来更去。（《大宛列传》）10.3197

"暴"表示动作发生的迅速与突然。如：

今暴得大名，不祥。（《项羽本纪》）1.298

（六）表示时态。如：已、既、尝、曾、昔、始、新、蚤、先、初、业、遂、今、方、适、且、本、将、豫、后、卒、竟、果、终等。表示动作进行的时间在过去、现在、将来，或在另一件事的先后，或表示初始或终结。如：

（1）高后为外孙鲁元王偃年少，蚤失父母，孤弱，迺封张敖前姬两子。（《吕太后本纪》）2.405

（2）高帝豫具武士，见信至，即执缚之，载后车。（《陈丞相世家》）6.2057

（3）老父已去，高祖适从旁舍来，吕后具言客有过，相我子母皆大贵。（《高祖本纪》）2.346

（4）及居右北平射虎，虎腾伤广，广亦竟射杀之。（《李将军列传》）9.2872

（5）天新雨，道少人。（《日者列传》）10.3216

（6）高祖时天下新定，人民小安，未可复兴兵。（《律书》）4.1242

（7）项羽尝攻襄城，襄城无遗类，皆坑之，者所过无不残灭。（《高祖本纪》）2.356

（8）陈丞相平少时，本好黄帝、老子之术，方其割肉俎上之时，其意固已远矣。（《陈丞相世家》）6.2062

（9）父曰："履我！"良业为取履，因长跪履之。（《留侯世家》）6.2035

"业已"常连用，表示"已经"，如：

（10）项王、范增疑沛公之有天下，业已讲解，又恶负约，恐诸侯叛之，乃阴谋曰："巴、蜀道险，秦之迁人皆居蜀。"（《项羽本纪》）1.316

（11）子房始所见下邳圯上老父与太公书者，后十三年从高帝过济北，果见谷城山下黄石，取而葆祠之。（《留侯世家》）6.2048

"遂"除表示动作完成外，还常表示对未来动作的决心、命令或愿望，如：

（1）今天以秦赐晋，晋其可以逆天乎？遂伐之！（《晋世家》）5.1653

（2）上怒曰："君何不遂取武库！"（《魏其武安侯列传》）9.2844

（3）寡人老矣，所好者音也，愿遂闻之。（《乐书》）4.1236

（七）表示状态或方式。如：直、详、诈、伪、矫、窃、阴、微、擅、强、彊、谨、并、善、好、间、固、特、状、私、颇、偏、厚、争、自等。

这部分副词大都还作动词或形容词，但因它们用作副词的情况较多，我把它们列入了副词类，在下文还要谈到动词、形容词等作状语，那里所列的则是一些比较特殊的现象。《左传》表状态或方式的副词也有一些，但不像《史记》这样丰富多采。如：

（1）初，孝王在时，有罍樽直千金。孝王诫后世，"善保罍樽，无得以与人。"……任王后绝欲得之，平王襄直使人开府取罍樽，赐任王后，李太后大怒。（《梁孝王世家》）5.2087（"直"，表示"径直"之意。）

（2）迺强谏纣，纣……剖比干，观其心，箕子惧，乃详狂为奴，纣又囚之。（《殷本纪》）1.108

（3）吴王诈病不朝，就赐几杖。（《孝文本纪》）2.433

（4）吕太后立诸吕为王，陈平伪听之。（《陈丞相世家》）6.2061

（5）汉王数项羽曰："……项羽矫杀卿子冠军而自尊，罪二。项羽已救赵，当还报，而擅劫诸侯兵入关，罪三。怀王约入秦无暴掠，项羽烧秦宫室，掘始皇帝冢，私收其财物，罪四。又彊杀秦降王子婴，罪五。诈阬秦子弟新安二十万，王其将，罪六。项羽皆王诸将善地，而徙逐故主，令臣下争叛逆，罪七。项羽出逐义帝彭城，自都之，夺韩王地，并王梁楚，多自予，罪八。项羽使人阴弑义帝江南，罪九。……"（《高祖本纪》）2.376

在汉王刘邦责数项羽十大罪状的这段话中，连用了十来个表状态的副词，（还有几个表范围的副词）大大增强了语言的气势和力量。如果从这段话里抽掉这些副词，顿觉黯然失色。

（八）表示情态。如：幸、诚、唯、姑、敬等。

（1）吾翁即若翁，必欲烹而翁，则幸分我一杯羹。（《项羽本纪》）1.328

（2）陛下诚能复立六国后世，毕已受印，此其君臣百姓必皆戴陛下之德，莫不乡风慕义，愿为臣妾。（《留侯世家》）6.2040

（3）吾端冕而听古乐则唯恐卧，听郑卫之音则不知倦。（《乐书》）4.1221

（九）表连接、转折或命令等语气。如：即，乃、顾反、其、盖等。

（1）君语及之，即危言；语不及之，即危行。国有道，即顺命；无道，即衡命。（《管晏列传》）7.2134

"乃"配合上下文用法多样。表示顺接，如：

（2）项王不能信人，其所任爱，非诸项即妻之昆弟，虽有奇士不能用，平乃去楚。（《陈丞相世家》）6.2054

表转折，如：

（3）今岁饥民贫，士卒食芋菽，军无见粮，乃饮酒高会；不引兵渡河因赵食，与赵并力攻秦，乃曰"承其敝"。（《项羽本纪》）1.305

乃：有"却"意。

（4）居顷之，东胡以为冒顿畏之，乃使使谓冒顿，欲得单于一阏氏。冒顿复问左右，左右皆怒曰："东胡无道，乃求阏氏！请击之。"（《匈奴列传》）9.2889

乃：有"竟"意。

表"仅仅"、"只"。如：

（5）项王乃复引兵而东，至东城，乃有二十八骑。（《项羽本纪》）1.334

"顾反"连用表示转折，如：

（6）今萧何未尝有汗马之劳，徒持文墨议论，不战，顾反居臣等上，何也？（《萧相国世家》）6.2015

语气副词"其"在《左传》中可配合上下文表示推测、判断、疑问、祈使、命令等多种语气；在《史记》中用法趋于单一，多用于表示命令，特别多见于皇帝对下属的指令中。如：

（7）秦初并天下，令丞相、御史曰："……今名号不更，无以称成功，传后世。其议帝号。"（《秦始皇本纪》）1.236

（8）高祖……谓沛父兄曰："……且朕自沛公以诛暴逆，遂有天下，其以沛为朕汤沐邑，复其民，世世无有所与。"（《高祖本纪》）2.389

（9）正月，上曰："农，天下之本，其开籍田，朕亲率耕，以给宗庙粢盛。"（《孝文本纪》）2.423

"盖"在《左传》里极为个别，在《史记》里出现较多，大都表示不肯定的语气，如：

（10）西伯盖即位五十年，其囚羑里，盖益《易》之八卦为六十四卦。诗人道西伯，盖受命之年称王而断虞芮之讼。后十年而崩，谥为文王。改法度，制正朔矣。追尊古公为太王，公季为王季：盖王瑞自太王兴。（《周本纪》）1.119

张守节《史记正义》对这段话的几个"盖"加按语说："太史公言'盖'者，乃疑辞也。"

（11）"毋亲夷狄，以疏其属"，盖谓吴邪？"毋为权首，反受其咎"，岂盎、错邪？（《吴王濞列传》）9.2837

4.2　名词作状语

名词作状语，《左传》中已有，如"豕人立而啼"（庄8）、"晋楚不务德而兵争"（宣11）等。这种情况在《史记》里大量出现，而且十分生动，形成《史记》状语的一个显著特色。主要用法如下：

（一）比拟或表示动作行为的状态或特征。

㈠ 以有关的动物名称来比拟动作行为的某种特点，或形似或神似或动作似或声音似。有"像……一样的"之意。如：

（1）项羽、刘季、陈胜、吴广等州郡各共兴军聚众，虎争天下。（《南越列传》）9.2967

（2）夫匈奴之性，兽聚而鸟散，从之如搏影。（《平津侯主父列传》）9.2955

（3）秦之纲绝而维弛，山东大扰，异姓并起，英俊乌集。（《淮阴侯列传》）8.2629

（4）须贾辞於范雎，范雎大供具，尽请诸侯使，与坐堂上，食饮甚设。而坐须贾於堂下，置莝豆其前，令两黥徒夹而马食之。（《范雎蔡泽列传》）7.2415

（5）楚庄王之时，有所爱马，……马病肥死，使群臣丧之，欲以棺椁大夫礼葬之。……优孟曰："请为大王六畜葬之。"（《滑稽列传》）10.3200

（6）此特群盗鼠窃狗盗耳，何足置之齿牙间。（《刘敬叔孙通列传》）8.2720

（7）纵韩不能听我，韩必德王也，必不为鴈行以来，是秦、韩不和也。（《韩世家》）6.1870

"不为鴈行以来"，比喻不同心。

（8）秦虽欲深入，则狼顾，恐韩、魏之议其后也。……则秦之不能害齐亦明矣。（《苏秦列传》）7.2258

"狼顾"，狼性怯，走常还顾。比喻有后顾之忧。

（9）濯淖汙泥之中，蝉蜕於浊秽。（《屈原贾生列传》）8.2482

有时以"儿"作状语，比拟动作行为的特征，如"儿戏"、"儿啼"等，如：

（1）文帝曰："嗟乎！此真将军矣！曩者霸上、棘门军，若儿戏耳，其将固可袭而虏也。至於亚夫，可得而犯邪！"（《绛侯周勃世家》）6.2074

（2）治郑二十六年而死，丁壮号哭，老人儿啼，曰："子产去我死乎！民将安归？"（《循吏列传》）10.3101

有时以动物或人体的某一部分来比喻动作的特点或状态。如：

（1）项庄拔剑起舞，项伯亦拔剑起舞，常以身翼蔽沛公，庄不得击。（《项羽本纪》）1.313

（2）高帝封王子弟，地犬牙相制，此所谓盘石之宗也。（《孝文本纪》）2.414

（3）天下初发难也，俊雄豪杰建号一呼，天下之士云合雾集，鱼鳞杂沓。（《淮阴侯列传》）8.2623

（4）平原君竟与毛遂偕，十九人相与目笑之而未废也。（《平原君虞卿列传》）7.2367

（5）今夫赵女郑姬，……目挑心招，出不远千里，不择老少者，奔富厚也。（《货殖列传》）10.3271

　　㊁以表示职务或身份的名词来比喻动作行为中与有关方面的关系及所持的态度。有"像……般地"一类意思。如：

（1）起曰："守西河而秦兵不敢东乡，韩赵宾从，子孰与起？"（《孙子吴起列传》）7.2167

（2）豫让曰："臣事范、中行氏，范、中行氏皆众人遇我，我故众人报之。至于智伯，国士遇我，我故国士报之。"（《刺客列传》）8.2521

（3）庄生虽居穷阎，然以廉直闻于国，自楚王以下皆师尊之。（《越王勾践世家》）5.1754

（4）王陵者，故沛人，始为县豪，高祖微时，兄事陵。（《陈丞相世家》）6.2059

（5）楚田仲以侠闻，喜剑，父事朱家。（《游侠列传》）10.3184

（6）长事袁丝，弟畜灌夫、籍福之属。（《季布栾布列传》）8.2732

（7）已而曰："请为太后言耕田歌。"高后儿子畜之，笑曰："顾而父知田耳。若生而为王子，安知田乎？"（《齐悼惠王世家》）6.2001

（8）诸侯吏卒异时故繇使屯戍过秦中，秦中吏卒遇之多无状。及秦军降诸侯，诸侯吏卒乘胜多奴虏使之，轻折辱秦吏卒。　（《项羽本纪》）1.310

（9）天下大定，高祖都洛阳，诸侯皆臣属。（《高祖本纪》）2.380

（10）必如公言，即奴事之耳，又何战为？（《宋微子世家》）5.1626

　　㊂以有关的物体名称来形象地比喻动作行为状态的特征。如：

（1）会陈豨反代，汉七年，高祖往诛之，过赵，赵王张敖自持案进食，礼恭甚，高祖箕踞骂之。（《田叔列传》）9.2775

（2）故其见敌则逐利，如鸟之集；其困败，则瓦解云散矣。（《匈奴列传》）9.2892

（3）臣闻天下之患在於土崩，不在於瓦解。（《平津侯主父列传》）9.2956

（4）西门豹簪笔磬折，向河立待良久。（《滑稽列传》）10.3212

（5）天下云集响应，赢粮而影从，山东豪俊遂并起而亡秦族矣。（《秦始皇本纪》）1.282

（6）天下之士云合雾集，鱼鳞杂沓，熛至风起。（《淮阴侯列传》）8.2623

（7）席卷常山之险，必折天下之脊。（《张仪列传》）7.2289

有时不是比喻，而是形象地表示动作的特征。如：

（1）故遣使者冠盖相望，结轶於道，以谕朕意於单于。（《孝文本纪》）2.431

（2）无韩、楚之患，则大王高枕而卧，国必无忧矣。（《张仪列传》）7.2286

（3）项羽召见诸侯将，入辕门，无不膝行而前，莫敢仰视。（《项羽本纪》）1.307

（4）廉颇闻之，肉袒负荆，因宾客至蔺相如门谢罪。（《廉颇蔺相如列传》）8.2443

㈣ 有时还以国名为状语，表示动作、行为的特征，如：

（1）民能齐言者皆属齐。（《高祖本纪》）2.384

（2）而赵武灵王亦变俗胡服。（《匈奴列传》）9.2885

（二）表示动作行为的工具或凭据，有"用……"之意。

㈠ 表示工具。如：

（1）吴王出劳军，即使人铍杀吴王，盛其头，驰传以闻。（《吴王濞列传》）9.2834

（《方言》："戟谓之铍"。铍杀吴王，意即"以戟刺杀吴王"。）

（2）乃以齐王田荣反，书告项王。（《留侯世家》）6.2039

（3）秦惠王车裂商君以徇。（《商君列传》）7.2237

（4）朱亥袖四十斤铁椎，椎杀晋鄙。（《魏公子列传》）7.2381

（5）魏齐大怒，使舍人笞击雎。（《范雎蔡泽列传》）7.2401

（6）伍子胥橐载而出昭关，夜行昼伏，至於陵水。（《范雎蔡泽列传》）7.2407

（7）江南火耕水耨。（《平准书》）4.1437

（8）且丈夫生不五鼎食，死即五鼎烹耳。（《平津侯主父列传》）9.2961

（9）王后乘舒死，立徐来为王后。厥姬俱幸。两人相妒，厥姬乃恶王后徐来於太子曰："徐来使婢蛊道杀太子母。（《淮南衡山列

传》）10. 3095

（10）上大怒曰："相国多受贾人财物，乃为请吾苑！"乃下相国廷尉，械系之。（《萧相国世家》）6.2018

（11）闻膠西有盖公，善治黄老言，使人厚币请之。（《曹相国世家》）6.2029

有时并列的偏正短语作状语，如：

（12）河鱼大上，轻车重马东就食。（《秦始皇本纪》）1.225

㈡ 表示凭据，有"按照……"之意，如：

（1）失期，法皆斩。（《陈涉世家》）6.1950

（2）公子为人仁而下士，士无贤不肖皆谦而礼交之。（《魏公子列传》）7.2377

（三）表示处所。

《左传》表处所的词大都位于动词之后、由介词"于"或"於"引进。不要介词而位于动词前的虽然也有，但很少见，如：

若野赐之，是委君贶於草莽也。（昭1）4.1200

《史记》中这类用法有较大增长，主要分两方面：

㈠ 表处所的名词位于动词前。这些处所词在理解时一般都可以在它前面加"於"，可理解为"在……（上、里、中……）"或"从……（上、里）"等。如：

（1）迁其民於临洮，将军壁死。（《秦始皇本纪》）1.225（意指成蟜将军自杀于壁垒之内。）

（2）良欲往从之，道遇沛公。（《留侯世家》）6.2036

（3）韩卒之剑戟皆出於冥山、棠谿、墨阳……皆陸断牛马，水截鹄鴈。（《苏秦列传》）7.2251

（4）公子与魏王博，而北境传举烽。（《魏公子列传》）7.2377

（5）君何不以此时归相印，让贤者而授之，退而岩居川观，必有伯夷之廉，长为应侯，而有许由、延陵季子之让，乔松之寿，孰与以祸终哉？（《范雎蔡泽列传》）7.2424

（6）且仙人好楼居。（《孝武本纪》）2.478

（7）夫以秦王之威，而相如廷叱之。（《廉颇蔺相如列传》）8.2443

（8）秋冬则劝民山采。（《循吏列传》）10.3099

（9）秦时焚书，伏生壁藏之。（《儒林列传》）10.3124

（10）洛阳虽有此固，其中小，不过数百里，田地薄，四面受敌，此非用武之国也。（《留侯世家》）6.2044

（11）蚡所爱倡优巧匠之属，不如魏其、灌夫日夜招聚天下豪桀壮士与论议，腹诽而心谤。（《魏其武安侯列传》）9.2851

（12）上官大夫与之同列，争宠而心害其能。（《屈原贾生列传》）8.2481

㊀ 表处所的短语作状语，如：

上罢布军归，民道遮行上书。（《肖相国世家》）6.2018

"罢布军"——动宾结构"罢布"作"军"的定语——作表示处所的状语，意思是，"高祖从征讨黥布的军队中回来，……"。在理解时，可在主语"上"与"罢布军"之间增加介词"从"或"自"。

4.3　方位词作状语

由于"方位词"作状语在《史记》中颇有特色，所以我们把它单独作为一类加以介绍。方位词在《左传》里作状语的情况有时可见，如：

齐侯不务德而勤远略，故北伐山戎，南伐楚，西为此会也。（《春秋左传注》）1.327

《史记》的方位词不仅常单独作状语，而且大量与名词结合组成表处所的短语。具体情况如下：

（一）方位词单独作状语，表示方向或位置。如：

（1）相如因持璧却立，倚柱，怒发上冲冠。（《廉颇蔺相如列传》）8.2440

（2）即见邓通，其衣后穿，梦中所见也。（《佞幸列传》）10.3192

（3）安息……亘革旁行以为书记。（《大宛列传》）10.3162

（4）天不足西北，星辰西北移；地不足东南，以海为池。（《日者列传》）10.3219

（二）〔名词＋方位词〕作状语，表示动作的处所。出现得多的是方位词"中"，如：

（1）每吴中有大繇役及丧，项梁常为主办。（《项羽本纪》）1.296

（2）长安地狭，上林中多空地，弃，愿令民得入田。"（《萧相国世

家》）6.2018

（3）邑中有丧，平贫，侍丧，以先往后罢为助。（《陈丞相世家》）6.2051

（4）建章宫后阁重栎中有物出焉，其状似麋。（《滑稽列传补》）10.3207

（5）渡河，船人见其美丈夫独行，疑其亡将，要中当有金玉宝器，目之，欲杀平。（《陈丞相世家》）6.2053

（要中，即腰中。）

其他方位词与名词的结合，如：

（1）此时孟尝君有一狐白裘，直千金，天下无双。（《孟尝君列传》）7.2354

（2）王令人衣卫士衣，持戟居庭中，王旁有非是，则刺杀之。（《淮南衡山列传》）10.3084

（3）魏惠王兵数破於齐秦，国内空。（《商君列传》）7.2233

（4）始翟公为廷尉，宾客阗门；及废，门外可设雀罗。（《汲郑列传》）10.3113

（5）孟尝君待客坐语，而屏风后常有侍史，主记君所与客语，问亲戚居处。（《孟尝君列传》）7.2354

（三）还有部分〔名词＋方位词〕的短语位于动词前时用法比较特殊，它们形式上是处所短语，但实际上是指人，在它们后面常有副词"皆"、"共"、"尽"、"俱"等位于动词前，意指前面短语所表示的人包括这一处所中的全体有关对象。如：

（1）项王归汉王父母妻子，军中皆呼万岁，乃归而别去。（《高祖本纪》）2.378

（2）姜父为吏，齐中皆称其廉平，今坐法当刑。（《孝文本纪》）2.427

（3）平贫不事事，一县中尽笑其所为。（《陈丞相世家》）6.2052

（4）门下大惊，扰乱，籍所击杀数十百人，一府中皆慴伏，莫敢起。（《项羽本纪》）1.297

（5）天下共立义帝，北面事之。（《高祖本纪》）2.370

4.4　时间词作状语

时间词本可列入名词项下，因《史记》中时间词作状语的情况相当丰富，同时表示时间的这些词也并非都是名词，因此我们把"时间词作状语"也单独列为一项。时间词的这种用法在《左传》中也有，如：

（1）越十年生聚而十年教训，二十年之后，吴其为沼乎？（哀1）4. 1606

（2）城濮之役，晋师三日谷。（宣12）2. 748

在《史记》中这种用例很多，其特点是对表示过去、现在、未来、持续多久、时段的短长等都有不同的词语来表示，给人以具体、准确的概念，从中也可看出语言发展中要求表达得准确、体现出细微区别，是历史发展的规律之一。具体介绍如下：

（一）表过去的时间，常用〔名＋"时"〕或〔形＋"时"〕短语来表示。如：

（1）张良曰："秦时与臣游，项伯杀人，臣活之。今事有急，故幸来告良。"（《项羽本纪》）1. 312

（2）诸侯吏卒异时故繇使屯戍过秦中，秦中吏卒遇之多无状。（《项羽本纪》）1. 310

（3）项籍少时学书不成，去学剑，又不成。（《项羽本纪》）1. 295

还用"其明年"、"其后"、"明年"、"乡者"、"昨暮"……等词语表示，如：

（1）其明年，淮阴侯破齐，自立为齐王。（《陈丞相世家》）6. 2056

（2）其后秦伐赵，拔石城。明年复攻赵，杀二万人。（《廉颇蔺相如列传》）8. 2442

（3）夫子曰："……昨暮月不宿毕乎？"他日，月宿毕，竟不雨。（《仲尼弟子列传》）7. 2216

（4）乡者疑车中有人，忘索之。（《范雎蔡泽列传》）7. 2403

（二）表示动作行为的当时，常用"今"、"今者"、"是日"、"是时"……等词语表示。如：

（1）今入关，财物无所取，妇女无所幸，此其志不在小。（《项羽本纪》）1. 311

（2）今者来，闻新声，请奏之。（《乐书》）4.1235

（3）高祖是日驾，入都关中。（《高祖本纪》）2.381

（4）亚父是时劝项羽遂下荥阳。（《高祖本纪》）2.373

（5）是时萧何为相国。（《张丞相列传》）8.2676

（6）五月丙戌，地动，其蚤食时复动。（《孝景本纪》）2.447

（三）表示未来时间，即说话时动作尚未发生。常用"旦日"、"后……日"、"……后"、"某日"等词语表示。如：

（1）旦日不可不蚤自来谢项王。（《项羽本纪》）1.312

（2）臣意复诊之，曰："当旦日日夕死。"即死。（《扁鹊仓公列传》）9.2812

（"索隐"按：旦日，明日也。言明日之夕死也。）

有时"旦日"表示动作已发生在过去某件事的第二天，亦即说话时动作已经发生。如：

（1）遂去，无他言，不复见。旦日视其书，乃《太公兵法》也。（《留侯世家》）6.2035

（2）父去里所，复还，曰："孺子可教矣。后五日平明，与我会此。"（《留侯世家》）6.2035

（3）吾虽都关中，万岁后吾魂魄犹乐思沛。（《高祖本纪》）2.389

（4）何素不与曹参相能，及何病，孝惠自临视相国病，因问曰："君即百岁后，谁可代君者？"（《萧相国世家》）6.2019

（5）太后王诸吕，恐即崩后刘将军为害，迺以刘泽为琅玡王，以慰其心。（《吕太后本纪》）2.404

（6）孝武帝时，聚会占家问之，某日可取妇乎？（《日者列传》）10.3222

（四）表示经常或总是。用"时"、"时时"、"日夜"、"每×日"、"（一）日"、"岁"等词语。如：

（1）数召至前谈语，人主未尝不说也。时诏赐之食於前。（《滑稽列传》）10.3205

（2）淮南王安……时时怨望厉王死，时欲畔逆，未有因也。（《淮南衡山列传》）10.3082

（3）高祖为亭长，乃以竹皮为冠，……时时冠之，及贵常冠，所谓

"刘氏冠"乃是也。(《高祖本纪》) 2.346

(4) 日夜望将军至,岂敢反乎?(《项羽本纪》) 1.312

"时"表示"经常","时时""日夜"有"总是"之意。

(5) 每五日洗沐,常置驿马长安诸郊。(《汲郑列传》) 10.3112

(6) 后二年正月,地一日三动。(《孝景本纪》) 2.448

(7) 邺三老、廷掾常岁赋敛百姓,收取其钱得数百万。(《滑稽列传》) 10.3211

(五) 表示动作行为延续了多长时间。常以延续的时段位于动词前。如:

(1) 烧秦宫室,火三月不灭。(《项羽本纪》) 1.315

(2) 为匈奴所围,七日不得食。(《陈丞相世家》) 6.2057

(3) 高祖崩长乐宫,四日不发丧。(《高祖本纪》) 2.392

(4) 陵怒,谢疾免,杜门竟不朝请,七年而卒。(《陈丞相世家》) 6.2060

(5) 包胥立於秦廷,昼夜哭,七日七夜不绝其声。(《伍子胥列传》) 7.2177

有时用"久之"泛指时间长。如:

(6) 文君久之不乐。(《司马相如列传》) 9.3000

(7) 於是天子久之不复事塞也。(《河渠书》) 4.1409

询问事情发生时间长短,可用"何如时",如:

(8) 扁鹊曰:"其死何如时?"曰:"鸡鸣至今。"(《扁鹊仓公列传》) 9.2788

(六) 表示时间短暂。有"有顷"、"有间"、"间之"、"须臾"、"斯须"、"已而"、"已忽"、"因忽"、"一日"等多种表示法。如:

(1) 五日,良夜未半往;有顷,父亦来。(《留侯世家》) 6.2035

(2) 上默然,有间黯罢,上曰:"人果不可以无学,观黯之言也日益甚。"(《汲郑列传》) 10.3109

(3) 至者,参辄饮以醇酒,间之,欲有所言,复饮之。(《曹相国世家》) 6.2029

(4) 故君子不可须臾离礼,须臾离礼则暴慢之行穷外;不可须臾离乐,须臾离乐则奸邪之行穷内。(《乐书》) 4.1237

（5）心中斯须不和不乐，而鄙诈之心入之矣；外貌斯须不庄不敬，而慢易之心入之矣。（《乐书》）4.1218

（6）是时雷电晦冥，太公往视，则见蛟龙於其上。已而有身，遂产高祖。（《高祖本纪》）2.341

（7）群臣有言见一老父牵狗，言"吾欲见巨公"，已忽不见。（《孝武本纪》2.474

（8）人乃以妪为不诚，欲告之，妪因忽不见。（《高祖本纪》）2.347

（9）诸将尽喧，曰："大王一日得楚之亡卒，未知其高下，而即与同载，反使监护军长者！"（《陈丞相世家》）6.2053

此例的"一日"有"当天"之意，表示时间的短暂。

（七）表示"一旦"、"一朝"之意，指突然来到、无定时的时间，往往用"一日"、"旦暮"等表示。如：

（1）一日发兵，使人即刺杀大将军青。（《淮南衡山列传》）10.3091

（《索隐》：崔浩云："一日犹一朝，卒然无定时也。"10.3092）

（2）将军田臧等相与谋曰："周章军已破矣，秦兵旦暮至，我围荥阳城弗能下，秦军至，必大败。"（《陈涉世家》）6.1956

"旦暮"与"日夜"用法不同，"日夜"常表示"日日夜夜……"之意，如：

（1）日夜望将军至，岂敢反乎？（《项羽本纪》）1.312

"一日"与"一旦"也有不同，"一旦"可表"一早上"；

（2）公曰："一旦杀三卿，寡人不忍益也。"（《晋世家》）5.1681

4.5　数词作状语

数词作状语除了表示动作行为的实际次数外，还有一些灵活用法，如：

（一）"一"可表示"完全"之意，为《左传》所无，如：

（1）元年，号令一出太后。（《吕太后本纪》）2.399

（2）参代何为汉相国，举事无所变更，一遵萧何约束。（《曹相国世家》）6.2029

（二）"一再"连用，表示"一次再次"。如：

元朔五年，太子学用剑，自以为人莫及，闻郎中霤被巧，乃召与戏。

被一再辞让，误中太子。（《淮南衡山列传》）10.3083

（《索隐》：乐产云："初一让，至二让，后遂不让，故云一再让而误中。"）

（三）用"十……十……"、"百……百……"、"万……万……"的格式表示屡次行动屡次成功。如：

（1）卫平对曰："龟者是天下之宝也，先得此龟者为天子，且十言十当，十战十胜。"（《龟策列传》）10.3230

（2）能得百茎蓍，并得其下龟以卜者，百言百当，足以决吉凶。（《龟策列传》）10.3227

（3）臣闻聪者听於无声，明者见於未形，故圣人万举万全。（《淮南衡山列传》）10.3085

（四）以"四……五……"、"五……六……"等格式组成一些习惯用法，有的演变成后世的成语，如：

（1）天下五合六聚而不敢救。（《春申君列传》）7.2388

（2）此所谓四分五裂之道也。（《张仪列传》）7.2285

"一……一……"表示两种不同情况的交替。（这种用法《左传》已有。）如：

一死一生，乃知交情。一贫一富，乃知交态。一贵一贱，交情乃见。（《汲郑列传》）10.3114

4.6 动词及其短语作状语

动宾短语作状语在《左传》中虽有，如"超乘而出"（昭1），但不多见。《史记》中这种用法有明显增长。

（一）动词作状语。

（1）郁成王汉国所毒，今生将去，卒失大事。（《大宛列传》）10.3178

（2）足下必欲诛无道秦，不宜踞见长者。（《高祖本纪》）2.358

（3）天地欣合，阴阳相得。（《乐书》）4.1203

（4）邯迎击汉陈仓。（《高祖本纪》）2.368

（5）愿得续封陈氏，然终不得。（《陈丞相世家》）6.2062

（6）朕未见其便，其熟计之。（《孝文本纪》）2.419

（二）"动宾"结构作状语。

（1）奋臂大呼而天下响应。（《淮南衡山列传》）10.3090

（2）淳于髡仰天大笑。（《滑稽列传》）10.3198

（3）优孟闻之，入殿门，仰天大哭。（同上）10.3200

（4）即为孙叔敖衣冠，抵掌谈语。（同上）10.3201

有时作状语的动宾短语与谓语动词之间有连词"而"或"以"连接。如：

（1）大臣内叛，诸侯外反，亡可翘足而待也。（《高祖本纪》）2.392

（2）有功者辄裂地而封为王侯。（《高祖本纪》）2.379

（3）夫边郡之士，闻烽举燧燔，皆摄弓而驰，荷兵而走，流汗相属，唯恐居后。（《司马相如列传》）10.3045

（4）民皆引领而望，倾耳而听，悲号仰天，叩心而怨上，故陈胜大呼，天下响应。（《淮南衡山列传》）10.3090

（5）山东之士被甲蒙胄以会战，秦人捐甲徒裼以趋敌。（《张仪列传》）7.2293

（6）於是酒酣乐，进热啜，厨人进斟，因反斗以击代王，杀之，王脑涂地。其姊闻之，因摩笄以自刺，故至今有摩笄之山。（《张仪列传》）7.2297

（斗：方的酒器，斗柄似刀。"反斗以击……"即"倒斗柄击杀……"之意。笄：妇人的首饰。摩：通"磨"。）

（三）"副·动"作状语。如：

（1）父曰："履我！"良业为取履，因长跪履之。（《留侯世家》）6.2035

（2）汉王复入壁，深堑而守之。（《高祖本纪》）2.378

（3）行十余里，广详死，睨其旁有一胡儿骑善马，广暂腾而上胡儿马，因推堕儿取其弓。（《李将军列传》）9.2871

（4）过听杀人，自拘当死。（《循吏列传》）10.3103

4.7　主谓结构作状语。 如：

（1）归未至彭城，疽发背而死。（《陈丞相世家》）6.2056

（2）孟尝君至关，关法鸡鸣而出客，孟尝君恐追至，客之居下坐者

有能为鸡鸣，而鸡齐鸣，遂发传出。（《孟尝君列传》）7.2355

（3）石奢曰："……伏诛而死，臣职也。"遂不受令，自刎而死。（《循吏列传》）10.3102

4.8　形容词作状语。如：盛、奢、幽、端、高、愁……等。

（1）今足下不称楚王之德厚，而盛推云梦以为高，奢言淫乐而显侈靡，窃为足下不取也。（《司马相如列传》）10.3015

（2）帝废立，太后幽杀之。（《吕太后本纪》）2.403

（3）因端坐援琴，听而写之。（《乐书》）4.1235

（4）毛羽未成，不可以高飞；文理未明，不可以并兼。（《苏秦列传》）7.2242

（5）愁居慑处，不敢动摇。（《张仪列传》）7.2296

（6）轻折辱秦吏卒。（《项羽本纪》）1.310

（7）淳于髡仰天大笑，齐威王横行。（《滑稽列传》）10.3203

（8）使明知朕意。（《孝文本纪》）2.434

（9）周苛、枞公相谓曰："反国之王，难与守城。"因杀魏豹。（《高祖本纪》）2.373

4.9　代词作状语

（1）尉他……赐陆生橐中装直千金，他送亦千金。（《郦生陆贾列传》）8.2698

（2）彼韩急则将变而佗从，以未急，故复来耳。（《韩世家》）6.1877

4.10　重叠词作状语

《左传》有极少数重叠词带上"焉"作状语，如"闵闵焉"、"谆谆焉"等，很少见到重叠词直接作状语的；《史记》却有很多这类用法，内容相当丰富。现扼要介绍于下：

（一）〔名·名〕作状语，大多为"世世"、"人人"等。如：

（1）於是与平剖符，世世勿绝，为户牖侯。（《陈丞相世家》）6.2057

（2）项氏世世为楚将，封于项，故姓项氏。（《项羽本纪》）1.295

（3）参尽召长老诸生，问所以安集百姓，……言人人殊，参未知所

定。(《曹相国世家》) 6. 2029

(4) 楚兵呼声动天,诸侯军无不人人惴恐。(《项羽本纪》) 1. 307

(二)〔动·动〕作状语。有的〔动·动〕还保有单音动词原意,如"飘飘"等;有的则成为新词,如"谍谍"、"往往"等,失去单音动词原有含义。如:

(1) 夫绛侯、东阳侯称为长者,此两人言事曾不能出口,岂效此啬夫谍谍利口捷给哉!(《张释之冯唐列传》) 9. 2752

("谍谍",口多言。后来有成语"喋喋不休","谍"与"喋"通。)

(2) 相如既奏《大人之颂》,天子大说,飘飘有凌云之气,似游天地之间意。(《司马相如列传》) 9. 3063

"往往"连用,表示施动者的范围时,有"大都"之意,如:

(1) 吴王之弃其军亡也,军遂溃,往往稍降太尉、梁军。(《吴王濞列传》) 9. 2834

此例中的"稍"有"全部"之意,与《左传》襄公 28 年"与子尾邑,受而稍致之"的"稍"用法相同。"往往稍降"表示"几乎全部投降"。又如:

(2) 右贤王大惊,脱身逃走,诸精骑往往随后去。(《匈奴列传》) 9. 2907

表示与动作有关的处所范围时,有"处处"之意,泛指其多。如:

(3) 领南、沙北固往往出盐。(《货殖列传》) 10. 3269

(4) 於是为发卒万余人穿渠,自徵引洛水至商颜山下,岸善崩,乃凿井,深者四十余丈。往往为井,井下相通行水。(《河渠书》) 4. 1412

(三)〔副·副〕作状语,大都有加强副词含义的作用,如"永永"、"多多"、"稍稍"等。

(1) 然后祖宗之功德著於竹帛,施于万世,永永无穷,朕甚嘉之。(《孝文本纪》) 2. 436

(2) 上曾从容与信言诸将能否,各有差。上问曰:"如我能将几何?"信曰:"陛下不过能将十万。"上曰:"於君何如?"曰:"臣多多而益善耳。"(《淮阴侯列传》) 8. 2628

"稍稍"似表示程度之甚,有"颇"、"很"一类意思。如:

(3) 乃使使徙义帝长沙郴县,趣义帝行,其群臣稍稍背叛之,乃阴

令衡山、临江王击杀之江中。(《项羽本纪》)1.320

（4）魏其失窦太后，益疏不用，无势，诸客稍稍自引而怠傲，唯灌将军独不失故。(《魏其武安侯列传》)9.2845

（5）武安谓灌夫曰："程李俱东西宫卫尉，今众辱程将军，仲孺独不为李将军地乎？"灌夫曰："今日斩头陷胸，何知程李乎！"坐乃起更衣，稍稍去。魏其侯去，麾灌夫出。(同上)9.2849

（四）〔形·形〕作状语。如：

（1）灌孟年老，颍阴侯彊请之，郁郁不得意，故战常陷坚，遂死吴军中。(《魏其武安侯列传》)9.2845

（2）淮南王乃谓侍者曰："……人生一世间，安能邑邑如此！"乃不食死。(《淮南衡山列传》)10.3080

（3）然君初入关中，得百姓心，十余年矣，皆附君，常复孳孳得民和。(《肖相国世家》)6.2018

（4）天下匈匈苦战数岁，成败未可知，是何治宫室过度也？(《高祖本纪》)2.385

（5）魏其者，沾沾自喜耳。(《魏其武安侯列传》)9.2841

（6）上疏欲留，上弗许。归国，意忽忽不乐。(《梁孝王世家》)6.2086

（7）秦昭王与应侯群臣议曰："白起之迁，其意尚怏怏不服，有余言。"(《白起王翦列传》)7.2337

（8）安国入见王而泣曰："主辱臣死。大王无良臣，故事纷纷至此。"(《韩长孺列传》)9.2859

（9）夫锐气挫於险塞，而粮食竭於内府，百姓罢极怨望，容容无所依。(《淮阴侯列传》)8.2623

（"容容"，动荡不安的样子。）

（10）平原君，翩翩浊世之佳公子也，然未睹大体。(《平原君虞卿列传》)7.2376

（11）若夫穰苴，区区为小国行帅，何暇及《司马兵法》之揖让乎？(《司马穰苴列传》)7.2160

（12）自此以来，则公卿大夫士吏斌斌多文学之士矣。(《儒林列传》)10.3120

（斌斌：同"彬彬"，文质兼备的样子。）

（13）余睹李将军悛悛如鄙人，口不能道辞。及死之日，天下知与不知，皆为尽哀。（《李将军列传》）9.2878

（悛悛：同"恂恂"。谦恭有礼的样子。）

（五）部分重叠词即通常说的双声叠韵词作状语。如：

（1）使人报吕产及诸吕老人，或以为便，或曰不利，计犹豫未有所决。（《吕太后本纪》）2.408

（2）吕禄、吕产欲发乱关中，内惮绛侯、朱虚等，外畏齐、楚兵，又恐灌婴畔之，欲待灌婴兵与齐合而发，犹豫未决。（《吕太后本纪》）2.407

（3）歌数阕，戚夫人嘘唏流涕，上起去，罢酒。（《留侯世家》）6.2047

（4）吕产不知吕禄已去北军，迺入未央宫，欲为乱，殿门弗得入，徘徊往来。（《吕太后本纪》）2.409

（5）今朕夙兴夜寐，勤劳天下，忧苦万民，为之怛惕不安，未尝一日忘於心。（《孝文本纪》）2.431

（怛惕：忧伤恐惧。）

（6）高祖乃起舞，慷慨伤怀，泣数行下。（《高祖本纪》）2.389

（六）重叠象声词作状语。

人民之众，车马之多，日夜行不绝，輷輷殷殷若有三军之众。（《苏秦列传》）7.2254

（輷輷，同"轰轰"。輷輷殷殷，象声。）

（七）重叠词比拟某种特殊的状态。如：

而周昌廷争之强，上问其说，昌为人吃，又盛怒，曰："臣口不能言，然臣期期知其不可。陛下虽欲废太子，臣期期不奉诏。"（《张丞相列传》）8.2677

（期期：比拟说话人口吃之状。）

4.11　**状语由形容词（或动词、副词）加"然"（或"焉"、"乎"）作词尾构成。如：**

（一）词尾为"然"。这类最多。如：

（1）上有欢心以安百姓，百姓欣然以事其上，欢欣交通而天下治。（《吕太后本纪》）2.403

（2）唐雎到，入见秦王。秦王曰："丈人芒然乃远至此，甚苦矣！"（《魏世家》）6.1856

（3）此蛮夷之国，大夫何以俨然辱而临之？（《仲尼弟子列传》）7.2198

（4）齐威王勃然怒曰："叱嗟，而母婢也！"（《鲁仲连邹阳列传》）8.2462

（5）往者秦为无道，残贼天下。……政苛刑峻，天下熬然若焦。《淮南衡山列传》）10.3090

（6）朔初入长安，至公车上书，凡用三千奏牍。公车令两人共持举其书，仅然能胜之。（《滑稽列传》）10.3205

（7）若朋友交游，久不相见，卒然相覩，欢然道故，私情相语，饮可五六斗径醉矣。（《滑稽列传》）10.3199

（8）夫子循循然善诱人。（《孔子世家》）6.1941

（9）寡人卧不安席，食不甘味，心摇摇然如县旌而无所终薄。（《苏秦列传》）7.2261

（10）延颈举踵，喁喁然皆争归义。（《司马相如列传》）10.3044

有时出现在形容词谓语前，例罕见。如：

故伤脾之色也，望之杀然黄，察之如死青之兹。（《扁鹊仓公列传》）9.2807

（二）词尾为"焉"。如：

（1）於是人主怜焉悲之，乃下诏止无徙乳母，罚谪谮之者。（《滑稽列传》）10.3204

（2）仰之弥高，钻之弥坚。瞻之在前，忽焉在后。（《孔子世家》）6.1941

（三）词尾为"乎"。如：

（1）故歌者，上如抗，下如队，曲如折，止如槀木，居中矩，句中鉤，累累乎殷如贯珠。（《乐书》）4.1234

（2）宋忠、贾谊忽而自失，芒乎无色，怅然嗓口不能言。（《日者列

传》）10. 3220

4.12　各种修饰成分组成的多层状语

从以上介绍的状语概要组成情况，可以看到《史记》的状语十分丰富多采。这些状语还可以相互配合组成多层状语。《左传》虽然也有多层状语，但远不如《史记》之丰富。现将《史记》情况扼要介绍如下：

（一）意义相近或相反的两个副词并列作状语。

意义相近的副词并列作状语。如：

（1）明年，大将军将六将军仍再出击胡，得首虏万九千级。（《平准书》）4. 1422

（2）广令其骑张左右翼，而广身自射彼三人者，杀其二人，生得一人。（《李将军列传》）9. 2868

意义相反的动词并列作状语，如：

吕不韦者，阳翟大贾人也。往来贩贱卖贵，家累千金。（《吕不韦列传》）8. 2505

（二）三层以上的状语如：

（1）今将军内不能直谏，外为亡国将，孤特独立而欲常存，岂不哀哉！（《项羽本纪》）1. 308

（2）丞相特前戏许灌夫，殊无意往。（《魏其武安侯列传》）9. 2848

（3）今吕氏雅故本推毂高帝就天下，功至大。（《荆燕世家》）6. 1995

（4）於是项梁乃教籍兵法，籍大喜，略知其意，又不肯竟学。（《项羽本纪》）1. 296

（5）及魏勃少时，欲求见齐相曹参，家贫无以自通，乃常独早夜埽齐相舍人门外。（《齐悼惠王世家》）6. 2004

（6）项伯许诺。谓沛公曰："旦日不可不蚤自来谢项王。"（《项羽本纪》）1. 312

（7）吾欲刺腹绞颈而死。（《滑稽列传》）10. 3209

"刺腹"、"绞颈"为并列的动宾结构作状语。

（8）於是天子使使束帛、加璧、安车、驷马迎申公。（《儒林列传》）10. 3121

（9）上在洛阳南宫，从复道望见诸将往往相与坐沙中语。（《留侯世

家》）6.2042

"往往"、"相"、"与"、"坐沙中"都是修饰语。

（10）是故天下之游谈士莫不日夜搤腕瞋目切齿以言从之便以说人主。（《张仪列传》）7.2286

"搤腕"、"瞋目"、"切齿"为三个并列的动宾短语，受"莫不日夜"的修饰；"莫不日夜搤腕瞋目切齿"由"以"连接，修饰动宾短语"言从之便"，"莫不日夜搤腕瞋目切齿以言从之便"又由"以"连接，修饰动宾短语"说人主"。

五　介宾状语的大量出现
——状语之二

这部分专谈介宾短语用于动词前作状语的情况。

在介绍介宾短语时，首先遇到的就是介词与动词的界限问题以及由此而引起的连动式与〔介宾·动〕句式的界限问题。我们区别介词与动词的主要依据是：介词独立性差，它一般不作谓语的中心成分，经常是带宾语位于动词的前或后组成〔介宾·动〕或〔动·介宾〕的句式；而动词则常作句中谓语的中心成分。虽然在连动式中，前面的动词（及其宾语）对后面的动词常有修饰作用，但它在其他句子中仍可作谓语的中心成分。需要指出的是，由于许多介词都由动词演变而来，在演变过程中语言现象错综复杂，介、动界限并不总是截然分明的。我在这里提出的介词大都是就其总的倾向而言的。其中包括部分介于动词和介词之间，后世变成介词的词，姑名之为准介词。

介宾短语把动作行为发生的时间、处所，涉及的人物，动作的方法、工具、依据……等等有关的因素表示出来。有了它们，动作行为就变得更为具体、准确、生动。介宾短语在语言表达上有着十分重要的作用，是汉语句式完善化的标志之一。《史记》的介词同《左传》比较起来，有很大发展。除了与《左传》相同的十九个以外，还出现许多新的介词（或准介词），大大丰富了句子的表达能力，在句子结构的扩展中起着积极作用，形成《史记》语法的又一鲜明特色。

《史记》中的连动式和介宾作状语的句式都很多，明显反映出古汉语句式的变化正处于由《左传》的以"动"、"动宾"的简单句式为主，发展到以"动词谓语并列"、"连动"、"介宾·动"等等复杂句式为主的重要阶段。

从《左传》、《史记》的情况看，介词的发展正经历着一个由简到繁、由少到多的过程。《史记》介词之多，十分值得注意。现将两书出现在动词前的介词总的情况比较于下：

《左传》：以、与、於、自、从、及、为、由、因、用、当、循、代、逮、道、在、先、将、乡。共19个①。

《史记》：除以上19个外，还有：即、旁、随、逐、临、并、缘、依、披、至、竟、比、方、坐、抵、赖、空、悉、到、终、候、会、应、居、乘、承、后。共约46个。

现分别介绍：（谓语中心成分用D代）

5.1 〔"以"·宾·D〕

《左传》的介词"以"共出现1051次，在动词前者826次；在动词后者225次。它的总次数在介词中居第三位（於，1764次。于，1442次），它在动词前出现的次数在介词中居于首位。而在《史记》中，介词"以"出现次数居于首位，其用法也比《左传》更为丰富多样，因而它的重要性是不容忽视的。

（一）"以"引进与动作行为有关的人物。如：

（1）孝惠帝六年，相国曹参卒，以安国侯王陵为右丞相，陈平为左丞相。（《陈丞相世家》）6.2059

（2）初，阳生亡在鲁，季康子以其妹妻之。（《齐太公世家》）5.1507

（3）项梁渡淮，黥布、蒲将军亦以兵属焉。（《项羽本纪》）1.298

（4）项梁乃以八千人渡江而西。（《项羽本纪》）1.298

（5）夫以千人与父俱。（《魏其武安侯列传》）9.2845

《左传》的"以"引进人物，有时有"与"意，如：

---

① 〔"于"·宾〕出现在谓语前，《左传》有5例，全部引自《诗经》，所以我们未计算在内。《史记》八册只有一例"于今……"，是古籍中的固定格式，我们也未计算在内。将该例附于此："于今创痍未瘳。"（《季布栾布列传》）8.2731

（6）晋侯以齐侯宴。（昭12）4.1332

这种用法的"以"在《史记》中很少见到，反映介词之间的分工更为明确。

（二）"以·宾"表示与动作行为有关的工具、原料或方式。表示工具，如：

（1）范增起，出召项庄，谓曰："君王为人不忍，若入前为寿，寿毕，请以剑舞，因击沛公於坐，杀之。"（《项羽本纪》）1.312

（2）是时天子问匈奴降者，皆言匈奴破月氏王，以其头为饮器。（《大宛列传》）10.3157

表示原料，如：

（3）始皇初即位，穿治郦山，……以水银为百川江河大川，……以人鱼膏为烛。（《秦始皇本纪》）1.265

（4）高祖为亭长，乃以竹皮为冠。（《高祖本纪》）2.346

表示方式，如：

（5）项庄拔剑起舞，项伯亦拔剑起舞，常以身翼蔽沛公，庄不得击。（《项羽本纪》）1.313

（6）相如曰："五步之内，相如请得以颈血溅大王矣！"（《廉颇蔺相如列传》）8.2442

（7）解布衣为任侠行权，以睚眦杀人。（《游侠列传》）10.3188

（8）吕后以计诈名他人子，杀其母，养后宫。　（《吕太后本纪》）2.410

（9）王夫人以手击头，呼"幸甚"。（《滑稽列传补》）10.3209

（三）表示动作行为的条件或依据。例如：

（1）冒顿乃为书遗高后，妄言。高后欲击之，诸将曰："以高帝贤武，然尚困於平城。"於是高后乃止，复与匈奴和亲。（《匈奴列传》）9.2895

（2）以色事人者，色衰而爱弛。（《吕不韦列传》）8.2507

（3）王者以民人为天，而民人以食为天。（《郦生陆贾列传》）8.2694

（4）淮南王为人刚，如有�迁雾露行道死，陛下竟为以天下之大弗能容，有杀弟之名，奈何？（《袁盎晁错列传》）8.2738

（5）栗腹以十万之众五折於外，以万乘之国被围於赵，壤削主困，

为天下僇笑。（《鲁仲连邹阳列传》）8.2466

（6）人又谁能以身之察察受物之汶汶者乎？（《屈原贾生列传》）8.2486

（7）以好往，数人足矣；以武往，二千人无足以为也。（《南越列传》）9.2973

（8）其誉人也不望其报，恶人也不顾怨，以便国家利众为务。（《日者列传》）10.3217

（9）是时赵禹、张汤以深刻为九卿矣，然其治尚宽，辅法而行，而纵以鹰击毛挚为治。（《酷吏列传》）10.3146

（10）良数以《太公兵法》说沛公，沛公善之，常用其策。（《留侯世家》）6.2036

（11）膑至，庞涓恐其贤于己，疾之。则以法刑断其两足而黥之。（《孙子吴起列传》）7.2162

（12）齐人即墨成以《易》至城阳相，广川人孟但以《易》为太子门大夫。（《儒林列传》）10.3127

这项用法的"以"出现较多，比之《左传》有较大增长。"以"的宾语有名词及其短语、形容词及其短语、动词及其短语以至句子或并列的主谓结构。

（四）表示动作行为的原因。例如：

（1）吕嬃常以前陈平为高帝谋执樊哙，数谗曰："陈平为相非治事，日饮醇酒，戏妇女。"（《陈丞相世家》）6.2060

（2）吴起说武侯以形势不如德，然行之於楚，以刻暴少恩亡其躯。悲夫！（《孙子吴起列传》）7.2169

（3）是故君子以义死难，视死如归，生而辱不如死而荣。（《范睢蔡泽列传》）7.2420

（4）廉颇者，赵之良将也。……以勇气闻於诸侯。（《廉颇蔺相如列传》）8.2439

（5）贰师闻其家以巫蛊族灭，因并众降匈奴。（《匈奴列传》）9.2918

（6）陈君夫，妇人也；以相马立名天下。（《日者列传》）10.3221

"'以'·宾"这种表原因的介宾短语常单独用作谓语，如：

（7）盗多，皆以戍漕转作事苦，赋税大也。（《秦始皇本纪》）1.271

（8）汉王所以具知天下院塞，户口多少，彊弱之处，民所疾苦者，以何具得秦图书也。（《萧相国世家》）6.2014

（9）乃益封何二千户，以帝尝繇咸阳时何送我独赢奉钱二也。（《萧相国世家》）6.2017

（10）顾吾念之，彊秦之所以不敢加兵於赵者，徒以吾两人在也。今两虎共斗，其势不俱生。吾所以为此者，以先国家之急而后私仇也。（《廉颇蔺相如列传》）8.2443

从以上例句可以看到，单独作谓语的"'以'·宾"，其宾语大都为句子结构比较复杂，字数比较多，且大都有语气词"也"作结尾。

表示原因，还常运用"以"的一些固定格式如"以……故"、"以故……"、"以是"、"以此"、"何以"等。它们大都有承上启下的连接作用，下文引进动作行为的结果。如：

"以……故"。"以"的宾语表示原因，下文表示结果。如：

（1）滇王与汉使者言曰："汉孰与我大？"及夜郎侯亦然。以道不通故，各自以为一州主，不知汉广大。（《西南夷列传》）9.2996

（2）吾以骄故不闻吾过至此。（《淮南衡山列传》）10.3080

"以故"。"故"表示上文所说的原因，"以故"表示"因故"，引进结果。如：

（1）桓公病，五公子各树党争立；及桓公卒，遂相攻，以故宫中空，莫敢棺。（《齐太公世家》）5.1494

两"以故"连用：

（2）其人家有好女者，恐大巫祝为河伯取之，以故多持女远逃亡，以故城中益空无人，又困贫，所从来久远矣。（《滑稽列传》）10.3211

"以是"："是"代上文所说的原因，"以是"表示"因此"，引进结果。如：

（1）然公子遇臣厚，公子往而臣不送，以是知公子恨之复返也。（《魏公予列传》）7.2380

"以此"："此"指代上文所说的原因。"以此"表示"因此"，引进结果。如：

（1）籍曰："彼可取而代也。"梁掩其口，曰："毋妄言，族矣！"梁以此奇籍。（《项羽本纪》）1.296

（2）梁曰："前时某丧使公主某事，不能办，以此不任用公。"（《项羽本纪》）1.297

"何以"：

（1）项王曰："此沛公左司马曹无伤言之；不然，籍何以至此。"（《项羽本纪》）1.312

（2）唐对曰："尚不如廉颇、李牧之为将也。"上曰："何以？"（《张释之冯唐列传》）9.2757

（五）表示动作行为的时间。

（王）秦始皇帝者，秦庄襄王子也。……以秦昭王四十八年正月生於邯郸。（《秦始皇本纪》）1.223

（2）孔子年七十三，以鲁哀公十六年四月己丑卒。（《孔子世家》）6.1945

（3）杀周太子历，囚文王昌。投之石室，将以昔至明。（《龟策列传》）10.3234

有时这种表时间的介宾短语单独作谓语，如：

（4）武安君之死也，以秦昭王五十年十一月。（《白起王翦列传》）7.2337

（六）表示动作行为直接涉及的对象，从意念上分析，即动词的直接宾语。"以"有"把"一类意思。如：

（1）赵惠文王以相国印授乐毅。（《乐毅列传》）7.2429

（2）数如崔氏，以崔杼之冠赐人。（《齐太公世家》）5.1500

（3）吕不韦乃以五百金与子楚。（《吕不韦列传》）8.2507

（4）陛下以岁时汉所余彼所鲜数问遗，因使辩士风谕以礼节。（《刘敬叔孙通列传》）8.2719

（七）表示施动者动作行为的态度或身份。如：

（1）信闻天子以好出游，其势必无事而郊迎谒。（《陈丞相世家》）6.2057

（2）汉王，长者也，无以老妾故，持二心。妾以死送使者。（陈丞相世家》）6.2060

（3）汉王之败彭城西，楚取太上皇、吕后为质，食其以舍人侍吕后。（《陈丞相世家》）6.2060

此例中的"以舍人"，指"以舍人的身份"。

（4）吾以布衣提三尺剑取天下，此非天命乎？命乃在天，虽扁鹊何益？（《高祖本纪》）2.391

"吾以布衣……"意指"我以一个平民提着三尺剑而夺取了天下。"

（5）汉王引兵东定三秦，何以丞相留收巴、蜀。　（《萧相国世家》）6.2014

"何以丞相留收巴、蜀"，意指"肖何作为丞相留守后方，治理巴、蜀"。

从动词前后的"'以'·宾"看，"'以'·宾"出现在动词前的用法比在动词后的要复杂多样，出现次数也比在动词后者多。在表示与动作行为有关的人物、与施动者有关的身份以及意动用法等方面，"'以'·宾"都只在动词前出现。

5.2　〔"与"·宾·动〕

"与"在《左传》中作介词、连词，在《史记》中主要用作介词。"与"的宾语绝大多数都代表具体的人或国家。"与"只出现在动词之前。

（一）"与"引进与动作行为有关的对方或比较的对象。如：

（1）项羽使蒲将军日夜引兵渡三户，军漳南，与秦战，再破之。（《项羽本纪》）1.308

（2）五日平明，良往，父已先在，怒曰："与老人期，后，何也？"（《留侯世家》）6.2035

（3）医家与中大夫贲赫对门。（《黥布列传》）8.2603

以上数例中的"与"引进与动作行为有关的对方。"与"引进比较的对象，〔"与"·宾〕后的动词常为"同"、"等"等。如：

（4）其游诸侯见尊礼如此，岂与仲尼菜色陈蔡、孟轲困於齐梁同乎哉！（《孟子荀卿列传》）7.2345

（5）自是之后，名士迭兴，……虽不及三代之诰誓，然身宠君尊，当世显扬，可不谓荣焉？岂与世儒闇於大较，不权轻重，猥云德化，不当用兵，大至君辱失守，小乃侵犯削弱，遂执不移等哉！（《律书》）4.1241

此二例"与"的宾语由复句充当，这样复杂的结构作介词"与"的宾语，实不多见。

（二）引进与施动者动作行为相同的一方。如：

（1）沛公则置车骑，脱身独骑，与樊哙、夏侯婴、靳彊、纪信等四人持剑盾步走。（《项羽本纪》）1.314

（2）陈余独与麾下所善数百人之河上泽中渔猎。（《张耳陈余列传》）8.2580

（3）荆轲嗜酒，日与狗屠及高渐离饮於燕市。（《刺客列传》）8.2528

（三）有时"与"的宾语不表人或国家而是一般事物。如：

（1）进退盈缩，与时变化，圣人之常道也。　（《范雎蔡泽列传》）7.2422

（2）是以圣人制礼节欲，取於民有度，使之以时，用之有止，故志不溢，行不骄，常与道俱而不失，故天下承而不绝。　（《范雎蔡泽列传》）7.2422

（3）祸与福同，刑与德双。（《龟策列传》）10.3233

（四）以上三项"与"的宾语都是名词（或名词短语）或句子。有些"与"的宾语为代词，如：

（1）此迫矣，臣请入，与之同命。（《项羽本纪》）1.313

（2）上官大夫与之同列，争宠而心害其能。（《屈原贾生列传》）8.2481

（3）斯出狱，与其中子俱执，顾谓其中子曰："吾欲与若复牵黄犬俱出上蔡东门逐狡兔，岂可得乎！"遂父子相哭，而夷三族。（《李斯列传》）8.2562

（4）吾唯惧燕军之劓所得齐卒，置之前行，与我战，即墨败矣。（《田单列传》）8.2454

5.3　〔"於"·宾·动〕

位於动词前的〔"於"·宾〕在《史记》中有增加的趋势，而且在用法上也有变化。很值得注意。

（一）引进与动作行为有关的对象。

在引进对象时，"於"的用法和意义都更加灵活。表示"对於……"意。如：

（1）今以三寸舌为帝者师，封万户，位列侯，此布衣之极，於良足

矣。（《留侯世家》）6.2048

（2）漆城虽於百姓愁费，然佳哉！（《滑稽列传》）10.3203

（3）汤至於大吏，内行脩也。通宾客饮食。於故人子弟为吏及贫昆弟，调护之尤厚。（《酷吏列传》）10.3139

（4）吴王於朕，兄也，惠仁以好德。（《孝文本纪》）2.419

表示"对待……"意，如：

（1）今死而妇人为之自杀者二人，若是者必其於长者薄而於妇人厚也。（《平原君虞卿列传》）7.2373

（2）大将军遇士大夫有礼，於士卒有恩，众皆乐为之用。（《淮南衡山列传》）10.3089

（3）步舒至长史，持节使决淮南狱，於诸侯擅专断。（《儒林列传》）10.3129

表示"在……"意，如：

（1）於是始皇问李信："吾欲攻取荆，於将军度，用几何人而足？"（《白起王翦列传》）7.2339

（2）胜相士多者千人，寡者百数，自以为不失天下之士，今乃於毛先生而失之也。（《平原君虞卿列传》）7.2368

（二）表示与动作行为或状态有关的范围或方面。

表示"对於……"，如：

（1）孔子晚而喜《易》，……读《易》，韦编三绝。曰："假我数年，若是，我於《易》则彬彬矣。"（《孔子世家》）6.1937

（2）於人之功无所记，於人之罪无所忘。（《郦生陆贾列传》）8.2695

表示"在……方面"、"在……之中"等，如：

（1）上曰："农，天下之本，务莫大焉。今勤身从事而有租税之赋，是为本末者毋以异，其於劝农之道未备。其除田之租税。"（《孝文本纪》）2.428

（2）君后三岁而侯。侯八岁为将相，持国秉，贵重矣，於人臣无两。（《绛侯周勃世家》）

（3）庆於诸子中最为简易矣，然犹如此。（《万石张叔列传》）9.2767

表示"在……"，虽然引进的是表处所的词，但主要是表示"在……范围内"的意思，其后面的中心谓语大多是动词"为"，如：

（1）君於赵为贵公子。（《廉颇蔺相如列传》）8.2444

还有不少这类例句是形容词或名词作谓语，后面带语气词"也"或"矣"。如：

（2）周最於齐，至厚也。（《孟尝君列传》）7.2357

周最，人名。

（三）表示动作行为的依据。有"按照……"之意。如：

（1）於诸侯之约，大王当王关中，关中民咸知之。（《淮阴侯列传》）8.2612

（2）诈称病不朝，於古法当诛。（《吴王濞列传》）9.2825

（四）表示动作行为的时间。如：

（1）三王之忧劳天下久矣，於今而后成。（《鲁周公世家》）5.1518

（2）汉之得人，於兹为盛。（《平津侯主父列传》）9.2964

（3）肖相国何於秦时为刀笔吏，碌碌未有奇节。（《肖相国世家》）6.2020

这种表时间的介宾词组常位於全句之首。如：

（4）於时冰泮发蛰，百草奋兴。（《历书》）4.1255

（5）於柯之会，桓公欲背曹沫之约，管仲因而信之，诸侯由是归齐。（《管晏列传》）7.2133

（6）於威、宣之际，孟子、荀卿之列，咸遵夫子之业而润色之，以学显於当世。（《儒林列传》）10.3116

（五）表示动作行为发生的处所。

这项用法特别值得注意。《左传》里，"於"引进与动作行为有关的处所时，绝大多数都在动词之后，只有极少数位於动词之前，如：

（1）宋，先代之后也，於周为客。（僖24）1.427

这类用法的"'於'·宾"实际是表示与谓语有关的范围或方面，因而一般都是国名而不是表具体处所的词。同时这类句子的谓语大都是动词"为"的短语，如上例的"为客"；或由名词（或形容词）作谓语，如：

（2）子於郑国，栋也。（襄31）3.1192

《史记》中这样的例子也有，如上面所举的"君於赵为贵公子"、"周最於齐，至厚也"等。但值得注意的是《史记》有一部分"'於'·宾"表示具体处所，句子的谓语是表示动作行为的动词，如：

（3）吕后侧耳於东箱听。（《张丞相列传》）8.2677

（4）景帝入卧内，於后宫祕戏。（《万石张叔列传》）9.2772

这与《左传》相比是很重要的变化，它反映了处所状语前移的踪迹。这种变化决非偶然，到了魏晋时期《世说新语》中，表处所的"於宾"位於动词前的就更多了。

（六）固定词组"於是"和"於是乎"的变化。

"於是"和"於是乎"这两个固定词组由《左传》到《史记》的变化也是很值得注意的。"於是"在《左传》中共出现76次，绝大多数（约72例）是用作"介词＋宾语（'是'）"的词组，表示"在此时"、"与此同时"一类意思。如：

（1）於是晋侯侈，赵宣子为政，骤谏而不入，故不竞於楚。（宣1）2.649

在兼语式中的"於是"大都表示"在这件事上"、"在这种情况下"一类意思。如：

（2）君子谓祁奚於是能举善矣。（襄3）3.927

仅有4例"於是"起承接上下文的作用，表示连接，有"就"、"於是就"一类意思。如：

（3）杀舟之侨以徇于国，民於是大服。（僖28）1.472

《左传》的"於是乎"共74例，绝大多数（约61例）起连接作用，表示"（於是）就"、"（由此）就"一类意思。如：

（4）夫德，俭而有度，登降有数，文物以纪之，声明以发之，以临照百官，百官於是乎戒惧，而不敢易纪律。（桓2）1.89

约13例的"於是乎"用作介宾词组，表示"在此时"、"在这方面"一类意思。如：

（5）於是乎畏晋而窃与楚盟，故曰匮盟。（成2）2.808

（6）君子谓郑庄公於是乎可谓正矣。（隐10）1.68

以上用法在《史记》中发生很大变化："於是"主要用作连词，用作介宾词组的是极少数；"於是乎"出现的次数大减而且几乎都是用作介宾词组。连接的作用都集中在"於是"一身了。如：

（7）须臾，梁眴籍曰："可行矣！"於是籍遂拔剑斩守头。（《项羽本纪》）1.297

（8）陈平笑曰："君居其位，不知其任邪？且陛下即问长安中盗贼数，君欲彊对邪？"於是绛侯自知其能不如平远矣。　（《陈丞相世家》）6.2062

"於是"用作介宾词组，表示"当时"、"在此时"之意，如：

（9）於是管仲睹桓公不可穷以辞，因设之以事。（《封禅书》）4.1361

"於是乎"用作介宾词组表示"由此"一类意思，如：

（10）民之有口也，犹土之有山川也，财用於是乎出；犹其有原隰衍沃也，衣食於是乎生；口之宣言也，善败於是乎兴。（《周本纪》）1.142

"於是乎"只在极个别情况下用作连词，如：

（11）妾欲言酒之有药，则恐其逐主母也；欲勿言乎，则恐其杀主父也；於是乎详僵而弃酒，主父大怒，笞之五十。（《苏秦列传》）7.2265

由"於是"和"於是乎"用法的变化可以看出，有的虚词的用法在《史记》中趋于规范和简化。至於为什么连接作用由"於是乎"为主转到以"於是"为主，则还待进一步的调查和研究。

（七）〔"於"·宾〕用于问句中。

"於·宾"在《左传》中用于某些反问句或询问句的谓语之前，如：

（1）多而能亡，於我何为？（襄26）3.1112

（2）女丧而宗室，於人何有？人亦於女何有？（昭6）4.1278

（3）凡有季氏与无，於我孰利？（昭25）4.1464

在《史记》里，它又出现在某些新的表询问的句式中：

㊀询问句的谓语为"何如"。常用於对话中，"於"的宾语指对方，表示"在你看来如何？""你怎么样？"一类意思。如：

（1）食其未行，张良从外来谒。汉王方食，曰："子房前！客有为我计桡楚权者。"具以郦生语告，曰："於子房何如？"良曰："谁为陛下划此计者？陛下事去矣！"（《留侯世家》）6.2040

（2）上问曰："如我能将几何？"信曰："陛下不过能将十万。"上曰："於君何如？"曰："臣多多而益善耳。"（《淮阴侯列传》）8.2628

（3）上问袁盎曰："君尝为吴相，知吴臣田禄伯为人乎？今吴楚反，於公何如？"对曰："不足忧也，今破矣！"（《吴王濞列传》）9.2830

㊁"何於"连用在动词谓语前，表示"如何"、"怎样"之意。"何"由于是疑问代词，置于介词"於"前面。如：

召入，至于殿下，有诏问之曰："何於治北海，令盗贼不起?" 叩头对曰： "非臣之力，尽陛下神灵威武之所变化也。" （《滑稽列传补》）10.3210

㈢ "况" 加 "於·宾" 组成的反问句。如：

（1）穰侯，昭王亲舅也。……及其贵极富溢，一夫开说，身折势夺而以忧死，况於羁旅之臣乎!? （《穰侯列传》）7.2330

（2）今君与廉颇同列，廉君宣恶言而君畏匿之，恐惧殊甚，且庸人尚羞之，况於将相乎!? （《廉颇蔺相如列传》）8.2443

这类句子从上下文看，似可认为是承上省略了谓语，意思是，"羁旅之臣就更……"、"将相就更……"。

总的看来，"於" 出现在谓语前的范围较之《左传》有所扩大，用法也更多样。但在基本的一点上与《左传》保持一致，就是谓语前的 "於·宾" 一般都含有对 "於" 的宾语表示强调的意思，特别在疑问和反问句中，这种作用更加明显。

5.4　〔"自"·宾·动〕

介词 "自" 的用法比《左传》也有进一步发展。

（一）引进与动作行为有关的处所。

㈠ 表示动作行为起始的处所。如：

（1）辛卯，帝自甘泉之高奴。（《孝文本纪》）2.425

（2）乐毅自魏往，邹衍自齐往，剧辛自赵往，士争趋燕。（《燕召公世家》）5.1558

（3）弟子自远方至受业者百余人。（《儒林列传》）10.3121

㈡ 表示动作行为正进行的处所。如：

（1）夫人自帷中再拜，环珮玉声璆然。（《孔子世家》）6.1920

（2）伯牛有恶疾，孔子往问之，自牖执其手，曰："命也夫!"（《仲尼弟子列传》）7.2189

㈢ 表示处所的范围。常用 "自" 和其他一些词搭配，组成 "自……至……"、"自……以……"、"自……以往"、"自……及至……"……等格式。在《左传》里，"自" 表示这种用法的格式只见到 "自…及…"，到《史记》时，有较大发展。如：

（1）郑当时为渭漕渠回远，凿直渠自长安至华阴，作者数万人。（《平准书》）4.1424

（2）自关以东，莫不延颈愿交焉。（《游侠列传》）10.3184

（3）郑人或谓子贡曰："东门有人，其颡似尧，其项类皋陶，其肩类子产，然自要以下不及禹三寸，累累若丧家之狗。"（《孔子世家》）6.1921

（4）自霍人（邑名）以往至云中，与绛侯等共定之。（《樊郦滕灌列传》）8.2657

（5）自殽塞及至鬼谷，其地形险易皆明知之。（《樗里子甘茂列传》）7.2316

（二）表示动作行为自何人起始（或发出），或与动作行为有关人物的范围等。

㊀ 表示动作行为自何人起始。如：

（1）法之不行，自上犯之。（《商君列传》）7.2231

（2）昌为人彊力，敢直言，自萧、曹等皆卑下之。（《张丞相列传》）8.2677

（3）自鲁商瞿受《易》孔子，孔子卒，商瞿传《易》。（《儒林列传》）10.3127

㊁ 表示动作行为自何人发出。如：

（1）孝文帝初即位，谦让未遑也；诸律令所更定，及列侯悉就国，其说皆自贾生发之。（《屈原贾生列传》）8.2492

㊂ 表示施动者在动作行为开始时的身份，这项用法《左传》未见到。如：

（1）且朕自沛公以诛暴逆，遂有天下。（《高祖本纪》）2.389

（2）及高祖起沛，击破泗水守监，於是周昌、周苛自卒史从沛公，沛公以周昌为职志，周苛为客。（《张丞相列传》）8.2676

（3）复自游宦而起，至丞相。（《张丞相列传》）8.2688

㊃〔"自"·宾〕与"而况（於）"互相呼应，出现在复句中。"自"引进的人物往往是容认句中需要的起点或终限，"自"既有作为介词的用法和含义；又有容认从句中"虽"的作用，含有"虽"、"尽管"一类意思。

"自"所引进的是说话人需要的起点，拿它与主句中的"终点"比，如：

（1）自含齿戴角之兽，见犯则校，而况於人怀好恶喜怒之气？（《律书》）4.1240

"自"所引进的对象是说话人举出的最高点，与主句中的"低线"相比，如：

（2）自子夏，门人之高弟也，犹云"出见纷华盛丽而说，入闻夫子之道而乐，二者心战，未能自决"，而况中庸以下，渐渍於失败，被服於成俗乎？（《礼书》）4.1159

㊣表示具有同一动作行为的人物之范围。常用"自"与其他一些词组成的惯用格式表示，如"自至於…"、"自…以（已）下"、"自…与…"、"自…及…"、"自…及至…"、"自如…以…"、"自如…至于…"、"自…以来＋人物数量"等。各举一例如下：

（1）自天子至於庶人，好利之弊何以异哉！ （《孟子荀卿列传》）7.2343

（2）自诸侯王以下莫不振恐肃敬。（《刘敬叔孙通列传》）8.2723

（3）令群臣从官自将军已下皆负薪寘决河。（《河渠书》）4.1413

（4）自驺衍与齐之稷下先生，如淳于髡、慎到、环渊、接子、田骈、驺奭之徒，各著书言治乱之事，以干世主，岂可胜道哉？（《孟子荀卿列传》）7.2346

（5）御史大夫周昌，其人坚忍质止，且自吕后、太子及大臣皆素敬惮之。（《张丞相列传》）8.2678

（6）自吾先人及至子孙，积功信於秦三世矣。（《蒙恬列传》）8.2569

（7）於是齐王嘉之，自如淳于髡以下，皆命曰列大夫。（《孟子荀卿列传》）7.2347

（8）自如孟子至于吁子，世多有其书，故不论其传云。（《孟子荀卿列传》）7.2349

（9）秦自缪公以来二十余君，未尝有坚明约束者也。（《廉颇蔺相如列传》）8.2441

（10）自君卿以下至于众庶，人怀自危之心。（《秦始皇本纪》）1.284

（三）表示动作行为起始的时间，或与动作行为有关的时间之范围。

（一）表示动作行为起始的时间。如：

（1）赵括自少时学兵法。（《廉颇蔺相如列传》）8.2447

（2）南越、朝鲜自全秦时内属为臣子，后且拥兵阻阨，选蠕观望。（《律书》）4.1242

（3）太史公执迁手而泣曰："余先周室之太史也。自上世尝显功名於虞夏，典天官事。"（《太史公自序》）10.3295

（4）夫荆楚僄勇轻悍，好作乱，乃自古记之矣。（《淮南衡山列传》）10.3097

有时动作行为起始的时间，由"自"带句子作宾语来表示，意思是从什么事情开始。如：

（5）婴自上初起沛，常为太仆，竟高祖崩。（《樊郦滕灌列传》）8.2666

（6）自太子居城父，将兵，外交诸侯，且欲入为乱矣。（《伍子胥列传》）7.2172

（二）与动作行为有关的时间之范围。常用"自古及今"、"自上古以来"、"自今以来"、"自…后…"、"自…至…"等等惯用格式表示，或在这类格式后紧接着加上时间的总数量。如：

（1）夫以人徇己，则己贵而人贱；以己徇人，则己贱而人贵。故徇人者贱，而人所徇者贵，自古及今，未有不然者也。（《李斯列传》）8.2555

（2）今陛下兴义兵，诛残贼，平定天下，……自上古以来未尝有，五帝所不及。（《秦始皇本纪》）1.236

（3）自今以来，操国事不道如嫪毐、不韦者籍其门。（《秦始皇本纪》）1.231

（4）自今以来，除谥法，朕为始皇帝。（《同上》）1.236

注意《史记》的"自今以来"相当于《左传》的"自今以往"，即"从今以后"的意思。

（5）自屈原沈汨罗后百有余年，汉有贾生，为长沙王太傅。（《屈原贾生列传》）8.2491

（6）自汉兴至孝文二十余年，会天下初定，将相公卿皆军吏。（《张丞相列传》）8.2681

（7）自获麟以来四百有余岁，而诸侯相兼，史记放绝。（《太史公自序》）10.3295

（8）自淳维以至头曼千有余岁，时大时小，别散分离，尚矣，其世传不可得而次云。（《匈奴列传》）9.2890

（9）自周公卒五百岁而有孔子。（《太史公自序》）10.3296

（10）自蜚廉生季胜以下五世至造父，别居赵。（《秦本纪》）1.175

在"自是之后"、"自此之后"等惯用格式中，"是"、"此"所指代的事情或情况在上文。如：

（11）……固曰："公孙子，务正学以言，无曲学以阿世！"自是之后，齐言《诗》皆本辕固生也。（《儒林列传》）10.3124

（12）……自此之后，鲁周霸、孔安国、雒阳贾嘉，颇能言《尚书》事。（《儒林列传》）10.3125

5.5　〔"从"·宾·动〕

"从"作为介词在《左传》中共有60例，大都引进有关的对象，仅有5例引进动作行为经由或发生的处所。如：

晋灵公不君，厚敛以雕墙，从台上弹人而观其辟丸也。（宣2）2.655

《史记》的介词"从"大量增加，用法也有新发展。

（一）引进与动作行为有关的处所。这项用法为数最多。

㊀〔"从"·宾·"来"〕。这项用法中的〔"从"·宾〕多用於动词"来"前，表示动作"来"的方向或起点。如：

（1）江东大暴风从西方来，坏城十二丈。（《孝景本纪》）2.443

（2）蝗虫从东方来，蔽天。（《秦始皇本纪》）1.225

（3）逢吕后从长安来，欲之雒阳。（《魏豹彭越列传》）8.2594

（4）赵王计未定，楼缓从秦来。（《平原君虞卿列传》）7.2373

〔"从"·宾〕也用于其他动词前，如：

（5）复以良为成信侯，从东击楚。（《留侯世家》）6.2039

（6）楚兵已破於定陶，怀王恐，从盱台之彭城。（《项羽本纪》）1.304

㊁表示动作行为经由的处所，如：

（1）汉王用韩信之计，从故道还。（《高祖本纪》）2.368

（2）沛公谓张良曰："从此道至吾军，不过二十里耳。"（《项羽本纪》）1.314

㈢ 表示动作行为发生的处所，这项用法较多。如：

（1）少见之人，如从管中阚天也。（《梁孝王世家》）6.2092

（2）睢从篑中谓守者曰："公能出我，我必厚谢公。"（《范睢蔡泽列传》）7.2401

（3）及饮酒酣，夫起舞，属丞相，丞相不起，夫从坐上语侵之。（《魏其武安侯列传》）9.2848

（4）文君窃从户窥之，心悦而好之。（《司马相如列传》）9.3000

（5）朔初入长安，至公车上书，凡用三千奏牍。公车令两人公持举其书，……人主从上方读之。（《滑稽列传补》）10.3205

（二）"从"的宾语用动词或"动宾＋名"的短语表示"处所"，"从·宾"后的动词常为"来"或"还"等，如：

（1）居二日，献公从猎来还，宰人上胙献公，献公欲飨之。（《晋世家》）5.1645

（2）高帝从破布军还，病创，徐行至长安。（《陈丞相世家》）6.2058
"破布军"作"从"的宾语，"动宾"修饰"军"，表示高帝从打败吕布的军中回来。

（三）表示与动作行为密切相关的对象。

《左传》的"从"以表人物的词语为宾语时大都有"跟从"之意，多用作动词，在句中作谓语的主要成分，如：

（1）怀公立，命无从亡人。（僖23）1.402

〔"从"·宾〕和其他动词连用时，其间常有"而"、"以"连接，如：

（2）请从二子以围鲁。（昭27）4.1487

（3）州仇奉甲从君而拜。（哀11）4.1663

这种句式中的"从"似介于动词和介词之间。而在《史记》里，这类用法的"从"大都有着明显的介词性质，如：

（1）项伯常杀人，从良匿。（《留侯世家》）6.2036

（2）先生事魏不中，遂事楚而去，今又从吾游，信者固多心乎？（《陈丞相世家》）6.2054

（3）丞相匡衡者，东海人也，好读书，从博士受《诗》。（《张丞相列传》）8. 2688

（4）长卿第俱如临邛，从昆弟假贷，犹足为生，何至自苦如此？（《司马相如列传》）9. 3000

头两例的"从"有"跟从"意，但"从良"、"从吾"都不能单独成句。后两例的"从"，"跟从"的意义更小，主要表示"跟"、"向"或"自"一类意义。从中可以窥见动词"从"向介词"从"变化的痕迹。

（四）表示动作行为的起点或范围。

㊀ 表示动作行为的起点。如：

（1）振人不赡，先从贫贱始。（《游侠列传》）10. 3184

（2）太子将兵，有功则位不益太子；无功还，则从此受祸矣！（《留侯世家》）6. 2045

㊁ 表示与动作行为有关的范围。

《史记》里常用"从是以后"、"从此以往"、"从今以往"等惯用格式表示时间或地域的范围，《左传》里尚未出现。如：

（1）从是以后，不敢复言为河伯娶妇。（《滑稽列传补》）10. 3212

（2）秦王恐其破璧，乃辞谢固请，召有司案图，指从此以往十五都予赵。（《廉颇蔺相如列传》）8. 2440

（3）唐举曰："先生之寿，从今以往者四十三岁。"（《范雎蔡泽列传》）7. 2418

"从今以往"表示"从今以后"的意思。

5.6 〔"及"·宾·动〕

"及"作介词在《左传》里主要有两种用法，一是〔"及"·宾〕用于句首，作全句表时间或情况的状语，如：

（1）及庄公即位，为之请制。（隐1）1. 10

二是用于谓语前，表示与动作行为有关的对象。如：

（2）晋师以诸侯之师及秦师战于麻隧。（成13）2. 866

《史记》里"及"的介词用法趋于单一化，它的主要作用就是前一种——〔"及"·宾〕用作全句状语。它的特点是："及"的宾语常为短语或句子，因为它总是以某件事情的发生来表示时间。具体情况如下：

（一）表示与动作行为有关的时间。

㊀ 表示过去的某一时间。如：

（1）及高祖时，中国初定。（《郦生陆贾列传》）8.2697

（2）及周之衰也，分而为两，天下莫朝，周不能制也。（《刘敬叔孙通列传》）8.2716

（3）及诛诸吕，立孝文帝。（《郦生陆贾列传》）8.2701

（4）及孝文帝崩，孝景帝即位，晁错为御史大夫。（《袁盎晁错列传》）8.2742

（5）及秦军降诸侯，诸侯吏卒乘胜多奴虏使之，轻折辱秦吏卒。（《项羽本纪》）1.310

（6）及徙富豪茂陵也，解家贫，不中訾，吏恐，不敢不徙。（《游侠列传》）10.3187

㊁ 表示趁某事尚未发生，先采取行动。"及"常与"未"配合使用。如：

（1）不亟治，病即入濡肾；及其未舍五藏，急治之！（《扁鹊仓公列传》）9.2808

（2）彼众我寡，及其未济，击之。（《宋世家》）5.1626

（3）又谓诸大夫曰："高昭子可畏，及未发，先之。"（《齐太公世家》）5.1506

㊂ 表示趁某事正在进行的机会赶快行动。《左传》未见这项用法。如：

（1）且贤君者，各及其身显名天下，安能邑邑待数十百年以成帝王乎？（《商君列传》）7.2228

（2）王翦行，请美田宅园池甚众。始皇曰："将军行矣，何忧贫乎？"王翦曰："为大王将，有功终不得封侯，故及大王之向臣，臣亦及时以请园池为子孙业耳。"（《白起王翦列传》）7.2340

（3）浞野侯夜自出求水，匈奴间捕，生得浞野侯，因急击其军。军中郭纵为护，维王为渠，相与谋曰："及诸校尉畏亡将军而诛之，莫相劝归。"军遂没於匈奴。（《匈奴列传》）9.2915

（二）表示与动作行为有关的情况。如：

（1）高祖时，勃功不如臣平；及诛诸吕，臣功亦不如勃。（《陈丞相

世家》）6.2061

"及诛诸吕"，表示"在诛灭诸吕方面"。或者把它理解为"及至诛灭诸吕时"，表示时间，也未尝不可。此例可以两解。

表示有关的方面，常用"及夫"引进宾语，〔"及夫"·宾〕有"至於……"之意。如：

（2）及夫敦乐而无忧，礼备而不偏者，其唯大圣乎？（《乐书》）4.1193

（3）及夫礼乐之极乎天而蟠乎地，行乎阴阳而通乎鬼神，穷高极远而测深厚，乐著太始而礼居成物。（《乐书》）4.1196

（三）表示与动作行为有关的对象。这类例句极少。如：

（1）定公十年春，及齐平。（《孔子世家》）6.1915

（索隐：及，与也。）

（2）平行闻高帝崩，平恐吕太后及吕媭谗怒，乃驰传先去。……是后吕媭谗乃不得行。（《陈丞相世家》）6.2059

及，似有介词"为"意。意指陈平恐吕太后为吕媭谗所怒。"及"有介词"为"的含义，此用法比较特殊，在《左传》中没有，《史记》里亦很少见到。

"及"和"与"在《左传》里都可用作连词和介词；在《史记》里，"及"用作连词和介词，"与"主要用作介词。在介词的用法上，"及"以引进表时间的宾语为主，"与"以引进与动作行为有关的对象为主。二者之间的分工逐渐明确起来。

5.7　〔"为"·宾·动〕

在《左传》中〔"为"·宾〕只用于动词之前。在《史记》里，除继承《左传》用法外，又有新的发展。

（一）表示与动作行为有关的对象。

㊀ 表示施动者的动作行为为谁而发。如：

（1）沛公曰："君为我呼入，吾得兄事之。"（《项羽本纪》）1.312

（2）戚夫人泣，上曰："为我楚舞，吾为若楚歌。"（《留侯世家》）6.2047

（3）情好珍善，为之琢磨圭璧以通其意。（《礼书》）4.1158

有时一个"介·宾"用在十个"动·宾"之前，如：

（4）君之设智，能为主安危修政，治乱强兵，批患折难，广地殖穀，富国足家，……君孰与商君、吴起、大夫种？（《范雎蔡泽列传》）7.2422

㈡ 表示"（代）替某人"做某事，如：

（1）我持白璧一双，欲献项王，玉斗一双，欲与亚父，会其怒，不敢献。公为我献之。（《项羽本纪》）1.314

（2）陵母既私送使者，泣曰："为老妾语陵，谨事汉王。"（《陈丞相世家》）6.2059

㈢ 表示"向（对）某人"说某事。多为〔"为"·（宾）·"言"〕式。如：

（1）骞身所至者大宛、大月氏、大夏、康居，而传闻其旁大国五六，具为天子言之。（《大宛列传》）10.3160

（2）已盟，章邯见项羽而流涕，为言赵高。（《项羽本纪》）1.310

此例的"为"后省略了宾语"之"。

㈣ "为"引进动作行为的施动者，表示被动。如：

夺项王天下者，必沛公也，吾属今为之虏矣。（《项羽本纪》）1.314

详见"动词谓语的发展变化"一节中"被动句式"部分，这里从略。

（二）表示动作行为发生的原因或目的。如：

（1）大破汉军，多杀士卒，睢水为之不流。（《高祖本纪》）2.371

（2）先帝为咸阳朝廷小，故营阿房宫。（《秦始皇本纪》）1.268

（3）既至甘泉，为且用事泰山，先类祠泰一。（《孝武本纪》）2.473

例（1）、（2）、（3）例中的"'为'·宾"表原因。

（4）项羽大怒，曰："旦日飨士卒，为击破沛公军！"（《项羽本纪》）1.311

此例中的"'为'·宾"表目的；它位于"旦日飨士卒"之后，例甚少见。凡属这种表原因或目的"'为'·宾"，"为"的宾语大都是动宾短语或主谓短语。在《左传》里，这类用法的"'为'·宾"，它的末尾往往加上"故"字，使宾语变成一个名词性短语，如：

（5）齐侯为楚伐郑之故，请会于诸侯。（庄32）1.251

5.8 〔"由"·宾·动〕

（一）表示与动作行为有关的对象、事物、时间等的起点。

㊀ 表示与动作行为有关的对象由谁开始。如：

楚人谓多为夥，故天下传之，夥涉为王，由陈涉始。（《陈涉世家》）6.1960

㊁ 表示与动作行为有关的事物的起点。如：

十三年夏，上曰："盖闻天道祸自怨起而福由德兴。"（《孝文本纪》）2.427

㊂ 表示与动作行为有关的时间的起点。如：

太卜之起，由汉兴而有。（《日者列传》）10.3215

（二）固定格式"由是"、"由此"。

"由是"在《左传》里已形成一个惯用词组，"是"代上文的事件或情况，这是最早出现的以简代繁的固定格式之一。 "由此"出现较少。如：

（1）郑伯之享王也，王以后之鞶鉴予之；虢公请器，王予之爵。郑伯由是始恶於王。（庄21）1.218

（2）及河，子犯以璧授公子，曰："臣负羁绁从君巡于天下，臣之罪甚多矣。臣犹知之，而况君乎！请由此亡。"（僖24）1.412

《史记》里"由是"、 "由此"都沿用下来，而"由此"用得更多。如：

㊀ 由是

项羽由是始为诸侯上将军，诸侯皆属焉。（《项羽本纪》）1.307

㊁ 由此

（1）是时条侯周亚夫与梁相山都侯王恬开见释之持议平，乃结为亲友。张廷尉由此天下称之。（《张释之冯唐列传》）9.2755

（2）天子为治第，令骠骑视之，对曰："匈奴未灭，无以家为也。"由此上益重爱之。（《卫将军骠骑列传》）9.2939

（3）昔者管仲相齐桓，霸诸侯，有九合一匡之功，而仲尼谓之不知礼，以其奢泰侈拟於君故也。夏禹卑宫室，恶衣服，后圣不循。由此言之，治之盛也，德优矣，莫高於俭。（《平津侯主父列传》）9.2963

有时"由"的宾语"此"（或"是"）省略，如：

（4）乃遂涉河南，治亳，行汤之政，然后百姓由宁，殷道复兴。（《殷本纪》）1.102

"由宁"，可理解为"由此宁"。

5.9　〔"因"·宾·动〕

《左传》的〔"因"·宾〕主要是引进动作行为的凭据或条件，如：

（1）郑伯因栎人杀檀伯而遂居栎。（桓15）1.144

（2）曹人凶惧，为其所得者棺而出之。因其凶也而攻之。（僖28）1.453

《史记》的〔"因"·宾〕在保持《左传》用法的基础上又有新的发展。

（一）表示动作因为所凭据的对象等，有"通过"、"经由"，"藉助于"、"乘"、"趁"一类意思。如：

（1）廉颇闻之，肉袒负荆，因宾客至蔺相如门谢罪。（《廉颇蔺相如列传》）8.2443

（2）副使王然于、壶充国、吕越人驰四乘之传，因巴蜀吏币物以赂西夷。（《司马相如列传》）9.3047

（二）表示与动作行为有关的时机，有"趁"之意。如：

（1）今以君之贤圣，国赖以盛。而魏往年大破於齐，诸侯畔之，可因此时伐魏。（《商君列传》）7.2232

（2）不一年，陈胜吴广发矣。高皇始於丰沛，一倡天下不期而响应者不可胜数也。此所谓蹈瑕候间，因秦之亡而动者也。（《淮南衡山列传》）10.3086

（三）表示动作行为的条件，有"顺"、"就"之义。如：

（1）方今高帝子独淮南王与大王，大王又长，贤圣仁孝，闻于天下，故大臣因天下之心而欲迎立大王，大王勿疑也。（《孝文本纪》）2.414

（2）善战者因其势而利导之。（《孙子吴起列传》）7.2164

（3）臣闻古之善制事者，转祸为福，因败为功。（《苏秦列传》）7.2263

（四）表示动作行为的方式或状态，有"以"意。如：

（1）酒阑，吕公因目固留高祖。（《高祖本纪》）2.344

（2）其俗，宽则随畜，因射猎禽兽为生业，急则人习战攻以侵伐，其天性也。（《匈奴列传》）9.2879

（五）表示动作行为的原因。如：

汉十二年上从击破布军归，疾益甚，愈欲易太子。留侯谏，不听，因疾不视事。（《留侯世家》）6.2046

（六）有时"因"的宾语省略。如：

（1）食其亦沛人，……及为相，居中，百官皆因决事。（《陈丞相世家》）6.2060

此例"因"后省略了宾语"之"，指审食其。

（2）自河决瓠子后二十余岁，岁因以数不登，而梁楚之地尤甚。（《河渠书》）4.1412

"因以"连用，"因"的宾语"之"（或"此"）常省略。

5.10　〔"用"·宾·动〕

"用"在《左传》中出现百余次，绝大多数都是动词，仅有几例为介词用法，引进动作行为的工具或有关的对象，如：

（1）齐氏用戈击公孟。（昭20）4.1411

（2）使浇用师灭斟灌及斟寻氏。（襄4）3.937

《史记》的"用·宾"除保留以上用法外，还有发展。如：

（一）表示动作行为的工具。如：

（1）是时越欲与汉用船战逐，乃大修昆明池，列观环之。（《平准书》）4.1436

（2）复置津关，用传出入。（《孝景本纪》）2.442

（二）表示与动作行为有关的对象。如：

（1）单于既得翕侯，以为自次王，用其姊妻之，与谋汉。（《匈奴列传》）9.2908

（2）河间献王德，以孝景帝前二年用皇子为河间王。（《五宗世家》）6.2093

（三）表示与动作行为有关的原因或条件，有"因为"、"由於"之义，与"以"用法相近。如：

（1）义纵、尹齐、王温舒等用惨急刻深为九卿。（《平准书》）4.1433

（2）鲁朱家者，与高祖同时。鲁人皆以儒教，而朱家用侠闻（《游侠列传》）10.3184

"用侠闻" 与上句的 "以儒教" 相对应，"用" 与 "以" 用法同。

（3）孝文帝十四年，匈奴大入萧关，而广以良家子从军击胡，用善骑射、杀首虏多，为汉中郎。（《李将军列传》）9.2867

（四）表示动作行为进行时运用的方法，"用" 有 "运用" 意。如：

（1）用陈平谋而召绛侯周勃受诏床下。（《陈丞相世家》）6.2058

（2）卫青、霍去病亦以外戚贵幸，然颇用材能自进。（《佞幸列传》）10.3196

（五）"用" 的宾语有时为 "之"、"是"、"此" 等代词。如：

（1）平原君怒，将杀奢。奢因说曰："……"。平原君以为贤，言之於王，王用之治国赋，国赋大平，民富而府库实。（《廉颇蔺相如列传》）8.2445

（2）王前欲伐齐，员强谏；已而有功，用是反怨王。（《越王勾践世家》）5.1743

（3）其射，见敌急，非在数十步之内，度不中不发，发即应弦而倒，用此其将兵数困辱，其射猛兽亦为所伤云。（《李将军列传》）9.2872

"用" 和 "因" 的区别："用" 主要用来表示与动作行为有关的原因或工具；"因" 主要用来表示凭藉或条件。

5.11　〔"当" ·宾·动〕

"当" 作介词在《左传》中总共才 12 例，引进动作行为进行时施动者的位置或动作的时间。如：

（1）越子以三军潜涉，当吴中军而鼓之，吴师大乱，遂败之。（哀17）4.1707

（2）当其时不能治也，后之人何罪？（宣18）2.778

《史记》里介词 "当" 出现较多，主要用法是引进表示时间的宾语，还有一些引进与动作行为有关的位置。

（一）〔"当" ·宾〕表示与动作行为或状态有关的时间。常单独用于全句之首作状语。如：

（1）当幽王三年，王之后宫见而爱之。（《周本纪》）1.147

（2）当其贫困时，人莫省视；至其贵也，乃争附之。（《滑稽列传》）10.3208

更常见的是"当是（之）时"、"当此时"、"当其时"等固定格式。它们的特点是出现在语段之中，"是时"、"此时"指与上文所说事情有关的时间。如：

（3）沛公左司马曹无伤使人言於项羽曰："沛公欲王关中，使子婴为相，珍宝尽有之。"项羽大怒，曰："旦日飨士卒，为击破沛公军！"当是时，项羽兵四十万，在新丰鸿门，沛公兵十万，在霸上。（《项羽本纪》）1.311

（4）昔秦绝圣人之道，杀术士，燔《诗》、《书》，弃礼义，尚诈力，任刑罚，转负海之粟致之西河。当是之时，男子疾耕不足於糟糠，女子纺绩不足於盖形。（《淮南衡山列传》）10.3086

（5）章邯已破项梁军，则以为楚地兵不足忧，乃渡河击赵，大破之。当此时，赵歇为王，陈余为将，张耳为相，皆走入鉅鹿城。（《项羽本纪》）1.304

（6）邺三老、廷掾常岁赋敛百姓，收取其钱得数百万，用其二三十万为河伯娶妇，与祝巫共分其余钱持归。当其时，巫行视小家女好者，云是当为河伯妇，即娉取。（《滑稽列传》）10.3211

（二）表示动作行为进行时施动者的位置。如：

（1）将军出宫门，齐人东郭先生以方士待诏公车，当道遮卫将军车，拜谒曰："愿白事。"（《滑稽列传补》）10.3208

（2）乳母家子孙奴从者横暴长安中，当道掣顿人车马，夺人衣服。（《滑稽列传补》）10.3204

（3）及谒者曹梁使长安来，言大将军号令明，当敌勇敢，常为士卒先。（《淮南衡山列传》）10.3089

5.12 〔"循"·宾·动〕

"循"作介词在《左传》里仅四例，引进动作行为的途径。〔"循"·宾〕与动词谓语之间往往有连词"而"连接。如：

若出於东方，观兵於东夷，循海而归，其可也。（僖4）1.293

在《史记》里，"循"的介词性质更为明显，〔"循"·宾〕与动词之间的连词往往不见。如：

（1）始楚威王时，使将军庄蹻将兵循江上，略巴黔中以西。（《西南

夷列传》）9.2993

有时有连词"以"连接，如：

（2）试入诊太子，当闻其耳鸣而鼻张，循其两股以至於阴，当尚温也。（《扁鹊仓公列传》）9.2788

5.13 〔"代"·宾·动〕

在《左传》里，〔"代"·宾·动〕仅有8例，"代"引进所代的对象。如：

吾闻致师者，左射以菆，代御执辔，御下，两马、掉鞅而还。（宣12）2.735

《史记》里"代"的用法与《左传》基本相同，而数量上有明显增长。〔"代"·宾〕表示代某一对象施行某一动作。如：

（1）参代何为汉相国，举事无所变更，一遵肖何约束。（《曹相国世家》）6.2029

（2）高帝怒曰："哙见吾病，乃冀我死也。"……曰："陈平亟驰传载勃代哙将，平至军中即斩哙头！"（《陈丞相世家》）6.2058

（3）虎圈啬夫从旁代尉对上所问禽兽簿甚悉。（《张释之冯唐列传》）9.2752

5.14 〔"逮"·宾·动〕

〔"逮"宾〕在《左传》里共3例，表示动作行为发生或持续的时间，如：

（1）逮夜至於齐。（哀6）4.1637

或表示动作行为要赶在某事发生之前进行，如：

（2）逮吴之未定，君其取分焉。（定4）4.1548

《史记》的"逮"数量有所增长，后一种用法较多，如：

愿君逮楚、赵之兵未至於梁，亟以少割收魏。（《穰侯列传》）7.2326

5.15 〔"道"·宾·动〕

《左传》的介词"道"仅有3例，都表示引导某人去进行活动，动词性较强。如：

舒庸人……道吴人围巢。（成 17）2.903

《史记》的介词"道"意义比较虚化，大都表示动作行为经由的处所，有"经由……"、"经过……"等意。如：

（1）沛公则置车骑，脱身独骑，与樊哙、夏侯婴、靳彊、纪信等四人持剑盾步走，从郦山下，道芷阳间行。（《项羽本纪》）1.314

（2）太尉周勃道太原入，定代地。（《高祖本纪》）1.388

（3）乃道砀至咸阳，与杠里秦军夹壁，破秦二军。（《高祖本纪》）2.357

（4）南越食蒙蜀枸酱，蒙问所从来，曰："道西北牂柯。"（《西南夷列传》）9.2994

有时表示事情的原由。如：

（5）简子召子毋恤。毋恤至，则子卿起曰："此真将军矣！"简子曰："此其母贱，翟婢也；奚道贵哉？"子卿曰："天所授，虽贱必贵。"（《赵世家》）6.1789

"奚道"表示"从哪里"、"由于什么（原因）"之意。句意是：由于什么原因能富贵呢？

5.16 〔"在"·宾·动〕

《左传》的介词"在"在动词前后者数量大致相当。在动词前者有的表示动作行为的处所，如：

（1）臧文仲在齐闻之。（昭 10）4.1318

有的表示动作的时间，如：

（2）昔匄之祖，自虞以上为陶唐氏，在夏为御龙氏，在商为豕韦氏，在周为唐杜氏。（襄 24）3.1088

有的表示"对於"之意，如：

（3）今譬於草木，寡君在君，君之臭味也。（襄 8）3.959

《史记》的"在"用于动词前大都引进处所或时间。引进处所的特点是更加具体。如：

（1）赵衰、咎犯乃於桑下谋行，齐女侍者在桑上闻之，以告其主。（《晋世家》）5.1658

还有些则表示与谓语密切相关的时间。如：

（2）齐、晋、秦、楚，其在成周微甚，封或百里或五十里。（《十二诸侯年表》）2.509

（3）仲尼曰："汪罔氏之君守封、禺之山为釐姓。在虞、夏、商为汪罔，於周为长翟，今谓之大人。"（《孔子世家》）6.1913

5.17　〔"先"·宾·动〕

《左传》介词"先"仅6例，表示动作行为在另一对象行动前发生，或在约定的日期前发生。如：

（1）然臣不敏，平阴之役，先二子鸣。（襄21）3.1063

（2）先战，梦河神谓己曰：……（僖28）1.467

（3）卫侯先期入。（僖28）1.470

《史记》介词"先"比《左传》有明显增长，与《左传》用法基本一致。如：

（1）汉元年十月，沛公兵遂先诸侯至霸上。（《高祖本纪》）2.362

（2）当户早死，拜椒为代郡太守，皆先广死。（《李将军列传》）9.2876

（3）逆乱四时，先百鬼尝。（《龟策列传》）10.3235

（4）三年，勾践闻吴王夫差日夜勒兵，且以报越，越欲先吴未发往伐之。（《越王勾践世家》）5.1741

此例中"先"的宾语为主谓短语。

5.18　〔"将"·宾·动〕

《左传》的"将"作介词仅3例，表示"带着"、"领着"的对象。如：

楚子使道朔将巴客以聘于邓。（僖9）1.125

《史记》的"将"出现很多，主要用法是：

（一）表示"带着"、"领着"的对象。如：

（1）滕公迺乘舆车载少帝出，少帝曰："欲将我安之乎？"滕公曰："出就舍。"（《吕太后本纪》）2.411

（2）西门豹曰："呼河伯妇来，视其好丑。"即将女出帷中，来至前。（《滑稽列传补》）10.3212

（二）表示动作进行时的工具。如：

任安，荥阳人也。少孤贫困，为人将车之长安。（《田叔列传》）9. 2779

此例的"之"为动词。

5.19 〔"乡（嚮、向）"·宾·动〕

《左传》的介词"乡"只出现两次，表示施动者发出动作时面向的方向。有"面对……"或"朝向……"意。如：

（1）秦伯素服郊次，乡师而哭。（僖33）1. 500

（2）子鲜……遂出奔晋。……托於木门，不乡卫国而坐。（襄27）3. 1128

《史记》的"嚮"、"向"都与《左传》的"乡"同。如：

（1）西门豹簪笔磬折，嚮河立待良久。（《滑稽列传补》）10. 3212

（2）元王大悦而喜，於是元王向日而谢，再拜而受。（《龟策列传》）10. 3236

上面介绍了《左传》出现在中心成分前的介词——共19个。《左传》有的，《史记》都有；但这些介词在《史记》里的用法大都有新的发展和变化。下面介绍《史记》有而《左传》无的介词。

5.20 〔"即"·宾·动〕

（一）〔"即"·宾〕表示动作行为发生的处所，有"就在……"、"靠近……"等义。如：

（1）项羽晨朝上将军宋义，即其帐中斩宋义头。（《项羽本纪》）1. 305

（2）至塞，天子使使者持大将军印，即军中拜车骑将军青为大将军。（《卫将军骠骑列传》）9. 2925

（3）乃益骄溢，即山铸钱，煮海水为盐，诱天下亡人，谋作乱。（《吴王濞列传》）9. 2825

（4）及昭公卒，子舍立，孤弱，即与众十月即墓上弑齐君舍，而商人自立，是为懿公。（《齐太公世家》）5. 1495

（二）表示动作发生的时间，大都有"当……"义。如：

（1）项王即日因留沛公与饮。（《项羽本纪》）1.312

（2）错闻之，即夜请间，具为上言之。（《袁盎晁错列传》）8.2746

（3）代王即夕入未央宫。（《吕太后本纪》）2.411

（4）皇帝即日夕入未央宫。（《孝文本纪》）2.417

有时表示"趁……"义。如：

（5）今时不师文而决于武力，愿陛下遂从时毋疑，即群臣不及谋。（《秦始皇本纪》）1.268

此例中的介宾短语"即群臣不及谋"单独用作表时间的短语，位于中心谓语之后，比较少见。

（另一种分析是，此"即"为连词，用法同"则"。）

（三）表示与动作行为有关的对象。有"靠近……"、"对着……"等义。如：

阎乐前即二世数曰："足下骄恣，诛杀无道，天下共叛足下，足下其自为计。"（《秦始皇本纪》）1.274

5.21 〔"旁"·宾·动〕

〔"旁"·宾〕表示动作进行时施动者的处所，有"在……旁"之义。如：

（1）东郭先生旁车言曰："王夫人新得幸於上，家贫。今将军得金千斤，诚以其半赐王夫人之亲，人主闻之必喜。此所谓奇策便计也。"（《滑稽列传补》）10.3208

（2）君之出也，后车十数，从车载甲，多力而骈胁者为骖乘，持矛而操阘戟者旁车而趋。此一物不具，君固不出。（《商君列传》）7.2235

5.22 〔"随"·宾·动〕

（一）表示动作行为依随（而动）的对象。如：

（1）今陛下以啬夫口辩而超迁之，臣恐天下随风靡靡，争为口辩而无其实。（《张释之冯唐列传》）9.2752

（2）扁鹊名闻天下。……来入咸阳，闻秦人爱小儿，即为小儿医：随俗为变。（《扁鹊仓公列传》）9.2794

（3）居顷之，冒顿出猎，以鸣镝射单于善马，左右皆射之。……从

其父单于头曼猎，以鸣镝射头曼，其左右亦皆随鸣镝而射杀单于头曼，……冒顿自立为单于。（《匈奴列传》）9.2888

（4）大月氏在大宛西可二三千里，……行国也，随畜移徙，与匈奴同俗。（《大宛列传》）10.3161

（5）初，汉使至安息，……汉使还，而后发使随汉使来观汉广大，以大鸟卵及黎轩善眩人献于汉。（《大宛列传》）10.3173

（二）表示动作行为发生之快，有"随即……"之义。如：

昧曰："汉所以不击取楚，以昧在公所。若欲捕我以自媚于汉，吾今日死，公也随手亡矣。"（《淮阴侯列传》）8.2627 "随手"，表示时间之快，一种习惯说法。

5.23 〔"逐"·宾·动〕

表示动作行为追逐的对象。如：

（1）匈奴，其先祖夏后氏之苗裔也，……逐水草迁徙。（《匈奴列传》）9.2879

（2）呼衍氏，兰氏，其后有须卜氏，此三姓其贵种也。……各有分地，逐水草移徙。（《匈奴列传》）9.2891

5.24 〔"临"·宾·动〕

（一）表示动作行为进行时施动者的处所。如：

（1）汉王、项羽相与临广武之间而语。（《高祖本纪》）2.376

（2）匈奴冒顿新服北夷，来为边害，孟舒知士卒罢敝，不忍出言，士争临城死敌，如子为父，弟为兄，以故死者数百人。（《田叔列传》）9.2776

（3）优旃临槛疾呼，陛楯得以半更。岂不亦伟哉！（《滑稽列传》）10.3203

（二）表示动作行为发生在另一动作将发而未发之际。如：

（1）昆莫有十余子，……太子有子曰岑娶，而太子蚤死。临死谓其父昆莫曰："必以岑娶为太子，无令他人代之。"（《大宛列传》）10.3169

（2）田忌信然之，与王及诸公子逐射千金。及临质，孙子曰："……。"（《孙子吴起列传》）7.2163

此例中的介宾短语"临质"作介词"及"的宾语,"及临质"又作全句表时间的状语,位于句首。

5.25 〔"并"·宾·动〕

(一)表示动作行为进行时所傍依的对象,有"傍……"、"沿……"之义。如:

(1)於是乃并勃海以东,过黄、睡,……立石颂秦德焉而去。(《秦始皇本纪》)1.244

(2)上乃遂去,并海上,北至碣石,……返至甘泉。(《孝武本纪》)2.476

(二)表示与谓语密切相关的时间,有"随……"义。如:

(1)先序今以上至黄帝,学者所共术,大并世盛衰。(《孟子荀卿列传》)7.2344

(索隐:言其大体随代盛衰。)

5.26 〔"缘"·宾·动〕

(一)表示动作行为的依据,有"依照……"之义。如:

余至大行礼官,观三代损益,乃知缘人情而制礼,依人性而作仪,其所由来尚矣。(《礼书》)4.1157

(二)表示动作行为所沿依的处所,有"沿……"之义。如:

於是汉使三将军军屯北地,……缘边亦各坚守以备胡寇。(《匈奴列传》)9.2904

5.27 〔"依"·宾·动〕

〔"依"·宾〕表示动作行为的依据。如上面介词"缘"例中"依人性而作仪。"又如:

至秦有天下,悉内六国礼仪,采择其善,虽不合圣制,其尊君抑臣,朝廷济济,依古以来。(《礼书》)4.1159

"依古以来",可理解为"依古以来典法行之",仍表示动作行为的依据,但省去了谓语中心成分,用法比较特殊。

5.28 〔"披"·宾·动〕

〔"披"·宾〕表示动作行为依傍的处所，有"依……"、"傍……"等义。如：

（1）天下有不顺者，黄帝从而征之；平者去之，披山通道，未尝宁居。（《五帝本纪》）1.3

（2）佗小渠披山通道者不可胜言。（《河渠书》）4.1414

5.29 〔"至"·宾·动〕

〔"至"·宾〕表示动作行为发生的时间。有"到……"之义。常出现在句首，用作表时间的状语。如：

（1）参始微时，与萧何善；及为将相，有郤；至何且死，所推贤唯参。（《曹相国世家》）6.2029

（2）扁鹊名闻天下。……至今天下言脉者，由扁鹊也。（《扁鹊仓公列传》）9.2794

（3）至春，果病；至四月，泄血死。（《同上》）9.2807

5.30 〔"竟"·宾·动〕

表示动作行为延续的终点，有"整……"、"直到……"、"终竟"等义。如：

（1）御史执法举不如仪者辄引去。竟朝置酒，无敢讙譁失礼者。（《刘敬叔孙通列传》）8.2723

（2）匈奴素闻郅都节，居边，为引兵去，竟郅都死不近雁门。（《酷吏列传》）10.3133

（3）吴、楚已破，竟景帝不言兵，天下富贵。（《酷吏列传》）10.3141

"竟景帝"，意指"直到景帝执政结束的时间内"。

（4）念为廉吏，奉法守职，竟死不敢为非。（《滑稽列传》）10.3201

5.31 〔"比"·宾·动〕

表示动作行为或客观事物到某一时候的情况。有"（等）到……时"

之义。如：

（1）自中丁以来，废適而更立诸弟子，弟子或争相代立，比九世乱，於是诸侯莫朝。（《殷本纪》）1. 101

（2）高祖以亭长为县送徒郦山，徒多道亡。自度比至皆亡之，到丰西泽中，止饮，夜乃解纵所送徒。（《高祖本纪》）2. 347

（3）周丘一夜得三万人，使人报吴王，遂将其兵北略城邑。比至城阳，兵十余万，破城阳中尉军。（《吴王濞列传》）9. 2833

（4）比至陈，车六七百乘，骑千余，卒数万人。（《陈涉世家》）6. 1952

由以上例句可以看出，"比"常以"至·宾"为宾语，常位于句首，作状语。

5. 32 〔"方"·宾·动〕

表示"当……"之义。〔"方"·宾〕常位于句首，作全句表时间的状语。如：

（1）陈丞相平少时，本好黄帝、老子之术。方其割肉俎上之时，其意固已远矣。（《陈丞相世家》）6. 2062

（2）方大臣之诛诸吕迎朕，朕狐疑，皆止朕，唯中尉宋昌劝朕，朕以得保奉宗庙。（《孝文本纪》）2. 420

有时〔"方"·宾〕在主语谓语之间，如：

（3）士方其危苦之时，易德耳。（《平原君虞卿列传》）7. 2369

〔"方"·今〕成为一种惯用格式，如：

（4）今齐已益弱，方今唯秦雄天下。（《鲁仲连邹阳列传》）8. 2459

（5）方今内有朱虚、东牟之亲，外畏吴、楚、淮南、琅邪、齐、代之彊。（《孝文本纪》）2. 414

5. 33 〔"坐"·宾·动〕

表示原因。这种句式大都用於表示因犯有某种罪过而受到某种处罚。〔"坐"·宾〕有"因犯……罪"之义。如：

（1）十年，相国吕不韦坐嫪毐免。（《秦始皇本纪》）1. 227

意思是相国吕不韦因犯嫪毐罪而免职。

（2）后数岁，叔坐法失官。（《田叔列传》）9.2777

意思是田叔因犯法丢了官。

（3）元朔三年，武安侯坐衣襜褕入宫，不敬。（《魏其武安侯列传》）9.2855

意思是武安侯犯了穿短衣入宫不敬的罪。此例的〔"坐"·宾〕后没有动词。

5.34 〔"抵"·宾·动〕

〔"抵"·宾〕表示与动作行为有关的处所（常以人物表示处所）。有"到……（那里）"之义。如：

囚孟尝君，谋欲杀之。孟尝君使人抵昭王幸姬求解。（《孟尝君列传》）7.2354

5.35 〔"赖"·宾·动〕

〔"赖"·宾〕表示出使动作行为得以进行的有关对象。有"幸亏……"、"幸赖……"之义。如：

（1）间者诸吕用事擅权，谋为大逆，欲以危刘氏宗庙，赖将相列侯宗室大臣诛之，皆伏其辜。（《孝文本纪》）2.417

（2）明年，秦兵遂围邯郸，岁余，几不得脱，赖楚、魏诸侯来救，迺得解邯郸之围。（《廉颇蔺相如列传》）8.2447

（3）姜赖天有子男，则是君之子为王也。（《春申君列传》）7.2397

（4）文帝怒曰："此人亲惊吾马，吾马赖柔和，令他马，固不败伤我乎？"（《张释之冯唐列传》）9.2754

"吾马赖柔和"，正常词序似应为"赖吾马柔和"，因表示强调而将介词宾语前置。

5.36 〔"空"·宾·动〕

表示动作行为进行时，有关情况的程度达于顶点，全部尽举，无所余留。如：

（1）高祖曰："吾人众多，父兄不能给。"乃去。沛中空县皆之邑西献。高祖复留止，张饮三日。（《高祖本纪》）2.390

（2）赵果空壁争汉鼓旗，逐韩信、张耳。……信所出奇兵二千骑，共候赵空壁逐利，则驰入赵壁，皆拔赵旗，立汉赤帜二千。（《淮阴侯列传》）8.2616

（3）夫秦王㤪而不信人。今空秦国甲士而专委於我，我不多请田宅为子孙业以自坚，顾令秦王坐而疑我邪？（《白起王翦列传》）7.2340

5.37　〔“悉”·宾·动〕

〔“悉”·宾〕常表示参与动作行为的有关对象为全部。如：

（1）不如少遣兵，足以守荥阳，悉精兵迎秦军。（《陈涉世家》）6.1956

（2）今王自行，悉国中武力以伐齐，而子胥谏不用，因辍谢，详病不行。（《伍子胥列传》）7.2179

（3）荆闻王翦益军而来，乃悉国中兵以拒秦。（《白起王翦列传》）7.2341

（4）军垒成，秦人闻之，悉甲而至。（《廉颇蔺相如列传》）8.2445

5.38　〔“到”·宾·动〕

〔“到”·宾〕常表示时间。有时表示某一动作行为延续的终点。如：

（1）汉家以正月上辛祠太一甘泉，以昏时夜祠，到明而终。（《乐书》）4.1178

有时表示到某一时候情况有所变化。如：

（2）十二渠经绝驰道，到汉之立，而长吏以为十二渠桥绝驰道，相比近，不可；欲合渠水，且至驰道合三渠为一桥。（《滑稽列传补》）10.3212

5.39　〔“终”·宾〕

表示由始至终，直到终了。〔“终”·宾〕常单独用作状语，位於全句之首。如：

（1）终广之身，为二千石四十余年，家无余财，终不言家产事。（《李将军列传》）9.2872

（2）孝景帝复与匈奴和亲，通关市，给遗匈奴，遣公主，如故约。终孝景时，时小入盗边，无大寇。（《匈奴列传》）9.2904

5.40　〔"候"·宾〕

表示"待到……时"，如：

汉使无多言，顾汉所输匈奴缯絮米糵，令其量中，必善美而已矣，何以为言乎？且所给备善则已；不备，苦恶，则候秋孰，以骑驰蹂而稼穑耳。（《匈奴列传》）9.2901

5.41　〔"会"·宾〕

表示"正值……"、"正当……"什么时间。常以动词（及其短语）或句子为"会"的宾语；并常单独用于句首，作状语。如：

（1）宁成者，穰人也。……武帝即位，徙为内史。外戚多毁成之短，抵罪髡钳。……数年，会赦，致产数千金。（《酷吏列传》）10.3135

（2）单于闻之，远其辎重，以精兵待於幕北。与汉大将军接战一日，会暮，大风起，汉兵纵左右翼围单于。（《匈奴列传》）9.2910

"会"的宾语常为句子，如：

（3）匈奴大攻围马邑，韩王信降匈奴。……高帝自将兵往击之。会冬大寒雨雪，卒之堕指者十二三。（《匈奴列传》）9.2894

（4）会骠骑将军去病死，於是汉久不北击胡。（《匈奴列传》）9.2911

5.42　〔"应"·宾〕

表示动作发生之快。有"应弦"、"应时"、"应手"等习惯用法，它们与动词之间常有"而"连接。如：

（1）其射，见敌急，非在数十步之内，度不中不发，发即应弦而倒。（《李将军列传》）9.2872

（2）及秦皇帝崩，天下大叛。……应时而皆动，不谋而俱起。（《平津侯主父列传》）9.2959

（3）乃使固入圈刺豕。……下圈刺豕，正中其心，一刺，豕应手而倒。（《儒林列传》）10.3123

5.43　〔"居"·宾〕

表示"过了……"之义，常用于句首作状语。如：

（1）居顷之，复以鸣镝自射其爱妻，左右或颇恐，不敢射，冒顿又复斩之。居顷之，冒顿出猎，以鸣镝射单于善马，左右皆射之。（《匈奴列传》）9.2888

（2）居无几何，陈豨反，又与韩信合谋击代。（《匈奴列传》）9.2895

（3）居六岁，元封元年，嬗卒，谥哀侯。（《卫将军骠骑列传》）9.2939

（4）居久之，蜀人杨得意为狗监，侍上。（《司马相如列传》）9.3002

"居顷之"、"居无几何"都表示"过了不久"，〔"居"＋数词＋岁（年）〕表示"过了×年"，"居久之"表示"过了很久"。

5.44　〔"乘"·宾〕

表示"趁…"义。如：

（1）当是时，秦兵彊，常乘胜逐北，诸将莫利先入关。（《高祖本纪》）2.356

（2）庞涓自知智穷兵败，乃自刭，曰："遂成竖子之名！"齐因乘胜尽破其军。（《孙子吴起列传》）7.2164

5.45　〔"承"·宾·动〕

〔"承"·宾〕表示动作行为发生的时间，有"趁…"义。如：

久之，文承间问其父婴曰："子之子为何？"曰："为孙。"（《孟尝君列传》）7.2353

5.46　〔"后"·宾·动〕

〔"后"·宾〕表示动作行为的时间在某人某事之后。如：

孟尝君至关，关法鸡鸣而出客，孟尝君恐追至，客之居下坐者有能为鸡鸣，而鸡齐鸣，遂发传出。出如食顷，秦追果至关，已后孟尝君出，乃还。（《孟尝君列传》）7.2355

通过以上分析我们看到，《史记》出现在谓语前的介词，由《左传》

的十九个增加到四十多个，按照它们的用法可作以下总的分类：（下面各类中，分号前者为《左》、《史》共有，分号后者为《史》所有。）

（一）引进与动作行为有关的对象。有：与、於、以、从、及、为、因、用、代、将；即、随、逐、并、赖、悉等。

（二）引进动作行为发生的处所或动作的位置、方向。有：於、自、从、当、循、在、儞、抵；临、缘、向、披等。

（三）引进与动作行为有关的时间，如动作的发生、起点、终点、在先、在后、延续……等。有：以、於、自、从、及、由、因、当、逮、在、先；即、随、临、并、至、竟、比、方、到、终、候、会、应、居、乘、承、后等。

（四）引进与动作行为有关的范围或方面。有：於、自…至…、自…以…、自…以往…、自…及、自、从、及；至等。

（五）引进动作行为有关的工具、原料、方式等。有：以、因、用、将等。

（六）引进动作行为的条件或依据。有：以、於、因；缘、依等。

（七）引进动作行为的原因。有：以、为、因；用、坐等。

（八）引进动作者的态度或身份。有：以、自；空等。

几乎每项用法的介词在《史记》中都有增添，尤其在引进有关的时间、对象、处所等方面，出现许多新的介词，表达人与人之间的多种关系以及动作行为进行时各种有关的位置和时间，大大丰富了语言的表达力。这些都表明，随着社会的进步和人类思维的发展，人类在交际中要求语言表达更加准确、具体、生动，体现出细微的差别。这一共同的要求是推动语言发展的内在动力。

还有值得注意的是，一方面，原来用法和意义相近的虚词如"与"和"及"、"自"和"从"、"用"和"以"等分工逐渐明确、用法趋于规范；另一方面，从各个介词本身的发展情况看，大都更加丰富多采。

六　介宾补语的减少和无介词补语的增多
——补语之一

《史记》的补语比起《左传》有重要变化，主要表现在：一，动词后的介词除"以"、"乎"、"抵"外，大都明显减少；二，不由介词引进而直接与谓语中心成分连接的补语相对增加；三、结果、趋向、程度补语发展迅速。本节专谈前面两点。

6.1   介宾补语

位於 D 后的介词有"於、于、以、乎、自、诸、在、及、由、焉、抵"等。下面分别介绍。

6.1.1   〔D·"於"·宾〕

"於"和"于"在《史记》中出现于动词后时，已进一步混用，"于"被"於"同化的现象越来越明显。按这种情况看来，《史记》的"於"在数量上应比《左传》大大增加；但事实却并非如此，"於"出现的比例比《左传》还有所减少。不过，"於"还是《史记》中在谓语中心成分后出现得最多的一个介词。由於它可以分别出现在动词谓语和形容词谓语之后，我们在这里也把这两种情况分别予以介绍。

（一）〔动·"於"·宾〕动词谓语中心成分后的"'於'·宾"主要有以下作用：

㊀ 引进与动作行为有关的处所。如：

（1）项氏世世将家，有名於楚。今欲举大事，将非其人，不可。（《项羽本纪》）1.298

（2）召平者，故秦东陵侯。秦破，为布衣，贫，种瓜於长安城东，瓜美，故世俗谓之"东陵瓜"。（《肖相国世家》）6.2017

（3）田单知士卒之可用，乃身操版插，与士卒分功，妻妾编於行伍之间。（《田单列传》）8.2455

以上诸例的"於"引进的处所，有的是专名，有的是普通名词，有的是处所加方位词如"东"、"间"。"於"还可以引进具体的物件表示处所，用法比较灵活，如：

（4）缪公之怨此三人入於骨髓。（《秦本纪》）1.192

（5）然后祖宗之功德著於竹帛，施于万世，永永无穷。（《孝文本纪》）2.436

有时"於"所引进的是抽象意义上的"处所"，如：

（6）盖……祸固多藏於隐微而发於人之所忽者也。（《司马相如列

传》）9.3054

㈡ 引进与动作行为有关的人物。如：

令尹子兰闻之大怒，卒使上官大夫短屈原於顷襄王，顷襄王怒而迁之。（《屈原贾生列传》）8.2485

在《左传》中，"於"引进人物稍多於引进处所，而在《史记》中，"於"引进处所却比引进人物要多。因为在《史记》中，与动作行为有关的人物大都位於动词前面、由其他介词如"与"、"为"等引进。

㈢ 引进与动作行为有关的时间。如：

（1）晋文公、秦缪公共围郑，以其无礼於文公亡过时，及城濮时郑助楚也。（《晋世家》）5.1669

（2）国且危亡，在於旦暮，左右莫敢谏。（《滑稽列传》）10.3197

㈣ 引进动作的受事者。如：

（1）好酒淫乐，嬖於妇人。（《殷本纪》）1.105

"嬖"是"宠爱"的意思，"嬖於妇人"意即"嬖妇人"——宠爱妇人，溺於女色。

（2）楚王，季父也，春秋高，阅天下之义理多矣，明於国家之大体。（《孝文本纪》）2.419

"明於国家之大体"意即"明国家之大体"。

（3）沛公居山东时，贪於财货，好美姬。（《项羽本纪》）1.311 "贪於财货"，意即"贪财货"。

"於"在这种用法中所引进的对象实际上就是谓语中心成分的受事宾语，可能是由於表示强调而用介词"於"引进。《左传》也有这项用法。要注意它和被动式的区别，如"嬖於妇人"，不是"被妇人嬖"，若理解为被动式就与上下文意不合。同时还要把它与引进处所、人物等宾语的"於"区别开来，那些"於"可理解为"在"、"向"、"对"等意思，表示位置或方向等；而这个"於"却不能那样理解，它似乎表示主观上的感情色彩，有强化动词语音的作用，在诵读时可以把谓语中心成分拉长音调，这就起到了强调作用。或者，在理解时可以把这类句式转换成："对於妇人，嬖。""对於国之大体，明。""对於财货，贪。"用"对於"或"把"把介词宾语提前，这也是表示强调的一种方式。试比较下面的例句：

（4）今日之事，不过六步七步，乃止齐焉，夫子勉哉！不过於四伐五伐六伐七伐，乃止齐焉，勉哉夫子！（《周本纪》）1. 122

上句是"（不）过"直接带宾语"六步七步"，下句是用"於"引进宾语；很明显，"於"的运用是为了表示强调或变换句式，正好像上句的"夫子勉哉"和下句的"勉哉夫子"一样，都起着使行文活泼多变或表示强调的作用。

⑤ 引进动作行为的原因。如：

（1）夫四荒之外不安其生，封畿之内勤劳不处，二者之咎，皆自於朕之德薄而不能远达也。（《孝文本纪》2. 431

此例中的"自"用作动词。

（2）其后战国并争，在於强国禽敌，救急解纷而已。（《历书》）4. 1259

⑥ 表示被动。已见第三节，这里略。

（二）〔形·"於"·宾〕形容词谓语后的"'於'·宾"主要作用是：

㊀ 表示比较，引进比较的对象。

表示前后两项等同的比较，形容词多为"拟"、"侔"等。如：

（1）且褒斜材木竹箭之饶拟於巴蜀。（《河渠书》）4. 1411

（2）昔者管仲相齐桓，霸诸侯，有九合一匡之功，而仲尼谓之不知礼，以其奢泰侈拟於君故也。（《平津侯主父列传》）9. 2963

（3）赵名晋卿，实专晋权，奉邑侔於诸侯。（《赵世家》）6. 1792

表示前后两项不同的比较，形容词为"异"等，如：

（4）周公旦者，周武王弟也。自文王在时，旦为子孝，笃仁，异於群子。（《鲁周公世家》）5. 1515

表示甲甚於乙。如：

（5）沛公曰："孰与君少长？"良曰："长於臣。"（《项羽本纪》）1. 312

（6）此其故何哉？非权轻於匹夫而兵弱於陈涉也。（《平津侯主父列传》）9. 2956

表示某项对象（包括人、行为或事物等）在同类中为最高级。如：

（7）世功莫大於高皇帝，德莫盛於孝文皇帝。（《孝文本纪》）2. 436

（8）祸莫大於杀已降。（《李将军列传》）9.2874

"已降"指已经投降的人。

《左传》中"於"表示比较，主要用于表示甲、乙等同或互异，以及甲甚於乙的比较句；表示最高级的比较仅见一例。而《史记》中"於"却常用于最高级的比较句。

㈡ 表示与事物的某种性质或状态有关的方面。如：

（1）忠言逆耳利於行，毒药苦口利於病。（《留侯世家》）6.2037

（2）屈原……明於治乱，娴於辞令。（《屈原贾生列传》）8.2481

（3）孔子……已而去鲁，……困於陈、蔡之间。（《孔子世家》）6.1909

（三）〔数词·"倍"·"於"·宾〕表示倍数。这也是一种比较，只不过不是性质、状态的比较，而是甲乙两方地域或其他实力的比较，"於"引进的往往是较弱的一方。如：

（1）臣窃以天下之地图案之，诸侯之地五倍於秦，料度诸侯之卒十倍於秦，六国为一，并力西乡而攻秦，秦必破矣。（《苏秦列传》）7.2248

（2）天下安宁有万倍於秦之时。（《淮南衡山列传》）10.3087

这种句式在《左传》尚未形成，《左传》不用"於"引进比较的对象，只有〔数词·"倍"·名〕式。如：

（3）师少於我，闻士倍我。（僖15）1.355

（4）若能孝敬，富倍季氏可也。奸回不轨，祸倍下民可也。（襄23）3.1080

自从"於"用于表倍数的句式后，这种句式一直沿用不衰，直到今天，它仍然是有生命力的。

6.1.2　〔D·"于"·宾〕

"于"在《左传》中出现次数仅稍次於"於"，"於"出现1764次，"于"1442次；而在《史记》中，"于"大大减少，据我们对第八册的统计，"於"为560次，"于"仅11次。在《左传》中已能看出的"於"取代"于"的趋势，到《史记》时就变得十分明显了。《史记》全书的"于"大约还有二三百例，主要出现在对秦以前人物的记载中，很可能与古代史册的文字有关。它的用法大致是：

（一）引进与动作行为有关的处所。如：

（1）北至于**幽陵**，南至于**交阯**，西至于**流沙**，东至于**蟠木**。（《五帝本纪》）1.11

（2）帝禹东巡狩，至于**会稽**而崩。（《夏本纪》）1.83

（3）甲午，田常弑简公于**徐州**。（《齐太公世家》）5.1512

以上几例中的"于"所引进的都是专名，这是"于"的主要用法。它不像"於"那样灵活，可以引进各种表处所的词或短语，这大概是它逐渐被"於"取代的原因之一。但它也引进一些表处所的普通名词，如：

（4）使布五教于**四方**。（《五帝本纪》）1.35

（5）舜入于**大麓**，烈风雷雨不迷，尧乃知舜之足授天下。（《五帝本纪》）1.38

麓：山脚。

"於"在表示动作行为的方向时可表"从"、"自"或"到"、"至"两种相反的方向，而"于"则常常只表"到"、"至"。这一特点在《左传》中表现得很清楚，在《史记》中还可以看到。但因《史记》中表示"从"、"自"意义时常用介词"从"、"自"，所以"於"的这种用法也就不多见了。

（二）引进与动作行为有关的对象。如：

（1）舜乃在璿玑玉衡，以齐七政。遂类于**上帝**，禋于**六宗**，望于**山川**，辩于**群神**。（《五帝本纪》）1.24

（2）诸樊知季子札贤而不立太子，以次传三弟，欲卒致国于**季子札**。（《刺客列传》）8.2517

（三）引进有关的时间。如：

朕即位十三年于**今**，赖宗庙之灵，社稷之福，方内艾安，民人靡疾。（《封禅书》）4.1381

注意在动词谓语前面只见到"於今"（见"状语"部分的"於·宾"）。"于"一般不用于谓语前面（固定格式中的"于"或引自古籍的例句除外），这一规律与《左传》一致。

（四）"于"用于固定格式之中。

"于"与"至"组成固定格式"至于"。"至于"运用的范围很广，可以引进人物、时间、处所，或表示程度等。固定格式在保持古代语言成分方面，具有巨大的稳定性，常常经久不变，像"于"在"至于"这个固定格式中就很"安全"。如：

〔"至于"·表人物的名词〕：

（1）至秦有天下，悉内六国礼仪，采择其善，虽不合圣制，其尊君抑臣，朝廷济济，依古以来。至于高祖，光有四海，叔孙通颇有所增益减损，大抵皆袭秦故。（《礼书》）4.1159

〔"至于"·表时间的词或短语〕：

（2）朕为始皇帝，后世以计数，二世三世至于万世，传之无穷。（《秦始皇本纪》）1.236

〔"至于"·处所词〕：

（3）北至于幽陵，南至于交阯，西至于流沙，东至于蟠木。（《五帝本纪》）1.11

〔"至于"·代词〕：

（4）汉王授我上将军印，予我数万众，解衣衣我，推食食我，言听计用，故吾得以至于此。（《淮阴侯列传》）7.2622

"至于"还和"自"组成"自…至于…"的惯用格式：

（5）自君卿以下至于众庶，人怀自危之心。（《秦始皇本纪》）1.284

6.1.3 〔D·"以"·宾〕

〔"以"·宾〕用于谓语中心成分后作补语，在《左传》中约225次，约为〔"以"·宾〕用作状语的四分之一。 《史记》用作补语的〔"以"·宾〕更少于作状语的，但用法很灵活。除用在动词谓语后作补语外，还有出现在名词后的。下面分别介绍：

（一）〔动·"以"·宾〕

㊀引进动作行为的工具或方法。

（1）汉元年十月，沛公兵遂先诸侯至霸上。秦王子婴素车白马，系颈以组，封皇帝玺符节，降轵道旁。（《高祖本纪》）2.362

（2）倒置干戈，覆以虎皮。（《留侯世家》）6.2041

（3）魏齐大怒，使舍人笞击睢，折胁摺齿。睢详死，即卷以箦，置厕中。（《范雎蔡泽列传》）7.2401

（4）阴阳相摩，天地相荡，鼓之以雷霆，奋之以风雨，动之以四时，煖之以日月，而百化兴焉，如此则乐者天地之和也。（《乐书》）4.1195

（5）汉兴，孝文施大德，天下怀安。至孝景，不复忧异姓，而晁错

刻削诸侯，遂使七国俱起，合纵而西向，以诸侯太盛，而错为之不以渐也。（《孝景本纪》）2.449

这个例句比较特别，在〔"以"·宾〕和谓语"为之"之间有一个否定副词"不"，这种情况很少见；同时，"以"的宾语是一个表程度或速度的副词，这也是不多见的。"错为之不以渐"意思就是说晁错在削减诸侯势力时没有采取逐渐（进行）的办法。

㊂引进动作行为直接支配的对象。这类句子常可转换为双宾式。

（1）人主不德，布政不均，则天示之以灾，以诫不治。（《孝文本纪》）2.422

"示之以灾"可转换为"示之灾"。

（2）张良是时从沛公，项伯乃夜驰之沛公军，私见张良，具告以事，欲呼张良与俱去。（《项羽本纪》）1.311

"具告以事"可转换为"具告之事"。

（3）楚庄王之时，有所爱马，衣以文绣，置之华屋之下，席以露床，啗以枣脯。（《滑稽列传》）10.3200

"衣以文绣"可转换为"衣之文绣"，"席以露床"——"席之露床"；啗以枣脯——啗之枣脯。

（4）於是桓公称曰："……吾欲封泰山，禅梁父。"管仲固谏，不听；乃说桓公以远方珍怪物至乃得封，桓公乃止。（《齐太公世家》）5.1491

此例中"以"的宾语"远方珍怪物至（，）乃得封"是一个复句，也就是管仲劝谏桓公的内容。在表示劝说、责数、告诉等动词后的"以"往往引进一些比较复杂而冗长的宾语，在《左传》中已有这种现象，如：

（5）三月丙午，入曹，数之以其不用僖负羁而乘轩者三百人也。（僖28）1.453

㊂引进动作行为进行的时间。如：

（1）朝以十月。（《高祖本纪》）2.394

意思是每年十月诸侯王到京城朝见皇帝。汉初承秦制，以十月（亥月）为岁首，但仍名十月。"朝以十月"即"朝於正月"之意。

（2）来则风肃然，居室帷巾。时昼言，然常以夜。（《封禅书》）4.1388

（二）〔名·"以"·宾〕

㊀ 名词后面接〔"以"·宾〕，表示有关对象在一定条件下的状态，或表示物件的大小。如：

（1）王益严，国人莫敢言，道路以目。厉王喜。（《周本纪》）1.142

"道路"表示处所，"道路以目"意指人们在道路上相遇时，由于敢怒而不敢言，只能用眼睛相互致意传神。这种句式或许可以视为省略了动词谓语，前人有这样理解的，如韦昭注《国语·周语上》的"道路以目"就说："以目相盼而已。"但为了便于理解在注释时加上动词，并不能等于原句的结构，我们认为不把"道路以目"视为省略动词，也许更符合原句的实际情况。又如：

（2）汉遗单于书，牍以尺一寸。（《匈奴列传》）9.2899

"牍"指古代写字用的木简。"以尺一寸"表示木简的长短规格。

㊁ 表示有关的原因。如：

孔子曰："后世知丘者以《春秋》，而罪丘者亦以《春秋》。"（《孔子世家》）6.1944

这例的大意是说，后世了解我孔丘的人是由于《春秋》，而责怪我的人也是由于《春秋》。（另一种分析法是，把"者"视为助词，"知丘者"意思是"了解我孔丘（的原因）"。）

6.1.4　〔D·"乎"·宾〕

"乎"作介词，《左传》只有极个别例句，如：

无亦监乎若敖、蚡冒至于文武。（昭23）4.1448

而《史记》却有不少，这是《史》、《左》介词明显区别之一。

《史记》介词"乎"有以下一些用法：

（一）〔动·"乎"·宾〕

㊀ 引进与动作行为有关的处所。如：

（1）如此弗禁，则主势降乎上，党与成乎下，禁之便。（《秦始皇本纪》）1.255

（2）一奏之，有玄鹤二八集乎廊门；再奏之，延颈而鸣，舒翼而舞。（《乐书》）4.1236

（3）宁赴常流而葬乎江鱼腹中耳，又安能以皓皓之白而蒙世俗之温蠖乎！（《屈原贾生列传》）8.2486

（4）於乎征从齐鲁之儒生博士七十人，至乎泰山下。（《封禅

书》）4.1366

㈡引进与动作行为有关的对象。如：

（1）郊畴乎天子，社至乎诸侯。（《礼书》）4.1168

（2）其后百有余年而孔子论述六艺，传略言易姓而王，封泰山禅乎梁父者七十余王矣。（《封禅书》）4.1363

㈢引进动作行为的受事者。与"於"的这项用法相似。如：

（1）明象乎日月，而庙乐不称，朕甚惧焉。（《孝文本纪》）2.436

（2）明乎商之诗者，临事而屡断；明乎齐之诗者，见利而让也。（《乐书》）4.1233

㈣引进与动作行为有关的方面。如：

（1）黎民得离战国之苦，君臣俱欲休息乎无为。（《吕太后本纪》）2.412

（2）凡礼始乎脱，成乎文，终乎税。（《礼书》）4.1170

"脱"表示"疏略"的意思，"文"表示"文饰"，"税"表示和悦。

㈤引进动作行为的施动者，表示被动。如：

（1）已而去鲁，斥乎齐，逐乎宋、卫，困於陈、蔡之间。（《孔子世家》）6.1909

（2）万石君以孝谨闻乎郡国，虽齐鲁诸儒质行，皆自以为不及也。（《万石张叔列传》）9.2764

意思是说郡国都听到万石君的孝谨。但此例的郡国似也可表示处所、范围。像我们今天所说的"闻名於天下"，"天下"既可认为是指"天下的人"，也可认为是表示闻名的范围。但无论何种解释，都不否认这是被动句式。

从以上"乎"的各项用法看来，它和"於"比较相似。但有一条和"於"截然不同，即"乎"不用於谓语前面，在这方面，"乎"又跟"于"一致。

6.1.5　〔D·"自"·宾〕

《左传》〔"自"·宾〕共出现230次，在动词前的约有160次；在动词后的约70次，占"自"总数的三分之一强。而《史记》的〔"自"·宾〕绝大多数都在动词前面，位於动词后的很少见。但在仅有的少数例句中，用法却不单一。具体情况如下：

（一）表示动作行为由谁开始。如：

（1）大宛之迹，见自张骞。（《大宛列传》）10.3157

（二）表示起自什么出身。如：

（2）高帝曰："嗟乎，有以也夫！起自布衣，兄弟三人更王，岂不贤乎哉！"（《田儋列传》）8.2648

（三）表示动作行为开始的处所。如：

（3）故孔子不仕，退而脩诗书礼乐，弟子弥众，至自远方，莫不受业焉。（《孔子世家》）6.1914

6.1.6 〔D·"诸"·宾〕

介词"诸"是"之于（於）"的合音字，在用法上往往既包括前面动词的宾语"之"，又包括介词"于（於）"。它只出现在动词之后，在《左传》中用得不算少，共出现259次。在《史记》中甚为少见，用法与《左传》基本一致。

（一）引进与动作行为有关的处所。如：

（1）公与妇人饮酒於檀台，成子迁诸寝。（《齐太公世家》）5.1510

（2）国人追之，败诸姑蔑。（《孔子世家》）6.1916

（二）引进与动作行为有关的人物。如：

由闻诸夫子，其身亲为不善者，君子不入也。（《孔子世家》）6.1924

（三）引进与动作行为有关的其他方面。如：

举直错诸枉，则枉者直。（《孔子世家》）6.1935

6.1.7 〔D·"在"·宾〕

《左传》的介词"在"出现不多，共39次，有19次在动词之后。《史记》的"在"出现很少，用于动词后的，都引进动作行为的处所。如：

（1）初，白公父建亡在郑，郑杀之。（《楚世家》）5.1718

（2）是时桓楚亡在泽中。（《项羽本纪》）1.297

6.1.8 〔D·"及"·宾〕

"及"作介词在《左传》中出现304次，在动词前者282次；在动词后者22次。《史记》中"及"用于动词之后的，只见到少数几个，如：

谋及夫人，死固宜哉！（《郑世家》）5.1762

6.1.9   〔D·"由"·宾〕

《左传》的介词"由"共出现 18 次，都在动词之前。《史记》的"由"大都在动词前面，偶然也有位于动词后者。如：

（1）十一月，上废栗太子，窦太后心欲以孝王为后嗣。大臣及袁盎等有所关说於景帝，窦太后义格，亦遂不复言以梁王为嗣事由此。以事秘，世莫知。（《梁孝王世家》）6.2084

此例中的"由此"在理解时可前置："由此遂不复言……。""由此"在动词后的例句很少见。

6.1.10   〔D·"焉"〕

"焉"在用法上，有时相当"於+是（此）"，《左传》中有这样的例句。如：

（1）制，岩邑也；虢叔死焉，他邑唯命。（隐公₁）1.11

"虢叔死焉"意即"虢叔死於是"。

《史记》中也有少数这样的例子，如：

（2）匡人闻之，以为鲁之阳虎。阳虎尝暴匡人，匡人於是遂止孔子。孔子状类阳虎，拘焉五日。（《孔子世家》）6.1919

"拘焉五日"意即"拘於是五日"，即被拘留在匡五天。

6.1.11   〔D·"抵"·宾〕

表示到达的处所，"抵"有"到"意。如：

（1）项梁尝有栎阳逮，乃请蕲狱掾曹咎书抵栎阳狱掾司马欣，以故事得已。（《项羽本纪》）1.296

（2）外黄富人女甚美，嫁庸奴，亡其夫，去抵父客。（《张耳陈余列传》）8.2571

两例的"抵"所带宾语都是以人物表处所。

6.2   不用介词引进的补语。

这一类补语指的是不用介词引进的补语成分，它们表示动作行为的处所、有关对象、时间、动量或距离、原因、方法等。《史记》中这类补语很多，运用得生动活泼，形成《史记》的一个特色。下面按补语所表示的各种对象，分别介绍于下：

6.2.1　〔动（宾）·补（处所）〕

（一）〔动·"之"·补〕

《左传》有这类例句，如：

（1）诱子华而杀之南里。（宣3）2.674

但不多见。《史记》里这类例句却有不少。如：

（2）周武王於是遂率诸侯伐纣，纣亦发兵距之牧野。甲子日，纣兵败。……周武王遂斩纣头，县之大白旗。（《殷本纪》1.108

"大白旗"在这里表示"纣头"悬挂的处所。

（3）秦果悉起兵益章邯，击楚军，大破之定陶，项梁死。（《项羽本纪》）1.303

（4）逐产，杀之郎中府吏厕中。（《吕太后本纪》）2.410

意思是把吕产杀死在郎中令官府的厕所之中。

（5）丁丑，赵王幽死，以民礼葬之长安民冢次。（《吕太后本纪》）2.404

意思是按民间葬礼把赵王埋葬在长安百姓坟墓的旁边。

（6）期年，缪公知之，举之牛口之下，而加之百姓之上。（《商君列传》）7.2234

（7）动发举事，犹如运之掌中。（《滑稽列传补》）10.3206

（二）〔动·宾（名）·补〕

这类句式的特点是动词的宾语为名词或名词短语，它直接和后面表处所的补语连在一起。这种句式中的补语不如上面〔动·"之"·补〕式中的补语易于辨别。《左传》中没有见到这种句式，但在《史记》中〔动·宾（名）·补〕却比〔动·"之"·补〕式要多得多，是《史记》与《左传》在补语格式上的一个重要区别，研究《史记》语法特点，对此不可不予重视。同时了解这一特点对我们阅读《史记》也会有所帮助。有时宾语与补语的界限不好掌握，辨别动词的宾语与补语，可以采取从后面向前搜寻的办法，把后面表处所的补语分析出来，在理解时可在表处所的词语前加个"於"，意思就很清楚了。

㊀有些表处所的词本身就是专有名词，比较容易辨别。如：

（1）纣囚西伯羑里。（《殷本纪》）1.106

（2）雨金栎阳。（《秦本纪》）1.201

（3）枭故塞王欣头栎阳市。（《高祖本纪》）2.377

意思是把塞王司马欣的头割下来高挂在栎阳市的街头示众。

（4）高祖与诸侯兵共击楚军，与项羽决胜垓下。（《高祖本纪》）2.378

㈢ 多数表处所的补语是普通名词或其短语。如：

（1）其北有大月氏、康居之属，兵强，可以赂遗设利朝也。（《大宛列传》）10.3166

意思是可以在朝廷上赠送礼品、给以好处。

（2）令平阳侯告卫尉："毋入相国产殿门。"（《吕太后本纪》）2.409

意思是不准相国吕产进入宫殿门。

较多的情况是表处所的短语由"名词"加"方位词"构成。如：

（1）瑕立申阳者，张耳嬖臣也，先下河南，迎楚河上。（《项羽本纪》）1.316

（2）会饮，田乞盛阳生橐中。（《齐太公世家》）5.1507

意思是田乞把阳生装在袋里。

（3）然嬴欲就公子之名，故久立公子车骑市中，过客以观公子，公子愈恭。（《魏公子列传》）7.2378

意思是说侯嬴故意使魏公子的车骑久久待立在街中。

（4）其冬，公孙卿候神河南，言见仙人迹缑氏城上，有物如雉，往来城上。（《封禅书》）4.1396

"言见仙人迹缑氏城上"，意思是公孙卿说他看见有仙人足迹在缑氏城上。类似的用法如：

（5）秦皇帝东游，良与客狙击秦皇帝博浪沙中，误中副车。（《留侯世家》）6.2034

（6）於是项梁然其言，乃求楚怀王孙心民间。（《项羽本纪》）1.300

意思是说项梁就在民间寻找楚怀王的孙子熊心。"楚怀王孙心"是"求"的宾语，"民间"是补语。

有些补语是有助词"之"组成的名词短语，如：

（1）迁生龙门，耕牧河山之阳。（《太史公自序》）10.3293

（2）休马华山之阳……放牛桃林之阴。（《留侯世家》）6.2041

（3）而群臣采封禅《尚书》、《周官》、《王制》之望祀射牛事。（《封

禅书》）4.1397

意思是说群臣从《尚书》、《周官》、《王制》所记载的祭祀、射牛活动中搜集如何进行封禅大典的参考资料。

（三）〔动·补〕

这类句式的特点是动词后面没有宾语，直接和表处所的补语连接。《左传》已有这种句式，如：

（1）必死是间，余收尔骨焉。（僖32）1.491

（Z）齐高固入晋师，桀石以投人，禽之而乘其车，系桑本焉，以徇齐垒。（成2）2.791

但并不多见，《史记》中这种句式很不少，如：

㊀补语为表处所的专名，如：

（1）陈胜葬砀，谥曰隐王。（《陈涉世家》）6.1958

（2）高祖十二年四月甲辰崩长乐宫，太子袭号为帝。（《吕太后本纪》）2.396

（3）汉王将数十万之众，……一日数战，无尺寸之功，折北不救，败荥阳，伤成皋，遂走宛、叶之间，此所谓智勇俱困者也。（《淮阴侯列传》）8.2623

意思是说汉王在荥阳被打败，在成皋负伤，逃跑到宛、叶两县之间。

（4）蒙恬为秦将，北逐戎人，开榆地数千里，竟斩阳周。（《项羽本纪》）1.308

"竟斩阳周"，意思是说蒙恬最终还是在阳周被斩。

（5）死长安即葬长安，何必来葬为？（《吴王濞列传》）9.2823

"死长安即葬长安"，意思是说死在长安就葬在长安。

（6）夫汉与楚相对荥阳数年，军无见粮，萧何转漕关中，给食不乏。（《肖相国世家》）6.2016

"转漕"，车运粮饷叫"转"，水运叫"漕"。意思是说萧何用车船把粮食从关中运往前方。

㊁补语是名词加方位词，如：

（1）行未至陈，楚王信果郊迎道中。（《陈丞相世家》）6.2057

（2）即令师涓坐师旷旁，援琴鼓之。（《乐书》）4.1235

（3）乃丹书帛曰"陈胜王"，置人所罾鱼腹中。（《陈涉世

家》）6.1950

意思是把写了红字的丝绸放在别人用网打上来的鱼的肚子里。

㈢ 有时只有一个方位词作补语，如：

（1）平畏谗之就，因固请得宿卫中。（《陈丞相世家》）6.2059

意思是说陈平害怕吕须的谗言能够成功，就坚决请求使他得在宫中住宿、守卫。《史记》里的"中"常常就指"宫中"。又如：

（2）浑邪王与休屠王等谋欲降汉，使人先要边。（《卫将军骠骑列传》）6.2933

意思是说派人先在边境上要候汉人，言其欲降。

㈣ 补语由两层表处所的词语组成，往往是范围较大的处所在前，具体而微的处所在后，如：

（1）项羽乃与期洹水南殷虚上。（《项羽本纪》）1.310

（2）当是时，汉伏兵车骑材官三十余万，匿马邑旁谷中。（《韩长孺列传》）9.2862

㈤ 动词后两层补语，一表处所，一表时间或条件等等；往往表处所的在前。如：

（1）今先生处胜之门下三年於此矣。（《平原君虞卿列传》）7.2366

"胜之门下"表处所；"三年於此"表时间，其中"於此"又作"三年"的补语。

（2）必树吾墓上以梓，令可以为器。（《伍子胥列传》）7.2180

"吾墓上"表处所，"以梓"表示条件。

值得注意的是，在以上表处所的补语中，很多都是"名词＋方位词"的名词短语，这些补语比较容易辨认，因为方位词本身往往就是处所的标志。这是语言内部的一种自我区别的特性。

（四）〔形·补〕

形容词后面也有不带介词的处所补语，表示某种状态存在的范围。读时如果不加小心，就可能误把形容词当成后面名词的定语。如：

（1）仲尼畏匡，菜色陈蔡。（《游侠列传》）10.3182

"菜色陈蔡"不是说陈蔡是菜色的，而是说孔子曾"菜色於陈蔡"，在陈蔡吃过苦、受过饿。

（2）荣华道路，立名当世。（《滑稽列传补》）10.3208

"荣华道路"不是"荣华的道路"，而是形容东郭先生做了大官之后，在道路上受人尊重的样子。可理解为"荣华於道路"。又如：

（3）市乱，民莫安其处。（《循吏列传》）10.3100

意思是说人民没有谁能在自己的处所安定居处。

（五）〔代·补（处所）〕

代词后面带表处所的补语，这种例句不多见。如：

（楚）又移兵而攻齐，齐王患之。……陈轸曰："王勿忧，请令罢之。"即往见昭阳军中，曰："愿闻楚国之法，破军杀将者何以贵之？"昭阳曰："其官为上柱国，封上爵执珪。"陈轸曰："其有贵於此者乎？"昭阳曰："令尹。"陈轸曰："今君已为令尹矣，此国冠之上。"（《楚世家》）5.1722

"此国冠之上"，"此"是中心成分"国冠之上"是补语。意思是说，"令尹"已经是在国冠之上，不能比这再尊贵了。

6.2.2　〔动（宾）·补（对象）〕

（一）〔动（宾）·补〕

这类句式的补语有两种情况：

㊀补语是动作的施动者。若把它理解为动词的宾语，意义就正好相反。应结合上下文义细加区别。如：

（1）食其故得幸太后，常用事，公卿皆因而决事。（《吕太后本纪》）2.400

"幸"是"宠信"的意思。不是审食其宠信太后，而是太后宠信审食其。"太后"不是"幸"的受事宾语，而是施动者。理解句意时应在"太后"前加"於"，就成了常见的被动句式。又如：

（2）纵有姊姁，以医幸王太后。（《酷吏列传》）10.3144

（3）且下之化上疾於影响，举错不可不审也。（《张释之冯唐列传》）9.2752

"下之化上"意即"下之化於上"。如果不把"化上"理解为被动式，而以"上"为"化"的宾语，意义就颠倒了。

（4）至汉兴，高祖至暴抗也，然籍孺以佞幸；孝惠时有闳孺。此两人非有材能，徒以婉佞贵幸，与上卧起，公卿因关说。故孝惠时郎侍中皆冠鵔鸃，贝带，傅脂粉，化闳、籍之属也。（《佞幸列传》）10.3191

"化阂、籍之属"意即"化於阂、籍之属"。意思是说官吏们受了阂孺、籍孺的影响，而不是相反。细读上文，意义自明。又如：

（5）而胡降者皆衣食县官，县官不给，天子乃损膳，解乘舆驷，出御府禁藏以赡之。（《平准书》）4.1425

"衣食县官"即"衣食於县官"，"县官"指朝庭。"衣食"在这里活用作动词，意即"靠着朝廷穿衣吃饭。"

（6）项羽已杀卿子冠军，威震楚国，名闻诸侯。（《项羽本纪》）1.307

"名闻诸侯"——"名闻於诸侯"。

总之，《史记》被动句里的施动者有用"於"引进的，也有省去了这个"於"的，因此对形式上的"动·名（对象）"要细加分辨，不要轻易把它当作动宾关系。特别在理解上遇到困难时，不妨在"名"前加个"於"试一试，看它能否转换成"动於名（施动者）"这样的被动式，而意义与上下文相吻合。

㈡补语是与动作行为有关的对象，但不是受事宾语。如果在补语前加个"於"，意义就立即明朗了。如：

（1）足下自以为善汉王，欲建万世之业，臣窃以为误矣。（《淮阴侯列传》）8.2624

"善"在这里是动词，"善汉王"相当于"善於汉王"，意即与汉王友好。如果把"汉王"当作"善"的受事宾语，"善汉王"就可能有"以汉王为善"的意思。从此例的上下文看，"善汉王"的语法关系和意义属于前者。

（2）淳于髡者，齐之赘婿也。长不满七尺，滑稽多变，数使诸侯，未尝屈辱。（《滑稽列传》）10.3197

"数使诸侯"——"数使於诸侯"，意即"数次出使到诸侯国去"。

（3）程郑，山东迁虏也，亦冶铸，贾椎髻之民，富埒卓氏，俱居临邛。（《货殖列传》）10.3278

"椎髻"，如椎形的发髻；这里指南越人。"贾椎髻之民"相当于"贾於椎髻之民"，意即与南越人通商做生意，而不是买卖椎髻之民，作人贩子。

有时补语为处所词，实际代表人物；或者可以两解。如：

（4）及建元二年，御史大夫赵绾请无奏事东宫。（《魏其武安侯列传》）9.2843

"奏事东宫"解作"向东宫（太子）奏事"和"到东宫奏事"都不违背原意。而这两种解释都是把"奏事东宫"当作"奏事於东宫"来理解的。

（5）匈奴来请和亲，群臣议上前。（《酷吏列传》）10.3141

"上前"即"皇帝面前"。

有时动词后有两层补语，一层引进人物，一层引进处所；引进人物的补语在前，省略介词"於"，引进处所的补语在后，用"於"引进：

（6）臣闻明月之珠，夜光之璧，以闇投人於道路，人无不按剑相眄者。（《鲁仲连邹阳列传》）8.2476

"投人"相当于"投於人"，即"扔给人"的意思，而不是"把人扔出去"。

（二）〔形·补〕

形容词后面紧接着表对象的补语，这种句式的补语往往代表比较的对象。如：

（1）德厚侔天地，利泽施四海。（《孝文本纪》）2.436

"侔"是"齐等"的意思。"天地"在这里代表比较的对象。此例是表示前后两项等同的比较，还有表示甲甚於乙的比较，又如：

（2）所斩捕功已多大将军。（《卫将军列传》）9.2936

（3）子贱为单父宰，反命於孔子，曰："此国有贤不齐者五人，教不齐所以治者。"（《仲尼弟子列传》）7.2207

"子贱"是"不齐"的字。"贤不齐"即"贤於不齐"。

（4）专趋人之急，甚己之私。（《游侠列传》）10.3184

"甚己之私"相当于"甚於己之私"。

（三）〔名·补〕

名词后面紧接补语，表示比较的对象。如：

昔者，齐王使淳于髡献鹄於楚。出邑门，道飞其鹄，……往见楚王曰："……故来服过，叩头受罪大王。"楚王曰："善，齐王有信士若此哉！"厚赐之，财倍鹄在也。　（《滑稽列传补》）10.3210 "财倍鹄在"——"财倍於鹄在"，淳于髡的钱财比鹄在时还多。"鹄在"，主谓结构作补语，直接与名词谓语（"倍"）连接，不多见。

以上所介绍的不由介词引进的表处所、对象的补语在《史记》中大量出现，这与《左传》主要运用介词引进补语的情况有很大不同，是《史记》语法上的一个重要特点，也是阅读《史记》时须特别留意的问题之一。

6.2.3 〔动·（宾）·补（时间）〕

这类句式有两个特点，第一，其中的时间词补语大都表示动作或状态延续的时间，即"时段"；少数表示动作发生的时间即"时点"。第二，无论在《左传》或在《史记》中，表时段的补语一般都不由介词引进。《左传》的例子如：

（1）待我二十五年，不来而后嫁。（僖公23）1.405

（2）亡十九年，守志弥笃。（昭公13）4.1352

《史记》中这类补语很多，基本特点与《左传》一致，如：

（3）明日，秦人皆趋令。行之十年，秦民大悦。（《商君列传》）1.2231

（4）吾求公数岁，公避逃我，今公何自从吾儿游乎？（《留侯世家》）6.2047

（5）初，骞行时百余人，去十三岁，唯二人得还。（《大宛列传》）10.3159

（6）上庸地动二十二日，坏城垣。（《孝景本纪》）2.447

表"时点"的补语多用介词"於"、"于"引进，（已见介词"於"、"于"的介绍）；也有少数不用介词引进者，将介绍于下。

下面着重谈三点：

（一）表"时段"补语的几种比较特殊的句式。

㊀ 时间补语出现在连动式的第一个动词或动宾之后。如：

徒用所赐钱帛，取少妇於长安中好女；率取妇一岁所者即弃去，更取妇。（《滑稽列传补》）10.3205

㊁ 时间补语出现在另一表结果或状态的补语之前①。如：

（1）行至安阳，留四十六日不进。（《项羽本纪》）1.305

---

① 如果把这类补语看作谓语，也是一种分析法。则时间补语位於两个动词谓语之间。

（2）烧秦宫室，火三月不灭。（《项羽本纪》）1.315

（3）故成、康之际，天下安宁，刑错四十余年不用。（《周本纪》）1.134

（4）卫鞅复见孝公，公与语，不自知膝之前於席也，语数日不厌。（《商君列传》）7.2228

以上诸例中的"不进"、"不灭"、"不用"、"不厌"都是表示动作行为的结果（或状态）的补语，它们在时间补语之后。这些补语大都由否定副词"不"加动词组成，但也有不用否定副词的，如：

（5）朔初入长安，至公车上书，凡用三千奏牍。……人主从上方读之，止，辄乙其处，读之二月乃尽。（《滑稽列传补》）10.3205

㈢ 动词（或动词短语）后有处所补语、时间补语或其他补语时，时间补语往往在处所补语（或其他补语）之后。如：

（1）然身披坚执锐首事，暴露於野三年，灭秦定天下者，皆将相诸君与籍之力也。（《项羽本纪》）1.316

（2）令行於民三年，秦民之国都言初令之不便者以千数。（《商君列传》）7.2231

㈣ 形容词后面带时间补语。如：

后三年十月，日月皆赤五日（《孝景本纪》）2.448

（二）表"时点"补语的特点。有时补语不表动作或状态延续多久，而表示动作发生的时间。这种时间补语大都由名词短语充当。如：

（1）郑君死孝文时。（《汲郑列传》）10.3112

（2）夫礼禁未然之前，法施已然之后；法之所为用者易见，而礼之所为禁者难知。（《太史公自序》）10.3298

（3）臣闻治之其未乱也，为之其未有也。（《苏秦列传》）7.2260

这类补语在《左传》里大都用介词引进。《史记》像这样表示动作发生的时间而不用介词引进的补语也不多见；在理解句意时，可在时间补语前加"於"。这就是"时段"、"时点"两种补语的形态区别。

（三）表"时段"补语的固定词组。表时间延续长短的补语，有些是固定词组。都不用介词引进。

比如表时间的短暂，常用复音词"须臾"：

（1）西门豹曰："诺，且留待之须臾。"（《滑稽列传补》）10.3212

（2）坐须臾，沛公起如厕，因招樊哙出。（《项羽本纪》）1.313

有时还用"如食顷"作补语，表示时间的短暂；

（3）出如食顷，秦追果至关。（《孟尝君列传》）7.2355

"如食"，动宾作定语，修饰"顷"。"如食顷"，意即"一顿饭的功夫"。

表时间的长久，用"久"、"弥久"、"良久"、"久之"……等。如：

（4）晋公子贤而困於外久。（《晋世家》）5.1659

（5）孔子循道弥久。（《孔子世家》）6.1914

（6）须贾待门下，持车良久。（《范雎蔡泽列传》）7.2413

（7）廉颇居梁久之，魏不能信用。（《廉颇蔺相如列传》）8.2448

"久之"中的"之"是助词，起加强语气的作用，突出时间的长久。

有时还用主谓结构的"日久"作补语，如：

（8）彼赵高素谀日久，今事急，亦恐二世诛之，故欲以法诛将军以塞责。（《项羽本纪》）1.308

表示时间的约数，用时间词加"所"（如上面例中的"一岁所"）或加"余"，组成名词性短语，如：

（9）与项羽相距岁余。（《高祖本纪》）2.372

6.2.4　〔动·（宾）·补（数量、价值或距离）〕

表示动作的数量或动作造成的距离，这样的补语《左传》也有，但为数不多，如：

（1）距跃三百，曲踊三百。（僖公28）1.454

（2）退一舍而原降。（僖25）1.435

《史记》这类补语较多，灵活多样，按照补语的作用，可分三类，分述于下：

（一）表示动作的数量。

（1）黎明，围宛城三匝。（《高祖本纪》）2.359

（2）项王军壁垓下，兵少食尽，汉军及诸侯兵围之数重。（《项羽本纪》）1.333

（3）高使人请子婴数辈，子婴不行。（《秦始皇本纪》）1.275

"数辈"似有"几批"之意。句意说赵高派出几批人去请子婴，子婴不肯出发。

（4）武王又射三发。（《周本纪》）1.124

（5）中贵人将骑数十纵，见匈奴三人，与战。（《李将军列传》）9.2868

"纵"，徐广注："放纵驰骋。""中贵人"，皇帝所宠幸的宦官。句意似是说中贵人率领骑兵纵马驰骋几十回。

（6）褒姒不好笑，幽王欲其笑万方，故不笑。（《周本纪》）1.148

"万方"，在这里作补语，表示幽王为了想让褒姒笑，用尽了办法。

（7）公子患之，数请魏王，及宾客辩士说王万端。（《魏公子列传》）7.2379

"说王万端"，表示用尽各种办法劝说魏王。

以上诸例的补语中都有动量词（如"匝"、"重"、"发"等）和表示动量的词语（如"辈"、"纵"、"万方"、"万端"等），这与《左传》是大不一样的，《左传》表示动作的数量只用数词，动量词尚未正式出现，仅有一个"发"字，是否动量词还有待讨论，例句仅有一个：

（8）必使先射，射三发，皆远许为。（哀16）4.1700

"发"在这里可以理解作动词，也可理解作量词。"发"在《左传》里，除此例外都用作动词，这个"发"很可能也是动词，但开始向动量词变化。到了《史记》中，"发"就成为名副其实的动量词，与动词"发"一分为二了。从中可以看出部分动量词由动词发展变化而来的轨迹。

《史记》也有些表示动量的补语只有数字、没有动量词，与《左传》相承。如：

（9）代王西向让者三，南向让者再。（《孝文本纪》）2.416

（二）表示动作行为所引出或涉及的对象的价值、大小、数量。这项补语与上项的区别是，这项补语不表示动作行为本身的数量，而表示动作行为所引出或涉及的对象的价值、大小、数量等。

（1）项王乃曰："吾闻汉购我头千金，邑万户，吾为若德。"乃自刎而死。（《项羽本纪》）1.336

（2）躁者有余病，即饮以消石一齐，出血，血如豆比五六枚。（《扁鹊仓公列传》）9.2806

意思是说血块跟豆子相比，有豆子五六粒那么大。

（3）一船之载当中国数十两车。（《淮南衡山列传》）10.3087

（4）贰师闻其家以巫蛊族灭，因并众降匈奴，得来还千人一两人耳。（《匈奴列传》）9.2918

意思是说贰师李广利率部下降匈奴之后，能够回到汉朝廷方面来的，一千人中只有一两个。

（三）表示动作行为所造成或与动作行为有关的距离或面积。如：

（1）又使骑都尉陵将步骑五千人，出居延北千余里，与单于会，合战。（《匈奴列传》）9.2918

（2）广令诸骑曰："前！"前未到匈奴阵二里所，止，令曰："皆下马解鞍！"（《李将军列传》）9.2868

"所"，表示约数。

（3）未至三十里，至尸乡厩置。（《田儋列传》）8.2648

（4）遣蒙恬筑长城，东西数千里，暴兵露师常数十万，死者不可胜数；僵尸千里，流血顷亩。（《淮南衡山列传》）10.3086

"僵尸"是动宾结构，与"流血"相对应。"僵"，有仆倒之意。"千里"、"顷亩"在此都表示面积之大。

（5）始皇欲游天下，道九原，直抵甘泉，迺使蒙恬通道，自九原抵甘泉，堑山堙谷千八百里。（《蒙恬列传》）8.2566

"堑"，与"壍"同，音 qian（欠），挖掘。堙，yīn（因），填塞。堑山堙谷，挖山填谷。"千八百里"作并列的动宾结构"堑山堙谷"的补语。"堑山堙谷"虽仅四字却使人深感劳动者的艰辛，再加上补语"千八百里"，更使人有了数量的印象，仅八个字的动补结构，却似有万钧之力。

（6）且陛下所以欲见我者，不过欲一见吾面貌耳。今陛下在洛阳，今斩吾头，驰三十里间，形容尚未能败，犹可观也。（《田儋列传》）9.2648

补语"三十里间"紧接动词"驰"之后，配合上下文，有很强的表现力。"形容"，指形体容貌。

（7）秦，形胜之国，带河山之险，县隔千里，……夫齐，……县隔千里之外。（《高祖本纪》）2.382

县，同悬。此例所表示的不是动作行为所造成的距离，而是指秦、齐位置距离之远。又如：

（8）大宛在匈奴西南，在汉正西，去汉可万里。（《大宛列传》）10.3160

以上补语都用于动词之后，还有一些表数量的补语用在形容词后面，如：

（1）籍长八尺余，力能扛鼎，才气过人。（《项羽本纪》）1.296

（2）晏子长不满六尺，身相齐相，名显诸侯。今者妾观其出，志念深矣，常有以自下者。今子长八尺，乃为人仆御，然子之意自以为足，妾是以求去也。（《管晏列传》）7.2135

此例以身长"不满六尺"和"八尺"形成鲜明对照。"不满六尺"，动宾结构作补语。

形容词的数量补语在《史记》里出现较多，运用得灵活而恰当，较之《左传》大进一步，丰富了语言的表达力。

6.2.5　〔动·（宾）·补（原因）〕

表原因的补语不由介词引进而直接和谓语连接，这种句式在《左传》中极难见到，而在《史记》中却有不少，值得注意。

（一）〔动·宾·补（原因）〕

这类句式中的谓语由动宾结构充任。宾语大都是代词"之"。常见的谓语动词有"得"和"失"等。如：

㊀〔"得"·"之"·补〕：

（1）病得之酒。（《扁鹊仓公列传》）9.2803

（2）病得之心忧。（同上）9.2799

（3）病得之流汗。（同上）9.2805

（4）病得之饮酒大醉。（同上）9.2805

（5）破石之病得之堕马僵石上。（同上）9.2810

（6）得之风及卧开口，食而不嗽。（同上）9.2806

（7）病得之沐发未乾而卧。（同上）9.2807

（8）奴之病得之流汗数出，炙於火而以出见大风也。（同上）9.2807

从以上例句可以看到，补语的构成相当丰富，有名词：酒；有主谓：心忧；有动宾：流汗；有动补：饮酒大醉；有两个动补组成的连动：堕马僵石上；有三个并列的动词谓语：风（作动词，受风之意）及卧开口，食而不嗽；有兼语式套着连动：沐发未乾而卧，"沐"与"卧"是连动；"沐发未乾"是兼语式，"发"是兼语；还有复句：流汗数出，炙於火而以出见大风也。如果拿这些例句与下面的对照：

（9）病蛲得之於寒湿，寒湿气宛笃不发，化为虫。（《扁鹊仓公列传》）9.2809

就可知道无论这些补语多么复杂，它们统统是表明动作行为的原因的，都可以在补语前加上介词"於"，转换为由介词引进的动补式。

○〔"失"·"之"·补〕：

（1）吾以言取人，失之宰予，以貌取人，失之子羽。（《仲尼弟子列传》）7.2206

此例大意是，以言语取人，就会因为宰予不善於辞令而失去了他；以相貌取人，就会因子羽其貌不扬而失去了他。

（2）相马失之瘦，相士失之贫。（《滑稽列传补》）10.3209

此例大意是，品相马的好坏，会由於嫌马瘦而失去好马；品相人的好坏，会因为嫌人穷而失去好人。

在补语前加介词"於"会有助於理解句意。

○ 以上〔动·宾·补〕中的"宾"均为代词"之"，还有名词作宾语的例子。如：

（1）吴王为反数十年矣，发怒削地，以诛错为名，其意非在错也。（《袁盎晁错列传》）8.2747

"发怒削地"不是连动，意思不是发怒而侵削土地，它相当于"发怒於削地"，意思说吴王因削减他的封地而恼怒。

（二）〔动·补（原因）〕

这类句式中的谓语是动词而不是动宾，常见动词有"病"、"生"等。如：

○〔"病"·补〕

（1）楚庄王之时，有所爱马……，马病肥死。　（《滑稽列传》）10.3200

（2）高后遂病腋伤。（《吕太后本纪》）2.405

（3）竟病酒而卒。（《魏公子列传》）7.2384

"病肥死"即相当于"病於肥而死"，意思是马由于太肥而病至死，或者，马得了肥胖病而死去。"病腋伤"相当于"病於腋伤"，意即因腋伤而病；"病酒"相当于"病於酒"，意即因嗜酒致病。

　　（二）〔"生"·补〕：

　　（1）咎生穷武之不知足，甘得之心不息也。（《律书》）4.1242

　　这个补语由一个动补短语"穷武之不知足"和一个"主谓"短语"甘得之心不息"构成，表示祸患发生的原因，而不是"生"的宾语。对比下面的例句：

　　（2）患生於多欲而人心难测也。（《淮阴侯列传》）8.2624

　　可知两例的句式基本一致，可以互相转换。

　　但像这样的例句就不能转换：

　　（3）故偏听生奸，独任成乱。（《鲁仲连邹阳列传》）8.2473

　　"偏听生奸"不能转换成"偏听生於奸"，因与上下文义不合。所以在分析时必须把形式与内容紧密结合起来。

　　（三）〔形·补〕

　　形容词谓语带补语表示原因的例句不多，主要的形容词有"苦"、"罢"等。如：

　　（1）魏文侯时，西门豹为邺令，……问之民所疾苦。长老曰："苦为河伯娶妇，以故贫。"（《滑稽列传补》）10.3210

　　"苦为河伯娶妇"相当于"苦於为河伯娶妇"。

　　（2）丁壮苦军旅，老弱罢转漕。（《项羽本纪》）1.328

　　此例相当于"丁壮苦於军旅，老弱罢於转漕"。"罢"，通"疲"。"转漕"从陆路、水路运送粮饷。

　　（3）庄生羞为儿子所卖。（《越王勾践世家》）5.1755

　　"羞为儿子所卖"相当于"羞於为儿子所卖"。

　　从以上举例可以看出，表示原因的补语，结构大都比较复杂，动词结构较多。这是这类补语的一个重要特点。

七　结果补语、趋向补语和程度补语的重大发展
——补语之二

　　表示动作行为结果、趋向和程度的补语与中心动词组成的"动补"

式，有些语法书叫做"使成式"。余健萍先生在《使成式的起源和发展》一文中说："使成式是汉语的特殊构造和重大发展之一，……在周代已经萌芽，历秦至汉应用日广，不是萌芽而是繁荣滋长起来了。……可以说，使成式的发展大约经过三千年了，并非'六朝才有它的萌芽'，也并非'古文中极少见，的"①《史记》动补式的发展情况足以证实余先生的说法。现将《史记》结果补语、趋向补语和程度补语的情况分别介绍于下。

7.1 结果补语的发展变化。

结果补语大都由动词或形容词充当，我们就把它分成两类来谈。

7.1.1 用作结果补语的动词。

《左传》的这类补语虽然很少，可以说还处于萌芽时期，但它们却是《左传》时期已有动补式的铁证，如：

（1）余姑翦灭此而朝食。（成2）2.791

（2）其名曰牛，卒以馂死。（昭5）4.1264

（3）余掖杀国子，莫余敢止。（僖25）1.430

在《史记》里，带结果补语的句式所在多有；用作补语的动词，范围也比《左传》扩大得多，常见的动词有"伤、杀、灭、死、败、破、断、绝、坏、中、降、堕、动、去、失、裂、怒、没、醉、郤、见、为、通、胜、定、得、碎、觉、起、止"等三十多个。下面分别介绍：

（一）"伤"

〔动·补（"伤"）·宾〕。以"伤"作补语的动词后面大都带有宾语。如：

（1）吴师败於檇李，射伤吴王阖庐。（《越王勾践世家》）5.1739

（2）吴王阖闾伐越，越王句践射伤吴王，遂死。（《楚世家》）5.1717

（3）昭王亡也至云梦。云梦不知其王也，射伤王。（《楚世家》）5.1715

（4）顷之，怨大将军青之恨其父，乃击伤大将军。（《李将军列传》）9.2876

（5）人有贼伤王后假母者，王疑太子使人伤之，笞太子。（《淮南衡

---

① 《语法论集》第二集，中华书局1957年版，第114—118页。

山列传》）10.3096

"伤"前的动词有"射"、"击"、"贼"等。

（二）"杀"

"杀"在动词后并非都作补语，有时与前面动词并列作谓语，如：

怀君三十一年，朝魏，魏囚杀怀君。（《卫康叔世家》）5.1604

"囚"、"杀"按行为的先后排列，表示两个各自独立的动作。

"杀"作补语时，前面的动词已包含"杀"意，"杀"的作用不表单独的动作而表前面动作的结果，其含意可与"死"替换。如：

"杀"出现在〔动·补（"杀"）·宾〕句式中：

（1）始皇……至之罘，见巨鱼，射杀一鱼。（《秦始皇本纪》）1.263

（2）广所居郡闻有虎，尝自射之。及居右北平射虎，虎腾伤广，广亦竟射杀之。（《李将军列传》）9.2872

（3）扁鹊名闻天下。……秦太医令李醯自知伎不如扁鹊也，使人刺杀之。（《扁鹊仓公列传》）9.2794

（4）至宜阳，为其主入山作炭，暮卧岸下百余人，岸崩，尽压杀卧者，少君独得脱。（《外戚世家》）6.1973

在〔动·补（"杀"）〕句式中，"动补"后面不带动词的宾语；它们前面大多以"自"为状语。如：

（5）涉间不降楚，自烧杀。（《项羽本纪》）1.307

（6）天子使宗正以符节治王，未至，淮南王安自刭杀。（《淮南衡山列传》）10.3094

（7）哀公自经杀。（《陈杞世家》）5.1581

（8）成王自绞杀。（《楚世家》）5.1699

出现在"杀"前的动词有"射、刺、压、烧、刭、经、绞"等。

（三）"灭"。以"灭"为补语的动词大都带有宾语，位于补语之后：〔动·补（"灭"）·宾〕，如：

（1）烹灭彊暴，振救黔首。（《秦始皇本纪》）1.249

（2）其冬，晋灭虢，虢公丑奔周。还，袭灭虞。（《晋世家》）5.1647

（3）简王元年，北伐灭莒。（《楚世家》）5.1719

（4）今陛下一徵兵於梁，彭王病不行，而陛下疑以为反，反形未见，以苛小案诛灭之，臣恐功臣人人自危也。（《季布栾布列传》）8.2734

（5）欲倚中国，击灭南越而并王之。（《南越列传》）9.2969

（6）秦拨去古文，焚灭《诗》、《书》。（《太史公自序》）10.3319

"灭"前的动词有"烹"、"袭"、"伐"、"诛"、"击"、"焚"等

（四）"死"。

〔动·补（"死"）·补〕，有些以"死"为补语的动词在"死"后带有第二层补语表示处所，有的由"於"引进，有的不用介词。如：

（1）武王已平殷乱，天下宗周，而伯夷、叔齐耻之，义不食周粟，隐於首阳山，采薇而食之。及饿且死，作歌。……遂饿死於首阳山。（《伯夷列传》）7.2123

（2）公子十二人僇死咸阳市，十公主砫死於杜。（《李斯列传》）8.2552

僇，通"戮"，杀戮，刑戮。砫，（zhé，音哲），与"磔"同，古今异字。是古代的一种酷刑，把肢体分裂。杜，地名。

（3）主父欲出不得，又不得食，探爵鷇而食之，三月余而饿死沙丘宫。（《赵世家》）6.1815

（4）则士伏死堀穴岩薮之中耳，安肯有尽忠信而趋阙下者哉！（《鲁仲连邹阳列传》）8.2478

（5）项梁败死定陶。（《韩信卢绾列传》）8.2631

〔动·补（"死"）〕"死"后没有处所补语，如：

（6）李同战死。（《平原君虞卿列传》）7.2369

（7）毋故士卒战死者数百人（《田叔列传》）7.2776

（8）管叔鲜作乱诛死，无后。（《管蔡世家》）5.1570

（9）吴王曰："……吾悔不用子胥之言，自令陷此。"遂自刭死。（《吴太伯世家》）5.1475

（10）吴大败，士卒多饥死。（《吴王濞列传》）9.2834

（11）臣闻饥人所以饥而不食乌喙者，为其愈充腹而与饿死同患也。（《苏秦列传》）7.2263

"乌喙"，一种毒药。

"死"前的动词有"饿"、"僇"、"砫"、"伏"、"败"、"战"、"诛"、"刭"、"饥"等。

（五）"败"

〔动·补（"败"）·宾〕。以"败"为补语的动词大部分在补语后带有宾语。如：

（1）齐田单以即墨击败燕军。（《燕召公世家》）5.1558

（2）齐湣王伐败赵、魏军，秦亦伐败韩，与齐争长。（《楚世家》）5.1723

（3）会暮，楼船攻败越人。（《南越列传》）9.2976

（4）宛兵迎击汉兵，汉兵射败之。（《大宛列传》）9.3177

〔动·补（"败"）·宾·补（处所）〕。有时在补语"败"和宾语的后面有第二层补语，表示处所，常由"于"或"於"引进。如：

（5）釐公十年，伐败齐于林营。（《燕召公世家》）5.1554

（6）二十三年，与秦击败楚於重丘。（《田敬仲完世家》）6.1898

"败"前的动词有"击"、"伐"、"攻"、"射"等。

（六）"破"

〔动·补（"破"）·宾〕。以"破"为补语的动词大都在补语后带有宾语。如：

（1）闻沛公已定关中，大怒，使黥布等攻破函谷关。（《高祖本纪》）2.364

（2）别攻破赵军，得其将司马二人，侯四人，降吏卒二千四百人。（《傅靳蒯成列传》）8.2710

（3）上欲自击陈豨，蒯成侯泣曰："始秦攻破天下，未尝自行。今上常自行，是为无人可使者乎？"（《傅靳蒯成列传》）8.2712

（4）（燕昭王）谓郭隗曰："齐因孤之国乱而袭破燕，……。"（《燕召公世家》）5.1558

（5）王恢数使，为楼兰所苦，言天子，天予发兵令恢佐破奴击破之。（《大宛列传》）10.3172

（6）诸尝使宛姚定汉等言宛兵弱，诚以汉兵不过三千人，彊弩射之，即尽虏破宛矣。（《大宛列传》）10.3174

〔动·补（"破"）·补（处所）〕。有时在补语"破"后还有第二层补语，表示处所。如：

（7）赵使廉颇将，击破栗腹於鄗。（《燕召公世家》）5.1559

〔动·补（"破"）〕。有时"破"后没有其他成分。如：

（8）济南王辟光，……十一年，与吴楚反。汉击破，杀辟光。（《齐悼惠王世家》）6.2010

（9）胶东王雄渠，……十一年，与吴楚反，汉击破，杀雄渠。（《齐悼惠王世家》）6.2012

"破"前的动词有"攻"、"袭"、"击"、"虏"等。

（七）"断"

〔动·补（"断"）·宾〕

以"断"作补语的动词后面常带宾语，如：

（1）主家令两人与骑奴同席而食，此二子拔刀列断席别坐。（《田叔列传》）9.2780

列，通"裂"。

（2）於是子路欲燔台，蒉聩惧，乃下石乞、壶黡攻子路，击断子路之缨。（《仲尼弟子列传》）7.2193

"断"前的动词有"列（裂）"、"击"等。

（八）"绝"

〔动·补（"绝"）·宾〕

以"绝"为补语的动词常带宾语，如：

（1）去辄烧绝栈道，以备诸侯盗兵袭之，亦示项羽无东意。（《高祖本纪》）2.367

（2）击绝楚饟道。（《傅靳蒯成列传》）8.2710

饟（xiǎng 音响），军粮。饟道，运送军粮的道路。

（3）高后时，有司请禁南越关市铁器。佗曰："高帝立我，通使物，今高后听谗臣，别异蛮夷，隔绝器物，此必长沙王计也。"（《南越列传》）9.2966

"绝"前的动词有"烧"、"击"、"隔"等。

（九）"坏"

〔动·补（"坏"）·宾〕

以"坏"为补语的动词常带宾语，如：

（1）堕坏城郭，决通川防，夷去险阻。（《秦始皇本纪》）1.252

此例中的"堕坏"与"决通"、"夷去"为并列的动补结构。

（2）朕与单于皆捐往细故，俱蹈大道，堕坏前恶，以图长久，使两

国之民若一家子。(《匈奴列传》) 9.2903

(3) 其秋，匈奴大入定襄、云中，杀略数千人，……行破坏光禄所筑列亭鄣。(《匈奴列传》) 9.2916

"坏"前的动词有"堕"、"破"等。

(十)"中"

〔动·补("中")·宾〕以"中"为补语的动词后面常带宾语，如：

(1) 项羽大怒，伏弩射中汉王。(《高祖本纪》) 2.376

(2) 与晋兵战鄢陵，晋败楚，射中共王目。(《楚世家》) 5.1703

"中"前的动词有"射"等。

(十一)"降"

〔动·补("降")·宾〕以"降"为补语的动词后面常带宾语，如：

(1) 击降殷王，定其地。(《樊郦滕灌列传》) 8.2668

(2) 陵食乏而救兵不到，虏急击招降陵。(《李将军列传》) 9.2878

(3) 以故满得兵威财物侵降其旁小邑。(《朝鲜列传》) 9.2985

"降"前的动词有"击"、"招"、"侵"等。

(十二)"堕"(duò)

〔动·补("堕")·宾〕以"堕"为补语的动词后面常带宾语，如：

(1) 楚骑追汉王，汉王急，推堕孝惠、鲁元车下，滕公常下收载之，如是者三。(《项羽本纪》) 1.323

此例宾语"孝惠、鲁元"后的"车下"为处所补语。

(2) 广暂腾而上胡儿马，因推堕儿，取其弓，鞭马南驰数十里，复得其余军。(《李将军列传》) 9.2871

"堕"前的动词有"推"等。

(十三)"动"

〔动·补("动")·宾〕以"动"为补语的动词常带有宾语，如：

(1) 武威旁畅，振动四极，禽灭六王。(《秦始皇本纪》) 1.250

(2) 汉兴兵诛郢，亦行以惊动南越。(《南越列传》) 9.2971

(3) 先王恶其乱，故制《雅》、《颂》之声以道之，使其声足以乐而不流，……足以感动人之善心而已矣。(《乐书》) 4.1220

〔动·补("动")·补〕有时在"动"后有第二层补语，由介词"於"引进，表示对象或处所。如：

（4）乐毅知燕惠王之不善代之，畏诛，遂西降赵。赵封乐毅於观津，号曰望诸君，尊宠乐毅以警动於燕、齐。（《乐毅列传》）7.2429

〔动·补（"动"）〕有时"动"后没有其他成分。如：

（5）天下莫不震动。（《乐毅列传》）7.2430

（6）太子天下本，本一摇天下振动，奈何以天下为戏！（《刘敬叔孙通列传》）8.2725

"动"前的动词有"振"、"驚"、"感"、"警"、"震"等。

（十四）"去"

"去"，表示动作行为趋向的，归入趋向补语；表示"除去"、"抛弃"一类意思的，归入结果补语，在这里介绍。

〔动·补（"去"）·宾〕以"去"为结果补语的动词常带有宾语。如：

（1）堕坏城郭，决通川防，夷去险阻。（《秦始皇本纪》）1.252

（2）始皇可其议，收去《诗》、《书》百家之语以愚百姓。（《李斯列传》）8.2546

（3）周道废，秦拨去古文，焚灭《诗》、《书》。（《太史公自序》）10.3319

（4）今蒙氏，秦之大臣谋士也，而主欲一旦弃去之，臣窃以为不可。（《蒙恬列传》）8.2568

〔动·补（"去"）〕有时"去"后没有其他成分，如：

（5）今上祷祠备谨，而有此恶神，当除去，而善神可致。（《秦始皇本纪》）1.263

"去"前的动词有"夷"、"除"、"收"、"拨"、"弃"、"除"等。

（十五）"怒"

〔动·补（"怒"）·宾〕以"怒"为补语的动词后面常带宾语，如：

（1）欲以激怒襄王，故对以此言。（《楚世家》）5.1731

（2）苏秦恐秦兵之至赵也，乃激怒张仪。（《苏秦列传》）7.2250

（3）酒行，太后谓嘉曰："南越内属，国之利也，而相君苦不便者，何也？"以激怒使者。（《南越列传》）9.2973

（4）范睢缪为曰："秦安得王？秦独有太后、穰侯耳。"欲以感怒昭王。（《范睢蔡泽列传》）7.2406

"怒"前的动词有"激"、"感"等。

（十六）"没"

〔动·补（"没"）〕

"没"作补语很少见，从现有例看，动词未带宾语，如：

父母宗族皆为戮没。（《刺客列传》）8.2532

（十七）"醉"

〔动·宾·补（"醉"）〕"醉"作补语，往往在动宾结构"饮酒"之后。如：

（1）右贤王以为汉兵不能至，饮酒醉。（《匈奴列传》）9.2907

〔动·补（"醉"）〕动词"饮"直接带补语"醉"，没有宾语：

（2）匈奴右贤王当卫青等兵，以为汉兵不能至此，饮醉。（《卫将军骠骑列传》）9.2925

（十八）"卻"

〔动·补（"卻"）·宾〕

"卻"作补语，例不多见，从现有例看，"卻"后有动词的宾语，如：

（1）将兵击卻吴楚，吴楚以故兵不敢西，而卒破亡，梁王之力也。（《韩长孺列传》）9.2858

〔动·补"卻"）·补（处所）〕

"卻"后有动词的第二层补语，表示处所，如：

（2）四月，至彭城，汉兵败散而还。……汉之败卻彭城，塞王欣、程王翳亡汉降楚。（《淮阴侯列传》）8.2613

"败卻彭城"，表示汉兵在彭城战败而退卻。

上例的"击卻"，"击"的一方是梁王，"卻"的一方是吴楚，"击卻吴楚"可理解为"击吴楚使之卻"。下例的"败"和"卻"，都是指的汉兵，"卻"不是使动用法。"却"俱有较虚含意的用法如"忘却"、"失却"等，在《史记》中尚未见到，但"败卻"、"击卻"中的"卻"用作补语表示结果，似可认为是"忘却"等用法的源起。

（十九）"见"

〔动·补（"见"）·宾〕以"见"为补语的动词常带宾语。如：

（1）高帝南过曲逆，上其城，望见其屋室甚大。（《陈丞相世家》）6.2058

（2）后五日，扁鹊复见，望见桓侯而退走。（《扁鹊仓公列传》）9.2793

（3）扁鹊以其言饮药三十日，视见垣一方人。（《扁鹊仓公列传》）9.2785

"垣"，墙。"方"，边。意思是说能看见墙那边的人。

〔动·补（"见"）〕有时"见"后没有动词宾语。如：

（4）既饮，讴者进，上望见，独说卫子夫。（《外戚世家》）6.1978

（5）燕军尽掘垄墓，烧死人。即墨人从城上望见，皆涕泣，俱欲出战，怒自十倍。（《田单列传》）8.2454

"见"前的动词有"望"、"视"等。

（二十）"为"

〔动·补（"为"）·宾〕。以"为"为补语的动词常带有宾语。如：

（1）十三年，魏有女子化为丈夫。（《魏世家》）6.1849

（2）草木毕分，化为甲兵。（《龟策列传》）10.3236

（3）乃前，拔剑击斩蛇，蛇遂分为两。（《高祖本纪》）2.347

（4）初，贰师起敦煌西，以为人多，道上国不能食，乃分为数军，从南北道。（《大宛列传》）10.3177

（5）其三弟皆封为侯。（《外戚世家》）6.1983

（6）秦襄公伐戎至岐，始列为诸侯。（《匈奴列传》）9.2881

"为"前的动词有"化"、"分"、"封"、"列"等。

（二十一）"通"

〔动·补（"通"）·宾〕

"通"作补语，例甚少见。从现有例看，后面有动词宾语：

（1）堕坏城郭，决通川防，夷去险阻。（《秦始皇本纪》）1.252

"通"前的动词有"决"等。

（二十二）"胜"

〔动·补（"胜"）〕以"胜"为补语的动词大都不带宾语。如：

（1）战胜有功，则公之谋中也；战不胜，非前死则后北，而命在公矣。（《田敬仲完世家》）6.1892

此例中的"战胜"与"战不胜"互相对应。

（2）天下贺战胜者皆在秦矣。（《平原君虞卿列传》）7.2371

（3）然而楚王恃战胜自彊，……故曰楚兵不足恃也。（《黥布列传》）8.2600

"彊"，同"强"。意思是说楚王仗着打了胜仗自以为强大。

（4）战胜而不得其赏，拔城而不得其封。（《郦生陆贾列传》）8.2695

〔动·补（"胜"）·补（处所）〕有时"胜"后有第二层补语表示处所，由介词"於"引进。如：

（5）王所以战胜于徐州者，田盼子不用也。（《楚世家》）5.1721

"胜"前的动词只见到"战"。

（二十三）"定"

〔动·补（"定"）·宾〕以"定"为补语的动词常带有宾语。如：

（1）故立韩诸公子横阳君成为韩王，欲以抚定汉故地。（《韩信卢绾列传》）8.2631

（2）秦时已并天下，略定杨越。（《南越列传》）9.2967

（3）太尉勃入定太原、代地。（《韩信卢绾列传》）8.2641

（4）吹律调乐，入之音声，及以比定律令。（《张丞相列传》）8.2681

〔动·补（"定"）〕有些例句"定"后没有其他成分：

（5）公子於是乃置酒大会宾客。坐定，公子从车骑，虚左，自迎夷门侯生。（《魏公子列传》）7.2378

（6）荆轲坐定，太子避席顿首曰……（《刺客列传》）8.2531

（7）咎为其民约降，约定，咎自烧杀。（《魏豹彭越列传》）8.2590

"定"前的动词有"抚"、"略"、"入"、"比"、"坐"、"约"等。

（二十四）"得"

〔动·补（"得"）·宾〕以"得"为补语的动词常带有宾语。如：

（1）汉王道逢得孝惠、鲁元，乃载行。（《项羽本纪》）1.322

（2）乃求得赵歇，立为赵王。（《张耳陈余列传》）8.2578

（3）吏因捕太子、王后，围王宫，尽求捕王所与谋反宾客在国中者，索得反具以闻。（《淮南衡山列传》）10.3093

〔动·补（"得"）·宾·补（处所）〕有时在宾语之后还有表处所的补语，常由介词"於"引进。如：

（4）虏得韩将鰓、申差於浊泽。（《韩世家》）6.1870

〔动·补（"得"）〕有时"得"后没有其他成分，如：

（5）其后有人盗高庙坐前玉环，捕得。文帝怒，下廷尉治。（《张释之冯唐列传》）5.2755

（6）昌还走，高帝逐得，骑周昌项。（《张丞相列传》）8.2677

（二十五）"碎"

〔动·补（"碎"）·宾〕"碎"作补语，例不多见。从现有例句看，补语后带有宾语。如：

至郡，遂案宁氏，尽破碎其家。（《酷吏列传》）10.3145

"碎"前的动词有"破"等。

（二十六）"觉"

〔动·补（"觉"）〕"觉"作补语，例不多见。动词后未带宾语。如：

於是作"沈命法"，曰群盗起不发觉，发觉而捕弗满品者，二千石以下至小吏主皆死。（《酷吏列传》）10.3151

（二十七）"起"

〔动·补（"起"）·宾〕。例不多见。以"起"为补语的动词在补语后带有宾语。如：

故孔子闵王路废而邪道兴，於是论次《诗》、《书》，修起礼乐。（《儒林列传》）10.3115

"起"前的动词有"修"等。

以上介绍了《史记》用作补语的动词共二十七个，这些动词大都含有比较消极的意义，表示战争或刑罚、灾难的结果等。《左传》用作结果补语的动词有"杀"、"灭"、"死"、"败"、"丧"、"为"等六个，含意也大都比较消极。

带结果补语的动词，《左传》有"战"、"斗"、"翦"、"掖"、"投"、"馁"、"分"、"画"、"降"、"化"、"发"、"徵"、"序"等十二三个；《史记》有"射"、"击"、"贼"、"搏"、"刺"、"袭"、"攻"、"压"、"破"、"烧"、"到"、"伐"、"焚"、"饿"、"饥"、"败"、"战"、"经"、"绞"、"诛"、"僇"、"戮"、"伏"、"虏"、"隔"、"堕"、"招"、"推"、"振"、"惊"、"感"、"震"、"夷"、"除"、"收"、"拨"、"弃"、"激"、"饮"、"望"、"视"、"化"、"封"、"列"、"决"、"抚"、"略"、"入"、"比"、"坐"、"约"、"平"、"逢"、"求"、"索"、"捕"、"逐"、"发"、"修"等五十九个。这些动词也有大部分表示战争、刑罚、灾难等不幸的事情。是否动补式是首先从反映战争结果，刑罚、灾难结果等方面发展起来的？有待进一步探讨。

同时通过对比也使我们清楚地看到，动补式由《左传》到《史记》有了长足的发展，无论是作补语的动词还是带补语的动词，范围都扩大多了。由于动补式能把动作行为及其结果在一个动补结构中表示出来，"使汉语语法更完善、更能表达复杂的思想"①，因此它具有很强的生命力。

7.1.2　用作结果补语的形容词。

这类补语在《左传》中已有萌芽，如：

是以上下有礼，而谗慝黜远。（襄13）3.1000

《史记》中形容词作补语的情况虽不如动词活跃，但较之《左传》也有明显的增加，用作补语的形容词有"明、满、平、正、弱、夷、窘、罢、空、敝、白、尽、均、悉"等十四个，下面分别介绍。

（一）"明"

〔动·补（"明"）·宾〕以"明"为补语的动词常带有宾语。如：

（1）群儒既以不能辨明封禅事，又牵拘於《涛》、《书》古文而不敢骋。（《孝武本纪》）2.473

（2）或谓太子曰："为此药者乃骊姬也，太子何不自辞明之?"（《晋世家》）5.1645

（3）日中而贾不至，穰苴则仆表决漏，入，行军勒兵，申明约束。（《司马穰苴列传》）7.2157

（4）及今上时，柏至侯许昌、平棘侯薛泽、武彊侯庄青翟、高陵侯赵周等为丞相，皆以列侯继嗣，娖娖廉谨，为丞相备员而已，无所能发明功名有著於当世者。（《张丞相列传》）8.2685

"明"前的动词有"辨"、"辞"、"申"、"发"等。

（二）"满"

〔动·补（"满"）〕。例不多见，就现有例看，动词不带宾语。如：

（1）已而至细柳军，军士吏被甲，锐兵刃，彀弓弩，持满。（《绛侯周勃世家》）6.2074

"彀"，张也。持满，把弓张满。

---

①　王力：《汉语史稿》中册，第403页。

（2）汉矢且尽，广乃令士持满毋发。（《李将军列传》）9.2873

（三）"平"

〔动·宾·补（"平"）〕

例不多见。所见到的例句，宾语在补语"平"之前：

是时，中尉条侯周亚夫与梁相山都侯王恬开见释之持议平，乃结为亲友。（《张释之冯唐列传》）9.2755

"平"前的动词有"持"等。

（四）"正"

〔动·补（"正"）·宾〕

例不多见。就现有例看，有的在"正"后带动词的宾语：

（1）张苍为计相时，绪正律历。（《张丞相列传》）8.2681

（2）俗贵女子，女子所言而丈夫乃决正。（《大宛列传》）10.3174

（五）"弱"

〔动·补（"弱"）〕

例很少见。就现有例看，动词不带宾语，如：

国削弱至於亡。（《魏世家》）6.1864

（六）"夷"

〔动·补（"夷"）宾〕就现有例看，"动补"后带宾语，如：

项王遂烧夷齐城郭。（《田儋列传》）8.2645

（七）"窘"

〔动·补（"窘"）·宾·补〕。下面例中"动补"后有宾语且有补语，如：

丁公为项羽逐窘高祖彭城西。（《季布栾布列传》）8.2733

此例中的"高祖"为宾语，"彭城西"为处所补语。"窘"，窘迫。意思是说丁公在彭城西一带把高祖追逐得处境十分为难。

（八）"罢"

〔动·补（"罢"）·宾〕就现有例看，"动·补"后有宾语，如：

信教单子益北绝幕，以诱罢汉兵。（《匈奴列传》）9.2908

"诱罢汉兵"，引诱汉兵使之疲困。

（九）"空"

〔动补（"空"）〕就现有例看，"动补"后未带宾语，如：

其后岁余，骞所遣使通大夏之属者皆颇与其人俱来，於是西北始通於汉矣。然张骞凿空，其后使往者皆称博望侯。（《大宛列传》）10.3169

"凿"，开凿。空，通。意思说张骞开通西域道。

（十）"敝"

〔动·补（"敝"）〕就现有例看，"动补"后未带宾语，如：

至使人有功当封爵者，印刓敝，忍不能予。（《淮阴侯列传》）8.2612

"刓"，同"玩"。"敝"，损坏。这例的大意是，等到人家有了功劳应当受赏封爵的时候，项羽把刻好的印拿在手里玩弄得印角都磨损了，还舍不得给人家。

还有复音形容词作补语的，如：

（十一）"明白"

〔动·补（"明白"）〕就现有例看，〔动·补〕后不带宾语。如：

膠西王端议曰："淮南王安废法行邪，怀诈伪心，……安罪重於将，谋反形已定。臣端所见其书节印图及他逆无道事验明白，甚大逆无道，当伏其法。"（《淮南衡山列传》）10.3094

还有的形容词带状语一起作结果补语，它们一般都出现在〔动·宾·补〕式中，如：

（十一）"尽"

三人还射，伤中贵人，杀其骑且尽。（《李将军列传》）9.2868

"且尽"作"杀"的补语，"且"作"尽"的状语。

（十二）"均"

里中社，平为宰，分肉食甚均。（《陈丞相世家》）6.2052

"甚均"作"分"的补语，"甚"作"均"的状语。

（十三）"悉"

虎圈啬夫从旁代尉对上所问禽兽簿甚悉（《张释之冯唐列传》）5.2752

"甚悉"作"对"的补语，"甚"作"悉"的状语。

以上用作结果补语的形容词共约十三个，《左传》仅见到"大"、"远"两个。《史记》中用在这些形容词补语前的动词有"辩"、"申"、

"发"、"持"、"绪"、"决"、"削"、"烧"、"逐"、"诱"、"凿"、"玩"、"杀"、"分"、"对"、"验"等等，较之《左传》也增加了许多。由此可见这种以形容词作结果补语的句式的使用范围也明显扩大了。

7.2 趋向补语的发展变化。

7.2.1 趋向补语表示动作行为的方向，严格说来也是动作行为的一种结果，与结果补语的性质相似。《左传》中已见到的用作趋向补语的动词有"出"、"入"、"过"、"进"、"至"等，例句很有限，如：

（1）叔孙将沐，闻君至，喜，捉发走出（僖28）1.470

（2）督戎逾入，豹自后击而杀之。（襄23）3.1076

（3）左史倚相趋过。（昭12）4.1340

（4）公子骓趋进曰：……（襄9）3.969

（5）又有呼而走至者曰："众至矣！"（昭13）4.1348

《史记》中这类补语扩大了运用范围，用法也更加灵活多样。约有"出、入、去、下、走、至、来、到、上、过、起、还"等十二个。具体情况如下：

（一）"出"

〔动·补（"出"）〕一部分例句的"出"后没有其他成分。如：

（1）淳于髡说毕，趋出。（《田敬仲完世家》）6.1890

（2）绛侯为丞相，朝罢趋出，意得甚。（《袁盎晁错列传》）8.2737

（3）赵人多为张耳、陈余耳目者，以故得脱出。（《张耳陈余列传》）8.2578

（4）顷之，上行出中渭桥，有一人从桥下走出，乘舆马惊。（《张释之冯唐列传》）9.2754

（5）武帝择宫人不中用者，斥出，归之。（《外戚世家》）6.1978

〔动·补（"出"）·宾〕部分例句的"出"后有动词的宾语。如：

（6）其舍人临者，晋人也，逐出之。（《秦始皇本纪》）1.231

（7）遂攻出献公。（《卫康叔世家》）5.1596

〔动·补（"出"）·补（处所）〕部分例句的"出"后有处所补语。如：

（8）楚昭王亡出郢，奔郧。（《吴太伯世家》）5.1466

（9）击右贤王，右贤王走出塞。（《匈奴列传》）9.2895

（10）单于留塞内月余乃去，汉逐出塞即还。（《匈奴列传》）9.2901

"出"前的动词有"趋"、"脱"、"走"、"斥"、"逐"、"攻"、"亡"等。

（二）"入"

〔动·补（"入"）·补（处所）〕部分例句的"入"后面有处所补语。如：

（1）信所出奇兵二千骑，共候赵空壁逐利，则驰入赵壁，皆拔赵旗。（《淮阴侯列传》）8.2616

（2）贾生为长沙王太傅三年，有鸮飞入贾生舍，止于坐隅。（《屈原贾生列传》）8.2496

（3）是日微樊哙奔入营谯让项羽，沛公事几殆。（《樊郦滕灌列传》）8.2654

（4）高帝罢平城归，韩王信亡入胡。（《刘敬叔孙通列传》）8.2719

（5）复驰还，走入汉壁。（《魏其武安侯列传》）9.2846

（6）身荷戟驰入不测之吴军。（同上）8.2851

〔动·补（"入"）·宾〕有的例句"入"后有动词宾语。如：

（7）秦将王翦破赵，虏赵王，尽收入其地。（《刺客列传》）8.2532

（8）坐盗者没入其家。（《匈奴列传》）9.2892

〔动·补（"入"）〕有的例句"入"后无其他成分。如：

（9）沛公曰："君为我呼入，吾得兄事之"。〔《项羽本纪》）1.312

（10）营卫止哙，哙直撞入。（《樊郦滕灌列传》）8.2654

（11）骠骑乃驰入，与浑邪王相见。（《卫将军骠骑列传》）9.2933

"入"前的动词有"驰"、"飞"、"奔"、"亡"、"走"、"收"、"没"、"呼"、"撞"……等。

（三）"去"

〔动·补（"去"）〕"去"用作趋向补语，大部分例句的"去"后面都不带动词宾语。如：

（1）后五日，桓侯体病，使人召扁鹊，扁鹊已逃去，桓侯遂死。（《扁鹊仓公列传》）9.2793

（2）二人弑懿公车上，弃竹中而亡去。（《齐太公世家》）5.1496

（3）入平城，汉救兵亦到，胡骑遂解去。（《韩信卢绾列传》）8.2634

（4）浑邪王裨将见汉军而多欲不降者，颇遁去。（《卫将军骠骑列传》）9.2933

（5）单于……直冒汉围西北驰去。（同上）9.2935

（6）舜既入深，瞽叟与象共下土实井，舜从匿空出去。（《五帝本纪》）1.34

（7）鼎既成，有龙垂胡髯，下迎黄帝。黄帝上骑，群臣后宫从上者七十余人，龙乃上去。（《封禅书》）4.1394

（8）长男即自入室取金持去，独自欢欣。（《越王勾践世家》）5.1754

（9）问其妻，对曰："长卿固未尝有书也。时时著书，人又取去，即空居。"（《司马相如列传》）9.3063

〔动·补（"去"）·宾〕少数例句"去"后有动词宾语，如：

（10）怀王竟听郑袖，复释去张仪。……怀王悔，追张仪不及。（《屈原贾生列传》）8.2484

"去"前的动词有"逃"、"亡"、"解"、"遁"、"驰"、"出"、"上"、"持"、"取"、"释"等。

（四）"下"

〔动·补（"下"）·宾〕部分例句的"下"后带有动词宾语。如：

（1）其后二十余年，燕将攻下聊城。（《鲁仲连邹阳列传》）8.2465

（2）彭越攻下睢阳、外黄十七城。（《魏豹彭越列传》）8.2592

（3）燕王卢绾反，勃以相国代樊哙将，击下蓟。（《绛侯周勃世家》）6.2070

（4）降下临菑，得齐守相田光。……攻下嬴、博。（《樊郦滕灌列传》）8.2669

〔动·补（"下"）·补（处所）〕有时"下"后为处所补语，如：

（5）文帝从霸陵上，欲西驰下峻阪。……盎曰："……今陛下骋六骓，驰下峻山，如有马惊车败，陛下纵自轻，奈高庙、太后何？"（《袁盎晁错列传》）8.2740

〔动·补（"下"）〕部分例句"下"后无其他成分，如：

（6）令四面骑驰下，期山东为三处。於是项王大呼驰下，汉军皆披靡。（《项羽本纪》）1.334

"下"前的动词有"攻"、"击"、"降"、"驰"等。

（五）"走"

〔动·补（"走"）·宾〕部分例句的"走"后有动词宾语。如：

（1）陈余击走常山王张耳，耳归汉。（《张丞相列传》）8.2675

（2）西击走月氏，南并楼烦、白羊河南王。（《匈奴列传》）9.2890

〔动·补（"走"）·补（处所）〕有的例句"走"后有处所补语。如：

（3）其后二年，汉击走单于於幕北。（《大宛列传》）10.3167

〔动·补（"走"）〕部分例句"走"后无其他成分。如：

（4）范、中行氏反伐公，公击之，范、中行败走。（《赵世家》）6.1790

（5）右贤王大惊，脱身逃走。（《匈奴列传》）9.2907

"走"前的动词有"击"、"败"、"奔"、"逃"等。

（六）"至"

〔动·补（"至"）·补（处所）〕多数例句"至"后都有处所补语。如：

（1）秦王游至郢陈。（《秦始皇本纪》）1.234

（2）行至安阳，留四十六日不进。（《项羽本纪》）1.305

（3）田荣不胜，走至平原，平原民杀之。（《项羽本纪》）1.321

（4）乘舆驰至长陵。（《外戚世家》）6.1981

（5）於是上自将兵而东，群臣居守，皆送至灞上。（《留侯世家》）6.2046

〔动·补（"至"）·宾〕有时"至"后为动词宾语。如：

（6）公子光者，王诸樊之子也。常以为吾父兄弟四人，当传至季子。……即不传季子，光当立。（《吴太伯世家》）5.1461

此例的"传至季子"与下文"即不传季子"相对照，可知"季子"为动词"传"的宾语。

〔动·补（"至"）〕还有部分例句的"至"后面，没有其他成分。如：

（7）其明年，天子始巡郡国，东渡河，河东守不意行至，不辨，自杀。（《平准书》）4.1438

（8）楚王欲走魏，秦追至，遂与秦使复之秦。（《楚世家》）5.1729

（9）汉五年，汉王追项籍至固陵，……还至，使人间招楚大司马周殷。（《荆燕世家》）6.1993

"至"前的动词有"游"、"行"、"走"、"驰"、"送"、"传"、"追"、"还"等。

（七）"来"

〔动·宾·补（"来"）〕部分例句的补语"来"在动词宾语之后。如：

（1）毛遂谓楚王之左右曰："取鸡狗马之血来。"（《平原君虞卿列传》）7.2367

（2）须贾辞於范雎，范雎……数曰："为我告魏王，急持魏齐头来！"（《范雎蔡泽列传》）7.2414

（3）昭王谓平原君曰："范君之仇在君之家，愿使人归取其头来。"（《范雎蔡泽列传》）7.2416

〔动·补（"来"）·宾〕有的例句中，动词宾语在补语"来"之后。如：

（4）乃作通天茎台，置祠具其下，将招来仙神人之属。（《封禅书》）4.1400

〔动·补（"来"）〕有时"来"后没有宾语或其他补语，如：

（5）魏有张禄先生，天下辩士也。……臣故载来。（《范雎蔡泽列传》）7.2403

（6）既连乌孙，自其西大夏之属皆可招来而为外臣。（《大宛列传》）10.3168

"来"前的动词有"取"、"持"、"招"、"载"……等。

（八）"到"

"到"用作补语，在《史记》中已经出现，但例很少见。所见下例为〔动·补（"到"）·补（处所）〕，如：

时独沛公与张良得入坐，樊哙在营外，闻事急，乃持铁盾入到营。（《樊郦滕灌列传》）8.2655

（九）"上"

"上"用作补语，例也很少，所见下例为〔动·补（"上"）·宾〕：

元光五年，有诏徵文学，菑川国复推上公孙弘。（《平津侯主父列传》）9.2949

（十）"起"。所见下例为〔动·补（"起"）〕：

今以法割削之，则逆节萌起，前日晁错是也。（《平津侯主父列传》）9.2961

（十一）"还"。所见例为〔动·补（"还"）〕：

不得前，复驰还，走入汉壁。（《魏其武安侯列传》）9.2846

从以上分析可以看出，《左传》用作趋向补语的，只有"出"、"入"、"过"、"进"、"至"等几个动词，而《史记》中却有十多个。带趋向补语的动词在《左传》里只有"逃"、"走"、"退"、"逾"、"趋"等几个，在《史记》中却有"趋"、"脱"、"走"、"斥"、"逐"、"攻"、"亡"、"驰"、"飞"、"奔"，"收"、"没"、"呼"、"撞"、"击"、"降"、"逃"、"解"、"遁"、"出"、"上"、"持"、"取"、"释"、"败"、"行"、"送"、"传"、"追"、"招"、"载"、"入"、"推"、"萌"、"驰"等数十个。

在句式上，《左传》主要是〔动·补〕式，少数是〔动·补（趋向动词）·补（处所）〕式；而《史记》中还有不少〔动·补·宾〕句和少数〔动·宾·补〕句。

7.2.2　在结果补语和趋向补语的运用上，还有一些比较复杂而特殊的动补式是《左传》所没有的，介绍於下。

（一）〔动·动·补〕两个动词带一个补语，如：

㊀"杀"

（1）李广上马与十余骑奔射杀胡白马将。（《李将军列传》）9.2869

（2）郁成食不肯出，窥知申生军日少，晨用三千人攻戮杀申生等。（《大宛列传》）10.3178

（3）梁刺客后曹辈果遮刺杀盎安陵郭门外。（《大宛列传》）8.2745

（4）是岁，齐襄公使彭生醉拉杀鲁桓公。（《郑世家》）5.1763

"杀"前的动词有"奔射"、"攻戮"、"遮刺"、"醉拉"等。"杀"表示动作行为的结果，与前面两个动词不是并列或连动关系。

㊁"死"

其冬，匈奴大雨雪，畜多饥寒死。（《匈奴列传》）9.2915

（二）〔动·补·补〕一个动词谓语带两个补语（不包括处所补语）。有的是两个结果补语，如：

（1）使棘蒲侯柴将军击破虏济北王，王自杀，地入于汉，为郡。（《齐悼惠王世家》）6. 2010

（2）章邯遂击破杀周市等军，围临济。（《魏豹彭越列传》）8. 2590

（3）项王见秦宫室皆以（通"已"）烧残破，又心怀思欲东归。（《项羽本纪》）1. 315

有的是一个结果补语，一个趋向补语，如：

（4）汉王四年，楚围汉王荥阳急，汉王遁出去。（《张丞相列传》）8. 2676

（三）〔动·补（状·动）〕动词后面表结果的补语由於是动词充当，它本身还可以受状语修饰。如：

高祖乃起舞，慷慨伤怀，泣数行下。（《高祖本纪》）2. 389

"下"是"泣"的补语，"数行"又是"下"的状语。大意是说掉下了几行眼泪。

（四）〔动·补·动·补·（宾）〕此式中两个"动补"并列，如：

以天之福，吏卒良，马强力，以夷灭月氏，尽斩杀降下之。（《匈奴列传》）9. 2896

此例中两个"动补"带同一个宾语"之"。

（五）〔动₁补·兼语·动₂〕动补和兼语式套在一起，兼语为"动₁"之宾语、动₂之主语。如：

袁盎引郤慎夫人坐。（《袁盎晁错列传》）8. 2740

例中的"慎夫人"为兼语。

7.3 程度补语的发展变化。

在《左传》中表程度的补语主要是副词"甚"，如：

（1）七日，其火作乎！戊寅，风甚。壬午，大甚。（昭 18）4. 1394

《史记》的程度补语比之《左传》也有明显的变化。用作补语的有"甚"、"远"、"极"、"绝"、"急"等，还有以这些词为中心成分组成的偏正短语如"滋甚"、"益甚"、"不亦甚"、"如是甚"，"甚远"，以及并列短语"深远"等，用法甚为灵活生动。现分述于下：

7.3.1 〔动·（宾）·程度补语〕

动词（或动词短语）后的程度补语情况如下：

（一）"甚"、"滋甚"、"益甚"、"不亦甚"、"如是甚"等。如：

（1）昭王病甚。（《楚世家》）5.1717

（2）臣笑群臣谀甚。（《齐太公世家》）5.1504

（3）诸辨士为方略者妄作妖言，谄谀王，王喜，多赐金钱，而谋反滋甚。（《淮南衡山列传》）10.3082

（4）居数月，淫益甚。（《楚世家》）5.1700

（5）鄙语曰，牵牛径人田，田主取其牛。径者则不直矣，取之牛不亦甚乎？（《楚世家》）5.1702

（6）其不知厌足如是甚也。（《淮阴侯列传》）8.2622

（二）"远"、"甚远"、"深远"等，如：

（1）於是绛侯自知其能不如平远矣。（《陈丞相世家》）6.2062

（2）蔡为人在下中，名声出广下甚远。（《李将军列传》）9.2873

（3）父母爱子则为之计深远。（《赵世家》）6.1823

（三）"涂地"

刘季曰："天下方扰，诸侯并起，今置将不善，壹败涂地。"（《高祖本纪》）2.350

"涂地"表示"败"的程度。意思是一朝破败，将到肝脑涂地的地步。

7.3.2 〔形·程度补语〕形容词谓语后表程度的补语大都由"极"、"甚"充当，其他有"绝"、"急"等。具体情况如下：

（一）"极"，如：

（1）百姓罢极怨望，容容无所依。（《淮阴侯列传》）7.2623

（2）尉佗知中国劳极，止王不来。（《淮南衡山列传》）10.3086

（3）故劳苦倦极，未尝不呼天也。（《屈原贾生列传》）8.2482

（4）当今人臣之位无居臣上者，可谓富贵极矣。（《李斯列传》）8.2547

（二）"甚"，如：

（1）武安者，貌侵，生贵甚。（《魏其武安侯列传》）9.2844

（2）淮南厉王朝，杀辟阳侯，居处骄甚。（《袁盎晁错列传》）8.2738

（三）"绝"，如：

军亦有天幸，未尝困绝也。（《卫将军骠骑列传》）9.2931

（四）"急"，如：

堂邑父故胡人，善射，穷急射禽兽给食。（《大宛列传》）10.3159

由以上分析可以看到，用于动词或动词短语后的程度补语有"甚"、"滋甚"、"益甚"、"不亦甚"、"如是甚"；"远"、"甚远"、"深远"、"涂地"等。用于形容词后的程度补语有"极"、"甚"、"绝"、"急"等。形容词后的补语大都是单音节词；动词后的补语变化较多，表示程度之基本已有副词"甚"，为了加重语气，又在"其"前加修饰语如"滋"、"益"、"不亦"、"如是"等。足见程度补语在《史记》中也有长足的发展，有灵活多样的表达方式。

7.4　两点看法。

（一）从以上分析我们看到，结果补语、趋向补语、程度补语在《史记》时期有明显发展，无论是充当补语的成分或是带补语的动词（或形容词）都比《左传》大大扩大了范围。现将《左传》、《史记》中这三种补语列一总表如下：

	结果补语（动词）	趋向补语	程度补语
左传	杀、灭、死、败、丧、为	出、入、过、进、至	大、甚
史记	杀、灭、死、败、为、伤、破、断、绝、坏、中、降、堕、动、去、怒、没、醉、却、见、通、胜、定、得、起、碎、觉	出、入、去、下、走、至、来、到、上、过、起、还	甚、滋甚、益甚、不亦甚、如是甚；远、甚远、深远，涂地；
	（形容词）		
左传	远		
史记	明、满、平、正、弱、夷、窘、罢、空、敝、尽、均、悉		极、甚、绝、急

（二）动补结构的形成，从《左传》和《史记》的对照来看，有一个由并列的动词结构或连动结构变化而成的过程。如：

《左》：师还，馆于虞，遂袭虞，灭之。（僖5）1.311

《史》：还，袭灭虞。（《晋世家》）5.1647

《左传》的"袭虞"、"灭之"两个并列的动词谓语一个表动作、一个表结果，在《史记》里合并而成"袭灭虞"。又如：

> 《左》：及战，射共王，中目。（成16）2.887
> 《史》：癸已，射中共王目。（《晋世家》）5.1680

《左传》的"射共王"、"中目"，合并而为《史记》的动补式"射中共王目"。又如：

《左》：郤至奉豕，寺人孟张夺之，郤至射而杀之。（成17）2.901

《史》：郤至杀豕奉进，宦者夺之。郤至射杀宦者。（《晋世家》）5.1680

《左传》的连动式"射而杀之"变为《史记》的动补式"射杀宦者"。

上面所列举的现象反映了动补式的一些发展线索，同时也表明《史记》动补式中的部分补语还保有较强的动词性，连动、并列和动补的界限有时不大好划分。我们这里所列举的某些动补的例子也免不了这种性质，但在它们身上正好可以看到动补式发展变化的一些痕迹。

八　《左》、《史》动词前后介宾变化的比较

通过以上对动词前后〔介·宾〕的分析对照，我们可以看出《史记》的三大特点，一是动词（包括形容词）谓语后的〔介·宾〕大大减少；二是谓语前的〔介·宾〕明显增加；三是出现了一大批新的介词。这里打算在前面分析的基础上对介词在谓语中心成分前后的变化作一个综合的分析比较。

8.1　D后的介宾次数为什么大减？

《左传》谓语后出现次数最多的介词是"於"，1534次；其次是"于"，1442次；再其次是"诸"，259次。三者总数3235次，占《左传》总字数196845的千分之十六。而在《史记》中，这三者次数都明显下降，以第八册为例，谓语后的"於"共417次；"于"仅11次；"诸"0次[①]；三者总共428次，仅占第八册总字数72755的千分之六。下面分别

[①] 《史记》第八册未见到介词"诸"，但其他册有。

讨论这三个介词的变化情况。

8.1.1 "于"的变化

《左传》的介词"于"都出现在谓语之后（除了引自古书的几个例句），共 1442 次，占《左传》总字数 196845 的千分之七；《史记》第八册的"于" 11 次，占八册总字数 72755 的千分之零点一五。《史记》的"于"与《左传》相比，有些什么变化？

（一）"于"所引进的处所、对象等在《史记》中有很多都直接与谓语中心词连接。

㊀ 许多句子在《左传》里用"于"引进处所，而在《史记》里却取消介词，动词直接与表处所的词相连。如：

> 《左》：赐我先君履，东至于海，西至于河，南至于穆陵，北至于无
>   棣。（僖 4）1.290
> 《史》：赐我先君履，东至海，西至河，南至穆陵，北至无棣。
>   （《齐太公世家》）5.1489

"至"后的"于"在《史记》中都不见，又如：

> 《左》：齐侯游于姑棼，遂田于贝丘。（庄 8）1.175
> 《史》：襄公游姑棼，遂猎沛丘。（《齐太公世家》）5.1484

> 《左》：晋侯、宋公、齐国归父、崔夭、秦小子憖次于城濮。（僖
>   28）1.458
> 《史》：宋公、齐将、秦将与晋侯次城濮。（《晋世家》）5.1665

> 《左》：辛巳，朝于武宫。（成 18）2.907
> 《史》：辛巳，朝武宫。（《晋世家》）5.1681

> 《左》：公游于匠丽氏。（成 17）2.903
> 《史》：厉公游匠骊氏。（《晋世家》）5.1681

> 《左》：夏五月癸亥，王缢于芋尹申亥氏。（昭 13）4.1347
> 《史》：夏五月癸丑，王死申亥家。（《楚世家》）5.1708

> 《左》：投其璧于河。（僖 24）1.413
> 《史》：乃投璧河中。（《晋世家》）5.1660

㊂《左传》中"于"所引进的对象在《史记》里也往往直接与谓语连接。大致有以下两种情况：

㊀ 由《左传》的〔动·"于"·宾〕变为《史记》的〔动·宾〕，中心动词不变。如：

> 《左》：卫侯欲与楚，国人不与，故出其君，以说于晋。（僖28）1.452
>
> 《史》：卫侯欲与楚，国人不与，故出其君，以说晋。（《晋世家》）5.1664

"说于晋"变为"说晋"，动词"说"不变。

㊁ 随着中心动词的变化，"于"失去作用。如：

> 《左》：初，共王无冢适，有宠子五人，无适立焉。乃大有事于群望。（昭13）4.1350
>
> 《史》：初，共王有宠子五人，无适立，乃望祭群神。（《楚世家》）6.1709

较古老的用法"有事"变为"望祭"，直接带宾语"群神"。

（二）"於"取代"于"的趋势在《左传》中已经出现，到《史记》时就成了大势所趋。"於"和"于"的比数在《左传》里是10∶8，在《史记》第八册里是100∶2，相差十分悬殊。"于"被"於"替代的情况如：

> 《左》：癸亥，王子虎盟诸侯于王庭。（僖28）1.376
> 《史》：癸亥，王子虎盟诸侯於王庭。（《晋世家》）5.1667

> 《左》：右尹子革曰："请待于郊，以听国人。"（昭13）4.1346
> 《史》：右尹曰："请待於郊，以听国人。"（《楚世家》）5.1706

> 《左》：楚子次于乾谿，以为之援。（昭12）4.1338
> 《史》：灵王次於乾谿以待之。（《楚世家》）5.1705

以上诸例中"于"、"於"引进的是处所，在引进人物方面情况更突出，举例如下：

> 《左》：丁未，献楚俘于王。（僖28）1.463
> 《史》：丁未，献楚俘於周。（《晋世家》）5.1666

《左》：晋侯将伐曹，假道于卫，卫人弗许。（僖28）1.451

《史》：晋文公欲伐曹，假道於卫，卫人弗许。（《晋世家》）5.1664

《左》：冬，秦饥，使乞籴于晋，晋人弗与。（僖14）

《史》：秦饥，请籴於晋。（《晋世家》）5.1653

从以上分析可以看出"于"数量猛减的原因，一是"于"引进的处所和对象很多都直接与谓语连接；二是很多"于"都为"於"所代替。虽然《史记》与《左传》相对应的篇章只占《史记》很少一部分，但从以上对照，却可以透过部分看到全局——看到"於"在《史记》全书中与"于"比较起来所处的压倒的优势。

8.1.2　"於"的变化

《左传》的"於"占《左传》总字数的0.9%，《史记》八册的"於"占八册总字数的0.77%，好像差别不大。实际上应该把"于"、"於"加在一起来比较，因为《左传》大量的"于"在《史记》中变成了"於"，按说"於"在《史记》里应增加很多。《左传》"於"、"于"共3206次，占《左》总字数的1.6%，《史记》八册的"于"、"於"共577次，占八册总字数的0.8%，与《左传》相比，减了一半，足见"於"在《史记》中变化也很大。主要表现在：

（一）"於"所引进的宾语在《史记》中也有不少直接跟谓语中心成分连接。

㊀"於"引进的处所词在《史记》中有很多都直接与动词连接。如：

《左》：初，宣子田於首山。（宣2）2.660

《史》：初，盾常田首山。（《晋世家》）5.1674

《左》：若入於大都，而乞师於诸侯。（昭13）4.1347

《史》：且入大县，而乞师於诸侯。（《楚世家》）5.1707

《左》：楚子伐陆浑之戎，遂至於雒，观兵于周疆。（宣3）2.669

《史》：伐陆浑戎，遂至洛，观兵於周郊。（《楚世家》）5.1700

《左》：晏子立於崔氏之门外。（襄25）3.1098

《史》：晏婴立崔杼门外。（《齐太公世家》）5.1501

┌《左》：今吾使人於周，求鼎以为分，王其与我乎？（昭12）4.1339
└《史》：今吾使使周，求鼎以为分，其予我乎？（《楚世家》）5.1705

┌《左》：申叔时使於齐，反，复命而退。（宣11）2.714
└《史》：申叔时使齐来，不贺。（《楚世家》）5.1702

最后一例，《史记》的"申叔时使齐来"比较费解，"使齐来"可能被理解成兼语式，"齐"为兼语。但若掌握《史记》的这个语法特点——处所补语大都直接与动词连接；就可能考虑到"使齐"大概就是"使於齐"，"使齐来"就是"出使到齐国，返回"之意。

㊀"於"引进的对象或其他成分在《史记》中也有很多直接与动词连接。如：

┌《左》：亦姑谋乐，何忧於无君？（哀5）4.1630
└《史》：为乐耳，国何患无君乎？（《齐太公世家》）5.1505

┌《左》：子玉使宛春告於晋师曰：……（僖28）1.457
└《史》：於是子玉使宛春告晋：……（《晋世家》）5.1665

┌《左》：子干归，韩宣子问於叔向曰：……（昭13）4.1350
└《史》：子比自晋归，韩宣子问叔向曰：……（《楚世家》）5.1710

┌《左》：请观於周乐。（襄29）3.1161
└《史》：请观周乐。（《吴太伯世家》）5.1452

以上诸例中"於"引进的对象在《史记》中都成为动词的宾语，但对"於"有些情况要特别当心。如：

┌《左》：臧昭伯之从弟会为谗於臧氏，而逃於季氏。（昭25）4.1462
└《史》：臧昭伯之弟会伪谗臧氏，匿季氏。（《鲁周公世家》）5.1540

臧昭伯的叔伯兄弟臧会在臧氏那里诬陷别人，然后逃到季氏那里去。如果在读《史记》时把"臧氏"当作"谗"的宾语，把"季氏"当作"匿"的宾语，而理解成臧会"毁谤臧氏"、"藏匿季氏"，那就大错特错了。"臧氏"、"季氏"在这里都是表处所的宾语，相当于"臧家"、"季家"。又如：

《左》：王闻群公子之死也，自投于车下，曰："人之爱其子也，亦
　　　　如余乎？"侍者曰："甚焉。"（昭13）4.1346

《史》：灵王闻太子禄之死也，自投车下，而曰："人之爱子亦如是
　　　　乎？"侍者曰："甚是"。（《楚世家》）5.1707

《左传》的"甚焉"即相当于"甚於是"，而《史记》却省去"於"，
作"甚是"。这个"是"是代词，表示"这个"，在这里指代"爱子"的
事实，不是"是非"的"是"。若不掌握《史记》语法对"於"的运用
特点，就可能把"甚是"理解作"很对"。又如：

《左》：宋华元善於令尹子重，又善於栾武子。（成11）2.854

《史》：华元善楚将子重，又善晋将栾书。（《宋微子世家》）5.1630

两例对照，可知《史记》的"善楚将子重"不是"以楚将子重为
善"而是"与楚将子重相友好"之意。

总之，对于类似上面这些较特殊的例句，若能运用《史记》"於"的
用法特点去认识它们，同时也注意谓语中心成分后面那个成分如"臧
氏"、"是"等在《史记》中的用法特点，再加上仔细品读上下文，是不
难正确理解的。

（二）《史记》通过句式的变换将〔"於"·宾〕去掉。如：

《左》：子公怒，染指於鼎，尝之而出。（宣4）2.678

《史》：子公怒，染其指，尝之而出。（《郑世家》）5.1767

《左》：秦伯送卫於晋三千人，实纪纲之仆。（僖24）1.45

《史》：秦送三千人为卫，以备晋乱。（《晋世家》）5.1662

（三）〔"於"·宾〕移至动词前面，或"於"换为其他介词，带宾
语出现在动词之前。详见本节的第二大问题，这里从略。

（四）"於"的增添。《史记》并不只是减少"於"的出现，有时还
有所增添。

㈠ 把双宾式中的间接宾语用"於"引进。如：

《左》：未报秦施，而伐其师，其为死君乎？（僖33）1.497

《史》：未报先君施於秦，击之，不可。（《晋世家》）5.1670

《史记》此例中，把《左传》双宾式"未报秦施"中的间接宾语

"秦"突出出来,用"於"引进。又如:

> 《左》:币重而言甘,诱我也。(僖10)1.336
> 《史》:币重言甘,此必邳郑卖我於秦。(《晋世家》)5.1652

此例《史记》的句式有变换,并用"於"引进了"卖"的间接宾语。

㊀ 动词的宾语有时用"於"引进,似有表示强调之意。如:

> 《左》:其当王身乎!若崇之,可移於令尹、司马。(哀6)4.1636
> 《史》:是害於楚王,然可移於将相。(《楚世家》)6.1717

㊁ "於"与其他词配合,组成一种惯用格式。如:

> 《左》:臣犹知之,而况君乎?(僖24)1.412
> 《史》:臣犹知之,况於君乎?(《晋世家》)5.1660

"况於"连用的情况在《左传》中没有,但在战国后期的著作中就有了,逐渐成为一种固定词组。

8.1.3　"诸"的变化

《左传》的介词"诸"共259例,在介词中居第三位,《史记》的"诸"却很少见到,在记叙汉以前历史的《本纪》、《世家》中还偶然能碰见一二,而记叙汉代史事的篇章里,几乎就见不到用作介词的"诸"了。对照看来,《左传》的"诸"在《史记》中有以下变化:

(一)"诸"消失,"诸"的前后成分直接连接。如:

> 《左》:初,楚子将以商臣为大子,访诸令尹子上。(文1)2.513
> 《史》:初,成王将以商臣为太子,语令尹子上。(《楚世家》)
> 　　　5.1698

> 《左》:楚子使问诸周大史。(哀6)4.1635
> 《史》:昭王问周大史。(《楚世家》)5.1717

前一对例句中,《左传》的动词"访"在《史记》中用的"语";后一对例句的动词都是"问","问"在《左传》中常用介词"於"或"诸"引进问的对象,在《史记》中则直接以问的对象作宾语。

(二)"诸"由"名+於"或"之+於"替代。如:

《左》：宣姜与公子朔构急子。公使诸齐。（桓16）1.146
《史》：宣公正夫人与朔共谗恶太子伋。宣公……使太子伋於齐。
（《卫康叔世家》）5.1593

此例中《左传》的"诸"在《史记》里变为："太子伋"＋"於"。
又如：

《左》；虞思於是妻之以二姚，而邑诸纶。（哀1）4.1606
《史》：有虞思夏德，於是妻之以二女，而邑之於纶。（《吴太伯世
家》）5.1469

"诸"——"之"＋"於"。

（三）"诸"——"之"。如：

《左》：昭王之不复，君其问诸水滨！（僖4）1.291
《史》：昭王之出不复，君其问之水滨！（《齐太公世家》）5.1489

从以上对照可以看出"诸"在《史记》里大量减少的原因。还有部分"诸"变为其他介词，移于动词前面，在下面有专门介绍，这里从略。

8.2　D前的"介·宾"为什么大增？

《左传》谓语中心成分前的介词数比后面多，但介词出现在后面的次数比前面多。《史记》出现在前面的介词和次数都比后面多。这是一个非常值得注意的动向。形成这种情况的主要原因如下：

8.2.1　部分〔介·宾〕的前移。

（一）〔"於"·宾〕，〔"於"·宾〕的前移大致有两种情况：

㊀〔"於"·宾〕原封不动地移到前面去。如：

《左》：将行，谋於桑下。（僖23）1.406
《史》：赵衰、咎犯乃於桑下谋行。（晋世家）5.1658

㊁"於"变换为其他介词如"从"等，移於动词之前。如：

《左》：出於五鹿，乞食於野人。（僖23）1.406
《史》：过五鹿，饥而从野人乞食。（《晋世家》）5.1657

《左》：郤子登，妇人笑於房。（宣17）2.772
《史》：使郤克於齐，齐顷公从楼上观而笑之。（《晋世家》）5.1657

（二）〔"在"·宾〕

〔"在"·宾〕在《左传》中位于动词前后的数量大致相当，到《史记》时有进一步前移的趋势。如：

> 《左》：明日，以表尸之，皆重获在木下。（宣12）2.742
> 《史》：赵衰、咎犯乃於桑下谋行，齐女侍者在桑上闻之，以告其主。（《晋世家》）5.1658

表处所的〔"於"·宾〕和〔"在"·宾〕都有前移的趋势，这是值得注意的。同时，从上面所引《史记》例的"於桑下谋行"、"在桑上闻之"，可以看出"於"和"在"在用法上的共同之处。由这里是否也可看出表示处所的"於"有向"在"靠拢的信息？

（三）〔"诸"·宾〕

通过变换句式和介词，〔"诸"·宾〕所表示的处所由其他〔"动"·宾〕位於动词之前表示。如：

> 《左》：宣姜与公子朔构急子。公使诸齐。使盗待诸莘，将杀之。（桓6）1.146
> 《史》：宣公正夫人与朔共谗恶太子伋。宣公……使太子伋於齐而令盗遮界上杀之。（《卫康叔世家》）5.1593

《左传》的"使盗待诸莘，将杀之"变为《史记》的"令盗遮界上杀之"；"待诸莘"所表示的处所由动宾短语"遮界上"位於动词前而代替了。

8.2.2　在动词（或其短语）前增加《左传》原句所无的介宾。

（一）为了交代清楚与动作行为有关的对象、原因、方式、条件、处所等，《史记》常用〔介·宾〕引进这些有关的因素，因而《左传》的许多动宾句式在《史记》里变成了〔介·宾·动〕式。如：

㈠〔"以"·宾〕的增加。如：

> 《左》：惠公之在梁也，梁伯妻之。（僖17）1.372
> 《史》：初，惠公亡在梁，梁伯以其女妻之。（《晋世家》）5.1655

> 《左》：秦伯纳女五人，怀嬴与焉。（僖23）1.410
> 《史》：缪公以宗女五人妻重耳，故子圉妻与往。（《晋世家》）5.1660

以上〔"以"·宾〕的增加表明有关对象的身份或人数。又如：

《左》：平子登台而请曰："君不察臣之罪，……。"（昭25）4.1463
《史》：平子登台请曰："君以谗不察臣罪，……。"（《鲁周公世
　　家》）5.1540

以上〔"以"·宾〕的增加表明动作行为的原因。"以谗"是"由
於"（听信）谗言"的意思。又如：

《左》：公游于匠丽氏，栾书、中行偃遂执公焉。（成17）2.903
《史》：厉公游匠骊氏，栾书、中行偃以其党袭捕厉公。（《晋世
　　家》）5.1681

上例表明动作行为的方式和有关的对象。又如：

《左》：及楚，楚子飨之。（僖23）1.408
《史》：重耳去之楚，楚成王以适诸侯礼待之。（《晋世家》）5.1659

上例表明动作行为的条件。

〔"以"·宾〕也有增添在动词后面的，但为数极少。如：

《左》：使铖季酖之。（庄32）1.254
《史》：使铖季劫饮叔牙以鸩。（《鲁周公世家》）5.1532

㊀〔"与"·宾〕的增加。如：

《左》：享公，使公子彭生乘公。（桓18）1.152
《史》：鲁襄公与鲁君饮，醉之，使力士彭生抱上鲁君车。（《齐太
　　公世家》）5.1483

《左》：命女三宿，女中宿至。（僖24）1.414
《史》：惠公与女期三日至，而女一日至。（《晋世家》）5.1661

《左》：食之，舍其半。（宣2）2.661
《史》：盾与之食，食其半。（《晋世家》）5.1674

以上例句都表明与动作行为有关的对象。

㊁〔"为"·宾〕的增加。如：

《左》：文嬴请三帅，曰：……（僖33）1.498

《史》：文公夫人，秦女也，为三囚将请曰：……（《秦本纪》）
　　　　1.192

《史记》用〔"为"·宾·动〕式，更清楚地表明动作行为为谁
而发。

㉕〔"用"·宾〕的增加。如：

《左》：三月丙午，入曹，数之以其不用僖负羁，而乘轩者三百人
　　　　也。（僖28）1.453

《史》：三月丙午，晋师入曹，数之以其不用釐负羁言，而用美女乘
　　　　轩者三百人也。（《晋世家》）5.1664

㉖〔"因"·宾〕的增加。如：

《左》：请代，弗许，故谋作乱。（庄8）1.174

《史》：或为请代，公弗许。故此二人怒，因公孙无知谋作乱。
　　　　（《齐太公世家》）5.1484

（二）其他句式的变换，在动前增加〔介·宾〕。如：

《左》：晋楚治兵，遇於中原，其辟君三舍。（僖23）1.409

《史》：即不得已，与君王以兵车会平原广泽，请辟王三舍。（《晋
　　　　世家》）5.1659

"晋楚治兵，遇於中原"这个复句，在《史记》中变成一个有两层介
宾位于动词前的单句。又如：

《左》：闭门，甲兴，公登台而请。（襄25）3.1097

《史》：闭门，崔杼之徒持兵从中起，公登台而请。（《齐太公世
　　　　家》）5.1501

《左传》的主谓句"甲兴"在《史记》中变换为"崔杼之徒持兵从
中起。"介宾词组"从中"表示"起"的处所。又如：

《左》：弃疾使周走而呼曰："王至矣！"（昭13）4.1348

《史》：弃疾使船人从江上走呼曰："灵王至矣！"（《楚世家》）
　　　　5.1708

　　《左传》的"弃疾使周走而呼"变为《史记》的"弃疾使船人从江上走呼","从江上"表示"走呼"的处所。

　　由以上《左传》和《史记》的对比有助於我们理解《史记》的句子为什么动词结构前的〔介·宾〕大量增加。《左传》的"动·宾",这种最基本、最简单的句子结构,包含着动词与宾语的多种关系,如"食之"是"与之食"之意,"请三帅"是"为秦三囚将请"之意等等;通过增添介宾短语就使动宾结构包含的多种语法关系明朗化。同时,简单的主谓句和动宾句常常使人搞不清与动作行为有关的人物、处所、原因、条件等等因素,介宾状语的增加就使句子的意义变得更为完备、准确、具体、生动。

　　总之,无论从《左传》与《史记》的对照看,或是从《史记》的全局看,《史记》句中动词的后面只增加了极个别《左传》所没有的介词如"抵"等,介词出现次数比《左传》明显减少;而动词前的介词则大大增加,这是《史记》语法与《左传》相比的明显区别之一,也是《史记》本身一个重要的语法特点。看来介宾短语的增多是句子谓语扩展的重要途径之一,也是汉语发展的一个重要标志。

《左传》、《史记》介词比较总表

　　说明:

　　一、《左传》介词是以全书作的统计,《史记》是以第八册作的抽样统计。《左传》全书共 196845 字,《史记》第八册共 72755 字;为了便于进行比较,我们计算了《左传》各介词占全书、《史记》各介词占第八册的字数的千分比。

　　二、表中 1—22 为《史》第八册与《左》共有的介词;23—36 为《史》第八册有而《左》无的介词;37—49 为《史》第八册无而由《史记》其他部分中增补的介词。

　　三、"*"表示《史记》第八册无而由《史记》其他各册增补的介词。"*"只表示"有",而没有统计数字。

编号	介词	在D前				在D后				共计			
		左传		史记		左传		史记		左传		史记	
		数量	千分比	数量	千分比	数量	千分比	数量	千分比	数量	千分比	数量	千分比
1	以	826	4	576	7	225	1	37	0.5	1051	5.3	613	8.4
2	於	230	1	105	1.4	1534	7.8	417	5.7	1764	9	522	7.2
3	自	160	0.8	30	0.4	70	0.35	3	0.04	230	2.3	33	0.4
4	在	20	0.1	2	0.02	17	0.08	*		37	0.18	2	0.02
5	及	282	1.4	75	1	22	0.1	*		304	1.5	75	1
6	于					1442	7.3	8	0.1	1442	7.3	8	0.1
7	诸					259	1.3	*		259	1.3	*	
8	乎					1	0.005	4	0.05	1	0.005	4	0.05
9	从	60	0.3	43	0.6					60	0.3	43	0.6
10	与	319	1.6	265	3.6					319	1.6	265	3.6
11	为	213	1.1	166	2.3					213	1.1	166	2.3
12	由	18	0.09	14	0.2			*		18	0.09	*	
13	因	43	0.22	63	0.86					43	0.22	63	0.86
14	用	13	0.06	5	0.07					13	0.06	5	0.07
15	当	12	0.06	16	0.22					12	0.06	16	0.22
16	循	4	0.02	1	0.01					4	0.02	1	0.01
17	代	8	0.04	2	0.02					8	0.04	2	0.02
18	逮	3	0.01	2	0.02					3	0.01	2	0.02
19	道	6	0.03	*						6	0.03	*	
20	将	3	0.01	32	0.44					3	0.01	32	0.44
21	乡(向)	2	0.01	*						2	0.01	*	
22	先	6	0.03	4	0.05					6	0.03	4	0.05
23	即			5								5	
24	随			3								3	
25	临			5								5	
26	并			6								6	
27	依			2								2	

续表

编号	介词	在D前				在D后				共计			
		左传		史记		左传		史记		左传		史记	
		数量	千分比	数量	千分比	数量	千分比	数量	千分比	数量	千分比	数量	千分比
28	方			10								10	
29	赖			2								2	
30	空			2								2	
31	悉			2								2	
32	后			2								2	
33	居			15								15	
34	乘			4								4	
35	会			6								6	
36	候			1								1	
37	旁			*								*	
38	逐			*								*	
39	缘			*								*	
40	披			*								*	
41	至			*								*	
42	竟			*								*	
43	比			*								*	
44	坐			*								*	
45	抵			*								*	
46	到			*								*	
47	终			*								*	
48	应			*								*	
49	承			*								*	

由以上统计数字可以看到：

一、《史》全书共有介词 49 个，与《左》同者 22 个，比《左》多 27 个。

二、《左》22 个介词中，有 14 个只出现在 D 前，占 65%；有 3 个

（于、诸、乎）只在 D 后，占 13%；有 5 个（以、於、自、在、及）分布在 D 前后，占 22%。

再看《史》49 个介词中，有 39 个在 D 前，占 80%；有 3 个（于、诸、乎）只在 D 后，占 6%；有 7 个（以、於、自、在、及、由、抵）分布在 D 前后，占 14%。位于 D 前的介词有明显增长，位于 D 后和 D 前后的基本不变。

三、《史》只在 D 前的介词如：从、与、为、因、用、当、将等，出现频率比《左》大都明显增多；只在 D 后的介词，"于"大大减少，由《左》的千分之七点三到《史》的千分之零点五，"诸"也明显减少，"乎"有所增多；可分布在 D 前后的介词中，"以"在 D 前的比例，由《左传》的千分之四上升到《史记》的千分之七；在 D 后，由千分之一下降到千分之零点五；"於"在 D 前，由《左传》的千分之一上升到《史记》的千分之一点四；在 D 后，由千分之七点八下降到千分之五点七；"自"在 D 前，由《左传》的千分之零点八下降到千分之零点四；在 D 后，由千分之零点三五下降到千分之零点零四；"在"、"及"在 D 前的比例有所减少，"由"有所增加。总体来看，D 前的介词出现频率大都有所增加，在 D 后者大都有所减少。

四、《左传》出现得最多的十个介词是：於（1764）、于（1442）、以（1051）、与（319）、及（304）、诸（259）、自（230）、为（213），从（60）、因（43）。《史记》（八册）出现得最多的十个是：以（613）、於（522）、与（265）、为（166）、及（75）、因（63）、从（43）、自（33）、将（32）、当（16）、由（14）。（括号内为出现的次数。）

"於"由《左传》的第一位下降为《史记》的第二位；"以"由《左传》的第三位上升为《史记》的第一位；"于"、"诸"由《左传》的第二位、第六位下降到《史记》的十位以后；"与"、"为"、"从"、"由"、"将"等介词，《史记》比《左传》都有明显增多，这些都是重大的变化。《左传》的"于"、"於"起着多种介词的作用，《史记》介词的分工更为明确，用法趋于规范，"于"、"於"的作用削弱，其他一些介词作用加强；再者，《史记》很多表处所的成分不用介词引进，因而介词的作用就由《左传》以引进处所、人物为主转到《史记》的以引进人物、工具、方式、状态……为主了。从介词的这种变化也可看到语言的发展，表达更

为细致、准确，〔介·宾〕引进与动作行为有关的各种因素，其范围比
《左传》时期扩大得多。

九 小 结

（一）句子成分的完备是语言发展的必然趋势。句子的六种成分，
最基本的是主语、动词谓语、宾语。《史记》的句子主语、宾语都比
较齐备，虽然有不少承上省略了主语或宾语，但一读上下文便知省略
的是什么，不像《左传》有时让人摸不着头脑，注释家还须专门为此
作注。

（二）动词谓语的发展是汉语语法的核心。动词谓语在各类谓语中占
压倒多数，这一特点从《左传》到《史记》保持不变。但复杂谓语的百
分比由《左传》的 39% 上升到《史记》的 60%，这是一个重大的变化。
以动词谓语为核心的扩展如"动词（或其短语）的并列"、"连动"、"动
宾·宾"、"介宾·动"、"动·介宾"、"兼语式"……等，反映了谓语的
复杂化。其他成分如各种状语和补语的发展变化都围绕着一个总的目的：
使动词谓语的表达更为具体、准确、生动。

（三）语言表达要求具体、准确、生动，这一内部发展规律有力地
推动着汉语的发展。它表现在各方面，比如在《左传》里大量运用代
词"之"代替具体对象，而《史记》却常用具体对象的名称取而代
"之"，避免使人捉摸不定。又如《左传》中由名词充当的句子成分
（主语或宾语），在《史记》里常用含意比较丰富的名词短语。特别是
定、状、补等成分有着长足的发展，充分显示出修饰语的重要作用，表
明它是语言逐步完善的重要标志。《史记》定、状、补的丰富多采是其
重要特色之一。

（四）句子结构的扩展与简缩推动着句子的发展。如果说并列式、连
动式的发展，兼语式的滋生，"介宾"作状补的句式之增加等现象反映了
句子结构的扩展，而由连动、并列结构变化为动补式，则表示了句子结构
的简缩。这种简缩，表面上看是简化，实际上是把动作行为及其结果在一
个简短的动词结构中体现出来，其中包含着复杂的语法关系，是在高一级
水平上的简化。由此可见，语法结构的发展并不仅仅表现在句子结构的扩

展，它是在矛盾的对立统一中向前发展的，扩展的反面就是简缩。这可能是由于人们在交际过程中既要求表达的准确，又要求语言的精练。如果一味扩展，语言就会成为交际中的负担；如果一味压缩，语言又会显得单调划一。因此它总是处在扩展、简缩的不断矛盾与变化之中。比如由"连动"、"并列"变化为"动补"，这是一种简缩。但"由于带了补语，比较适宜于宾语提前"，又为处置式的产生创造了条件。而处置式又是汉语语法走向完善的标志之一，因为"由于宾语的提前，显示这是一种处置，一种达到目的的行为，语言就更有力量"。① 可见语法格式在发展中的简缩不是简单的重复，更不是退化；而是向新的水平的跃进，有时甚至是一种质变——变成了新的语法格式，而在这新的水平上又孕育着新的扩展。因此我们认为，"动·补"式的迅速滋长是《史记》语法的一个重大的、引人注目的特点。

（五）在 D 前的修饰语有逐步增多的趋势。在 D 后的修饰语有三种：部分"介宾"短语，这些介词有"於、于、以、乎、自、诸、在、及、由、焉、抵"等；部分不由介词引进的表处所、对象、时间……的补语；结果、趋向、程度补语。在 D 前者除大量的"介宾"外，还有各种词类充当的状语。在前者主要表示与动作行为有关的人物（或其他对象）以及动作行为的工具、方法、状态、条件、原因、时间等，动作行为所经之地或所从来之地也往往在动词之前由介词引进。在后者主要表示与动作行为有关的处所（所在之地或所到之地）和结果，其次表示动作行为的工具、方法、与动作有关的原因或时间等，还有比较的对象和被动行为的施动者。动词修饰语在前者增多可能有几方面的原因：一，从逻辑上看，位于前面的修饰语大都表示动作行为的前提条件，理应放在动词之前；二，从结构上看，由于谓语的复杂化，如并列、连动、兼语、"动宾·宾"、动补等句式，修饰语如果放在后面就会与它修饰的对象相隔离②；三，可能与说汉语人的语言习惯与心理素质有关。

（六）虚词的分工趋于明确、用法也逐步规范。如《左传》里的五大

---

①　引语见王力《汉语史稿》中册，第 414 页，418 页。

②　参看鲁国尧《〈孟子〉"以羊易之"，"易之以羊"两种结构类型的对比研究》，载《先秦汉语研究》，山东教育出版社 1982 年版，第 272—290 页。

虚词:"之"、"以"、"而"、"于"、"於"均一身多任。特别是"以"、"于"、"於"三个介词,用得十分灵活,有时实在难以掌握它的确切含义。随着语言的发展,它们的多种用法和含义分别由其他介词或新的介词所分担。《史记》的介词比《左传》增加了一倍多,同时《左传》某些出现次数很少的介词,在《史记》中也有较大的发展。介词如此,其他虚词也具备同样的发展特点。总之,《左传》那种由少数虚词"包揽一切"的现象逐步为科学的分工和规范所代替。

(七)《左传》大量用介词"於"、"于"引进的补语在《史记》里很多不再用"於"、"于"而直接与动词连在一起,这是《史记》补语的一个重要特色。《马氏文通》早已注意到这点[①]。

(八)系词"是"的出现次数虽不算多,但也不止一处,这也是汉语语法的一个重要发展。

(九)《左传》的倒装句在《史记》有减少的趋势。也就是说,《史记》否定句和疑问句的词序进一步趋于正常,无论是否定句或疑问句,代词作宾语都常有不前置者。这一现象对否定句是不足为奇的,因为《左传》已有一定数量的代词宾语不前置的例子;而对疑问句中的疑问代词,则是引人注意的变化。

(十)实词中的名词和动词,不仅是句子成分中"主"、"谓"、"宾"的主要承担者,而且在"定"、"状"、"补"中也扮演着重要的角色,反映出名词和动词在汉语句中有着特殊重要的作用。

(十一)单音词的并列使用与词的双音化趋势。单音词的并列使用是汉语发展的必然趋势,它在词汇、语法诸方面都明显表现出来。这可能是由于单音词的多义现象容易引起歧义造成交际上的困难,于是要求用并列的单音词来限制其含义,使词义的表达更为明确。同时可能也由于汉语在语音上要求音节的成双对偶以使语言的节奏清晰、响亮动听。总之,单音词的并列使用促进双音词的形成;而双音词的发展又影响着更多的单音词并列使用,这样互相促进就形成不可抗拒的发展趋势。《史记》好像正处于单音词的并列使用与双音词大量形成两种现象互相促进的高潮期中,有时竟很难判定某某二字是单音词并列使用的词组还是已经形成为一个双

---

① 见《马氏文通校注》,中华书局1961年版,第118页。

音词。

　　（十二）由以上各点可以看到，《史记》语法较之《左传》有重大的发展变化，它们各有自己的显著特色。因而在汉语史分期的问题上，我们初步考虑，先秦与汉似应划分为两个时期。

（一九八三年一月二十六日）

《论衡》复音词研究

程湘清

　　《论衡》是东汉前期唯物主义思想家王充花费数十年精力写成的一部哲理著作，流传至今的有三十卷，八十四篇，二十一万余字。作者立足于"疾虚妄"、"求实诚"的进步主张，提倡"文字与言同趋"，"口则务在明言，笔财务在露文"，乃至"直露其文，集以俗言"，以力求达到"言无不可晓，指无不可睹"①。因此，这部著作不仅从内容上具有朴素唯物主义的进步观点，是研究哲学思想史的重要依据，而且从语言上也比较接近当时口语，又是总结汉语发展史的珍贵材料。为了探索上古末期汉语词汇发展的状况，我们对《论衡》中各种结构形式的复音词作了初步调查，其数量分布见下表。

全书复音词总数
2300

语音造词
101

语法造词
2151

单纯词
75

重叠词
26

运用虚词方式
63

运用词序方式
2088

附加后缀
61

附加前缀
2

表述式
14

支配式
52

补充式
101

偏正式
517

联合式
1404

综合式
48

---

①　参见《论衡》的《对作》、《自纪》等篇。

从表中可以看到，《论衡》运用了大量的复音词，其构词方式也日臻完备。这个事实表明，在中国历史上占有重要位置的汉代对汉语词汇的发展产生了很大影响。汉语单音词怎样向复音词过渡？为什么说复音化是汉语词汇发展的内部规律？这一规律在汉代的具体表现是什么？为了研究、探讨这些问题，有必要把《论衡》当作一只"麻雀"，对它的各种形式的复音词，尤其是数量很多的联合式、偏正式复音词进行较细的"解剖"，以图管见汉语词汇发展之一斑。

下面，拟分六个题目加以讨论。

一　联合式复音词之一：从语义、词性、字序看构成

《论衡》中联合式复音词数量居各类复音词之冠，共计1404个，占全书总复音词数的61.04%，占语法造词数的65.27%，占运用词序方式造词数的67.24%。其构成特点和发展状况，我们从语义、词性、字序三方面予以描写、分析。

1.1　从语义看构成。

从构成联合式复音词的两个语素所贡献的意义份量看，可区别为两类：一是意义份量基本相当的平等联合词；二是意义份量有所区别的不平等联合词。所谓"不平等"系相对而言，因为它不同于偏正结构，仍具备联合结构的基本特征，只不过两个语素的意义之间相互作用、彼此制约的程度有所差异罢了。

1.1.1　平等联合词。

平等联合词又可区别为相同意义联合、相类意义联合、相反意义联合三种。其中以相同意义联合为大宗，相类意义联合已有相当数量，相反意义联合虽为少数，但已较先秦时期有显著增加。

〈一〉相同意义联合。

指构成复音词的两个语素在某个义位上是相同或相近的。如：

（1）天地为图书，仓颉作文字，业与天地同，指与鬼神合，何非何恶，而致雨粟、神哭之怪？（感虚）

（2）歌曲弥妙，和者弥寡；行操益清，交者益鲜。（讲瑞）

（3）《尚书》、《春秋》事较易，略正题目粗粗之说，以照篇中微妙之文。（正说）

（4）桥梁之设也，足不能越沟也；车马之用也，走不能追远也。（程材）

（5）上书陈便宜，奏记荐吏士，一则为身，二则为人，繁文丽辞，无为上者。（佚文）

以上为名词。

（6）无善心者，黑白不分，善恶同伦，政治错乱，法度失平。（定贤）

（7）聪慧捷疾者，随时变化，学知吏事，则蹠文吏之后，未得良善之名。（程材）

（8）天下并闻，吏民欢喜，咸知汉德丰雍，瑞应出也。（验符）

（9）如有灾异，不名曰谴告，何则？时人愚蠢，不知相绳责矣。（自然）

（10）贫无供养，志不娱快。（自纪）

以上为形容词。

（11）或操竹杖，皆谓不动，莫谓手空无把持。（艺增）

（12）如非君臣，阴阳之气偶时运也，击鼓攻社，而何救止？（顺鼓）

（13）阳遂取火于天，五月丙午日中之时，消炼五石铸以为器。（率性）

（14）或奸盗大辟而不知，或罚赎小罪而发觉。（幸偶）

（15）刘子政玩弄《左氏》，童仆妻子皆呻吟之。（案书）

以上为动词。

对于相同意义联合词，需要注意两点：

首先，要辩证地看，注意从大同中辨析小异。

世界上没有绝对相同的事物，看待千变万化的词义更不能绝对化。所谓相同意义联合，主要指构成复音词两个语素的基本意义（基本义素的总和）是相同的，至于附属意义（附属义素的总和），诸如应用范围、意义轻重、行为情态、事物表象、感情色彩、方俗习惯等方面则存在细微的差别。分别举例如下：

应用范围不同，指两个语素的意义原来涉及的主体和对象有区别，表现在句法上是结合关系（有人叫作句法场）不同。如〔坚刚〕（儒增），二者在"坚硬"这一基本意义上是相同的，但二者所涉及的主体，即附属意义不同："坚"原指土硬，"刚"原指刀硬。又如〔沐浴〕（谴告），《说文》："沐，濯发也。""浴，洒身也。"其基本意义也是相同的，都是用水洗涤的意思，但其附属意义，即洗的对象不同：一是"发"，一是"身"。

意义轻重不同，指表示行为、动作、变化和状态的意义的轻重程度有差别。如〔依倚〕（佚文），同是倚傍的意思，"依"是"靠近"的轻义，"倚"是"靠上"的重义。〔恐惧〕（道虚），同是害怕的意思，"恐"是一般怕，"惧"是很怕。

行为情态不同，是指行为的方式、状态有细微差别。如〔提挈（携）〕（是应），同是携带的意思，"携则相并，提则有高下"（《说文》段注）。〔计画〕（定贤），同是思虑打算的意思，"计"重在内心盘算，"画"重在与人谋划。

事物表象不同，指事物因形状、大小、位置、质地不同而显示的外部表象有所区别。如〔丘墓〕（死伪），都作坟墓讲，但高者为丘，平者为墓。〔模范〕（物势），都是铸模，但"木为模，竹为范"（《说文》段注）。

感情色彩不同，指人们对行为、事物因持然否、爱憎不同态度而表现出的褒贬色彩。如〔逢遭〕（累害），同有"遇上"的意思，"逢"多用于吉祥的事，"遭"多用于凶险的事。〔蹈履〕（雷虚）都是"走在上面"的意思，"履"常用在一般情况下，"蹈"则常用在危险的情况下。

方俗习惯不同，指因"四方谈异"①所带来的词义差别。如〔晓知〕（解除），《方言》卷一："党、晓、哲，知也。楚谓之党或曰晓。"可知同是"知道"的意思，"晓"是楚方言，"知"是通语。〔父翁〕（无形），《方言》卷六："凡尊老……周晋秦陇谓之公，或谓之翁，南楚谓之父，或谓之父老。"可知"父"、"翁"原为南北不同的方言同义词。〔年岁〕（治期），《尔雅·释天》："夏曰岁，商曰祀，周曰年，唐虞曰载。"说的是时代不同，称谓各异，实际反映了不同部族方言习惯用语的区别。

---

① 见《论衡·自纪篇》。

　　通过辨析上述几方面附属意义的差异，有助于我们了解《论衡》中相同意义联合词内部构成的特点：这类复音词多是由基本意义相同、附属意义有别的单音同义词构成的。应当说，经过先秦、两汉逐渐丰富起来的单音同义词的类聚体，是这类复音词在《论衡》中大量出现的语义基础。

　　其次，要历史地看，注意从应用中把握发展。

　　词义在不断的演变中。对相同意义联合词必须放在一定历史时代里来考察。这里有两种情形：一是构成复音词的两个语素，原来是异义的，到《论衡》时代变成同义了；二是两个语素原来是一对同义词，即基本意义相同，附属意义有差别，而到《论衡》时代一些原来语义有微小差别的同义词逐渐演变成等义词了。分别举例说明：

　　先看，由异义词变成同义词的。如：

　　〔殿堂〕

　　（1）均之土也，或基殿堂，或涂轩户。（幸偶）

　　（2）善器必用贵人，恶器必施贱者，尊鼎不在陪厕之侧，匏瓟不在殿堂之上，明矣。（骨相）

　　（3）伍被之属，充满殿堂。（道虚）

　　"殿堂"是《论衡》常用的一个同义复合词，但在先秦"殿"通常作"殿后"讲，和"堂"是异义词。《庄子》杂篇有"殿门"、"殿下"字样，但杂篇很可能是后人续作，不足为凭。许慎在《说文》中以"殿"释"堂"，段玉裁认为是"以今释古"，"古曰堂，汉以后曰殿"（《说文》段注），指出到两汉时期，"殿"和"堂"就变成同义词了①。

　　〔偷盗〕、〔盗窃〕

　　（1）夫佞与贤者同材，佞以情自败；偷盗与田、商同知，偷盗以欲自劾也。（答佞）

　　（2）有鸡犬之畜，为人所盗窃，虽怯无势之人，莫不忿怒。（论死）

　　在先秦，"偷"的常用义是"苟且"的意思，不作偷窃讲，和"盗"是异义词。而"盗"和"窃"的原始意义也有区别："盗"通常用作

---

　　① 《论衡》中另有"宫殿"一词，"宫"本为一般居室，后专指帝王所居；"殿"可能由"殿后"引申为"殿基"，再引申为大屋，最后也特用于帝王所居。"宫"、"殿"也就由异义变成同义。

"偷东西的人"，"窃"通常用作"偷东西"①。而在《论衡》中"偷"、"盗"、"窃"则由异义词变成了同义词。

〔江河〕

（1）坯成丘山，污为江河矣。（累害）

（2）江河之流，有回复之处。（书虚）

"江"原专指长江，"河"原专指黄河，二者不是同义词，而在《论衡》时代"江"扩大为南方大川通称，"河"扩大为北方大川通称②，两者基本意义趋向一致，只是附属意义即地方色彩有所不同，因此可以构成相同意义联合词"江河"。

再看由同义词变成等义词的。如：

〔饥饿〕

（1）春秋之时，战国饥饿，易子而食，析骸而炊，口饥不食，不暇顾恩义也。（问孔）

（2）动于林泽之中，遭虎搏噬之时，禀性狂勃，贪叨饥饿，触自来之人，安能不食？（遭虎）

在先秦，"饥"为一般肚饿，"饿"则为严重肚饿，《韩非子·饰邪》中引用了"家有常业，虽饥不饿；国有常法，虽危不亡"的谚语，可见在当时口语中饥、饿确有轻重程度的区别。但在《论衡》时代，这种区别就开始消失了。证据之一是实际运用中"饥"和"饿"可以互相代替。请比较下列例句中"饥人"和"饿人"、"饥死"和"饿死"的用法：

（1）若夫琅邪儿子明，岁败之时，兄为饥人所食，自缚叩头，代兄为食，饿人美其义，两舍不食。（齐世）

（2）伯夷委国饥死，不嫌贪刀钩。（书虚）

（3）太公受封，伯夷饿死。（逢遇）

证据之二是在当时同其后时代不远的字书中"饥"、"饿"已可互训。如《尔雅》、《说文》："饥，饿也。"《广雅》："饿，饥也。"这都说明在汉代二者已无词义上的轻重不同。

〔疾病〕

---

① 参看王力《汉语史稿》，中华书局 1980 年新 1 版，第 577 页。

② 参看王力《说江河》，载《中学语文教学》，1982 年第 7 期。本书例证见《书虚篇》。

（1）然则天地之有水旱，犹人之有疾病也。（感虚）

（2）血脉不调，人生疾病。（谴告）

在先秦一般病叫疾，重病叫病，语义的这一程度差别在《论衡》中也开始消失。比方行文中为同义避复，"疾"、"病"常可对举出现，如"服百病之方，治百人之疾"（别通）；"笃剧之病"，"性命之疾"（率性）。又有"疾甚"（命禄）和"甚病"（骨相）两个同义短语的出现，都说明"疾"、"病"不再分指轻重。

〔下降〕、〔陨零〕

（1）神物下降，风雨暴至。（感虚）

（2）冬月隆寒，霜雪霣（陨）零，万物皆枯，儒者敢谓蒉荄达冬独不死乎？（是应）

先秦"下"、"降"、"陨"、"零"同是"落"的意思，但石落曰陨，叶落曰下，草落曰零，高落曰降，应用范围有相对的区别。而在《论衡》中则变得能够通用。如《感虚篇》："一仰天叹，天为陨霜，何天之易感，霜之易降也？夫哀与乐同，喜与怒均。衍兴怨痛，使天下霜，使衍蒙非望之赏，仰天而笑，能以冬时使天热乎？"同一段话中表述霜落就用了"陨"、"降"、"下"三字。由此可知"下"和"降"、"陨"和"零"构成同义联合词也就不奇怪了。

〔逢遭〕、〔遭逢〕

（1）凡人仕宦有稽留不进，行节有毁伤不全，罪过有累积不除，声名有暗昧不明，才非下，行非悖，又知非昏，策非昧也，逢遭外祸，累害之也。（累害）

（2）尧、高祖之母适欲怀妊，遭逢雷龙载云雨而行，人见其形，遂谓之然。（奇怪）

前已指出，最初"逢"与"遭"的意义在感情色彩上有区别："逢"多用于吉祥的事，"遭"多用于凶恶的事。这一细微差别在《论衡》中仍有表现，如"遭"的经常用法有"遭恶疾"（命义）、"遭凶恶"（同上）、"遭兵"（幸偶）、"遭累害"（命禄）、"遭洪水"（明雩）、"遭大旱"（同上）等；"逢"的经常用法有"逢吉"（卜筮）、"逢福"（辨祟）等，甚至还有"逢吉遭凶"（卜筮）这样对照出现、更能看出其用法不同的例证。但是，我们也可以找到少数相反的例证，如"遭欲为治之君"（逢遇）、"遭善而为"（讲瑞）、"遭见圣物"（指瑞）、"遭当盛之禄"、"伐薪逢虎"（命禄）等，也有对举出现、表明其能够彼此替代的，如《祸虚》："太公穷贱遭周文王而得封；宁戚隐厄逢齐桓公而见官。"由此可见"逢"、"遭"感情色彩的区别正在日益消失中。

以上说明，对于相同意义联合词，我们必须从实际运用中把握它们在语义上的发展演变：有的从异义发展为同义，有的则从同义发展为等义。这是相同意义联合词产生和构成的特点之一。

〈二〉相类意义联合。

指构成复音词的两个语素虽然具有不同的义位，但却有部分义素重合，因而带有同类性质。这种由部分意义相类的单音词联合构成的复音词，在《论衡》中出现不少。如：

（1）春秋之时，败绩之军，死者蔽草，尸且万数。（命义）

（2）案夏日长之时，日出东北，而月出东南。（说日）

（3）养力者，养气力之士，以明能用兵。（非韩）

（4）人之筋骨，非木非石，不能不解。（儒增）

（5）况极笔墨之力，定善恶之实，言行毕载，文以千数，传流于世，成为丹青，故可尊也。（佚文）

（6）虞舜大圣，隐藏骨肉之过，宜愈子骞。（知实）

（7）对曰："臣闻君子有三色：欢然喜乐者，钟鼓之色；愁然清静者，衰绖之色；怫然充满手足者，兵革之色。"（知实）

以上为名词。

（8）迁转之人，或至公卿，命禄尊贵，位望高大。（初禀）

（9）今失实之事多，华虚之语众。（自纪）

（10）衰乱无道，莫过桀纣。（儒增）

以上为形容词。

（11）伯益作井，致有变动，始为耕耘者，何故无变？（感虚）

（12）造论之人，颂上恢国，国业传在千载，主德参贰日月，非适诸子书传所能并也。（佚文）

以上为动词。

这类复音词中名词居多，形容词、动词较少。从语义上看它们有两个特点：

　　一是概括性。

　　构成这类复音词的两个语素，原来义位不同，各代表一个概念；合成后则融合为一个义位，代表一个更加概括的概念。如〔岁月〕（无形），本来分别指年和月，合成后则统指时间；〔夷狄〕（艺增），本来分别指我国东部和北部的少数民族，合成后则变成当时汉统治者对各少数民族的蔑称；〔子孙〕（案书），原来分指两辈人，合成后则统指后代；〔卿相〕（非韩）原为两种高级官位，合成后泛指高级官吏；〔亿万〕（骨相），本为两个大数，合成后代表数量多；〔参贰〕（佚文），原来一是并列为贰的贰，一是鼎立为叁的叁，合成后变成并立的意思；〔耕耨〕（感虚），原来一为犁田，一为锄草，合成后泛指耕作；等等。

　　二是形象性。

　　这类复音词中有不少常取两语素合成后的比喻义或代替义所构成，因而带有形象修辞的特点。如〔骨肉〕（骨相），用骨肉关系作比喻，表示"亲人"这个新义；〔股肱〕（恢国），用大腿（股）和臂膀（肱）作比喻，表示"辅臣"这个新义；〔桢干〕（语增），桢和干本是古代建筑土墙的两种木柱，立在两头叫桢，立在两旁叫干，合成后引申为"骨干"的意思；〔钟鼓〕（知实），本来是两种乐器，合成后表示婚庆喜事；〔竹帛〕（书虚），竹简和帛织品古代都用于书写，合成后就代表"书籍"，〔缧绁〕（问孔），用两种绑犯人的绳子来代表"监狱"；〔甲子〕（语增），因古代用干支记日，就用各自首字代表"日子"；〔兵革〕（齐世），兵为兵器，革为甲胄，合成后代表"战争"；〔丹青〕（佚文），原为两种耐用颜料，合成后代表不朽的文章；等等。

　　〈三〉相反意义联合。

　　指用两个相反相成义位合成的复音词。这类词在先秦已经产生，但数量较少，在《论衡》中则有明显增加。从词性看先秦多为名词，而此时名词、形容词、动词均有一定数量。如：

　　（1）居右食嘉，见将倾邪，岂能举记陈言得失乎？（量知）

　　（2）众将拾金，何独掇书，坐知秦之形势，是以能图利害。（效力）

　　（3）陆贾《新语》，每奏一篇，高祖左右称曰万岁。（佚文）

　　（4）遭风逢气，身生寒温；变操易行，寒温未除。（寒温）

　　此处"寒温"指一种冷热疾病，系名词。

（5）使次公命贱，不得妇人为偶，不宜为夫妇之时，则有二夫、赵王之祸。（骨相）

（6）今从东海上察日，及从流沙之地视日，小大同也；相去万里，小大不变。（谈天）

（7）古礼三百，威仪三千，刑亦正刑三百，科条三千，出于礼，入于刑，礼之所去，刑之所取，故其多少同一数也。（谢短）

（8）非天禀施有左右也，人物受性有厚薄也。（幸偶）

此处"左右"是"偏向"义，系动词。

（9）武王崩，周公居摄七年，复政退老，出入百岁矣。邵公，周公之兄也，至康王之时，尚为太保，出入百岁有余矣。（气寿）

"出入"犹言接近，系动词。

（10）虙子贱、漆雕开、公孙尼子之徒，亦论情性，与世子（指世硕——作者注）相出入，皆言性有善有恶。（本性）

此处"出入"，亦可解为"接近"，系动词。

《论衡》中出现许多用单音反义词构成的词组，这是相反意义联合词产生的基础。当构成常用词组的两个单音词的意义一旦融合为一个新的意义时，词组就凝固而为词。

以上是平等联合式复音词。

1.1.2　不平等联合词。

在《论衡》的联合式复音词中，我们看到除上述平等联合词外，还有不平等联合词。这是指构成复音词的两个同义语素，其中一个语素的意义比较狭窄、具体，另一个语素的意义比较概括、抽象，则比较狭窄、具体的语素的意义对合成后的双音词的意义具有明显的影响，从而令人感到两个语素贡献的意义有大小区别，即带有不平等性，我们把这类复音词叫作不平等联合词。如"啄"与"食"，同是吃的意思，但"啄"专指鸟吃，意义比"食"狭窄、具体一些，二者合成"啄食"后，仍应用于鸟禽类，说明前一个语素"啄"对后一个语素"食"有较强的制约力。又如"器"与"皿"，《说文》："器，皿也。"段注："皿部曰：皿，饭食之用器。然则皿专谓食器，器乃凡皿统称。器下云皿也者，散文则不别也。"指出二者意义既有"不别"的一面，又有不同的一面：皿为专指，即意义比较狭窄、具体；器为统称，即意义比较概括、抽象。合成"器皿"后仍多用于食具，说明后一个语素"皿"对前一个语素"器"有更强的制约力。类似"啄食"的，我们又叫它前制后不平等联合词；类似"器皿"的，我们又叫它后制前不平等联合词。分别举例如下：

〈一〉前制后不平等联合词。如：

（1）稻谷千钟，糠皮太半。（自纪）

（2）文王所以为粪土，而恶来所以为金玉也，非纣憎圣而好恶也，心知惑蔽。（累害）

（3）能驰走之物，生有蹄足之形。（道虚）

以上为名词。

（4）天地用心，犹人用意也，人食不饱足，则怨主人，不报以德矣。（祀义）

（5）天至高大，人至卑小。（变动）

（6）河发昆仑，江起岷山，水力盛多。（效力）

以上为形容词。

（7）今人死，手臂朽败，不能复持刃，爪牙隳落，不能复啮噬。（论死）

（8）奉天而行，其诛杀也，宜法象上天。（雷虚）

（9）驰走不能飞升。（道虚）

以上为动词。

〈二〉后制前不平等联合词。如：

（1）项羽重瞳，自知虞舜苗裔也。（奇怪）

（2）燃炭生火，必调和炉灶，故为之也。（物势）

（3）有实核于内，有皮壳于外。（超奇）

以上为名词。

（4）性情清廉，不贪富贵。（非韩）

（5）起于微贱，无所因阶者难。（恢国）

（6）孟子相贤，以眸子明瞭者。（自纪）

以上为形容词。

（7）既能飞翔，安能至于三日？（儒增）

（8）思虑远者，必傍义依仁，乱于大贤。（答佞）

（9）世俗信祸祟，以为人之疾病死亡，及更患被罪，戮辱欢笑，皆有所犯。（辨祟）

此处"欢笑"作嘲谑讲，系受"笑"的影响，"笑"原有嘲谑义，《诗经·邶风·终风》："终风且暴，顾我则笑。"毛传："侮之也。"又《尔雅·释诂》："谑浪笑敖，戏谑也。"

关于不平等联合词的语义构成，有两点值得注意：

第一，这类复音词大都是由基本词汇中的单音词同一般词汇中的单音词联合构成的。汉语词汇发展到两汉时期，属基本词汇的单音词通常已有不止一项义位，如"微"当时属基本词，至少有四个义位：a. 隐匿；b. 奥妙；c. 卑下；d. 衰弱。基本词的每个义位都有可能同一般词的相同或相近义位构成不平等联合词，例如"微"在《论衡》中就构成"隐微"（自纪）、"精微"（奇怪）、"衰微"（恢国）三个前制后不平等联合词和"微妙"（骨相）、"微弱"（论死）、"微贱"（恢国）三个后制前不平等联合词。类似的另如"小"可构成"幼小"（本性）、"卑小"（变动）、"浅小"（自纪）等，"清"可构成"清廉"（非韩）、"清洁"（率性）、"清静"（知实）、"清正"（累害）等；"深"可构成"深切"（问孔）、"深广"（宣汉）、"深沉"（自纪）、"深迂"（同上）等；"明"可构成"明洁"（自纪）、"明瞭"（同上）、"明著"（吉验）、"精明"（是应）等；"灭"可构成"湮灭"（书虚）、"消灭"（解除）、"破灭"（幸偶）、"殁灭"（对作）、"灭绝"（知实）、"灭遗"（自纪）等；"行"可构成"推行"（答佞）、"施行"（同上）、"运行"（说日）、"转行"（同上）等；"动"可构成"鼓动"（是应）、"骚动"（定贤）、"摇动"（状留）、"蠕动"（齐世）等。

第二，从语义的深层分析，可看出这类复音词两个义位的具体构成是不相同的，通常其中一个义位（基本词的义位）往往能够囊括另一个义位（一般词的义位），这是它们语义不平等的根源。例如"皮"，在先秦专指兽皮，到汉代也可指人（《雷虚篇》就有"人皮"一语）及其他生物，成为一个意义比原来更概括、抽象的基本词，它既可以同"糠"构成前制后不平等联合词"糠皮"，又可以同"肤"构成后制前不平等联合词"皮肤"①。其义位构成大致如下：

---

① 有的同志认为"皮肤"应属相同意义的平等联合词，但从发展观点看，"皮"既已进入基本词汇，"皮"与"肤"的语义就应当视为不平等的。

皮 = 属于人或其他生物 + 附在人体或其他生物表面 + 呈平面形或圆壳形 + 一层薄的组织。

糠 = 属于谷、稻、麦等作物 + 附在子实表面 + 呈圆壳形 + 一层薄的组织。

肤 = 属于人 + 附在人体表面 + 呈平面形 + 一层薄的组织。

"糠"和"肤"的义素显然都包括在"皮"的义位之中,但合成复音词后,"糠皮"的义素中不再包括属于人的那些义素,而同"糠"的义素融合起来;同样"皮肤"的义素中也不再包括农作物的那些义素,而同"肤"的义素合二为一。

从《论衡》联合式复音词的语义构成,我们可以看出汉语联合式双音词两个语素语义的关系是辩证统一的关系:它们之间有彼此融合的一面,这就是说复音词的词义决不是两个单音语素意义的简单相加;另一方面又有相互制约的一面,即把双方的意义制约在一定的义位上。这是因为语言的发展,既要求词义的丰富性、多样性,又要求表达的单一性、明确性。表现在单音词上这两者的矛盾就不好解决。很显然一个单音词同时具有几个义位,在人们交际中就容易引起歧义。为解决这一矛盾,在单音词义不断发展、丰富的基础上,使语义表达更为单纯、明确的联合式复音词就应运而生。由此可知,《论衡》中联合式复音词的大量出现,是同上古汉语词汇意义的发展、演变有直接关系的。

1.2　从词性看构成。

《论衡》中的复音词从词性构成方面看,同先秦有着相同的规律,即某词性的复音词是由同词性的单音词联合构成的。具体为:名词与名词联合构成名词,形容词同形容词联合构成形容词,动词与动词联合构成动词,数词与数词联合构成数词,当然,也有例外现象。分别举例如次:

1.2.1　名 + 名——名

(1) 操行有常贤,仕宦无常遇。(逢遇)

(2) 旌旗垂旒,旒缀于杆。(变动)

(3) 年岁水旱,五谷不成。(治期)

(4) 人之释沟渠也,知其必溺身,不塞沟渠而缮船楫者,知水之性不可阏,其势必溺人也。(非韩)

（5）唐虞时，夔为大夫，性知音乐，调声悲善。（书虚）

（6）烹辄死之人，三日三夜颜色不变，痴愚之人，尚知怪之。（道虚）

（7）今人之将死，身体清凉。（论死）

（8）此职业外相程相量也，其内各有所以为短，未实谢也。（谢短）

（9）贵至封侯，贱至奴仆。（自纪）

（10）纣为孩子①之时，微子睹其不善之性。（本性）

1.2.2 形 + 形 —→ 形

（1）不任典城之吏，察参伍之正，不明度量，待尽聪明，劳知虑而以知奸，不亦无术乎？（非韩）

（2）昼日光明，人卧亦觉，力亦复足。（偶会）

（3）秋冬之气，寒而干燥，虫未曾生。（商虫）

（4）术用乖错，首尾相违，故以为非。（薄葬）

（5）百姓平安，是国昌也。（治期）

（6）故夫宓牺之前，人民至质朴。（齐世）

（7）如非凤凰，体色、附从何为均等？（讲瑞）

（8）世称子路无恒之庸人，未入孔门时，戴鸡佩豚，勇猛无礼。（率性）

（9）江河之水，驰涌滑漏，席地长远，无枯竭之流，本源盛矣。（效力）

（10）鸟轻便于人，趋远，人不如鸟。（状留）

1.2.3 动 + 动 —→ 动

（1）夫物未死，精神依倚形体，故能变化，与人交通。（四讳）

（2）如势欲杀人，当驱逐之时，避人隐匿，驱逐之止，则复还立故处。（解除）

（3）衣服无精神，人死与形体俱朽，何以得贯穿乎？（论死）

（4）不周为共工所折，当此之时，天毁坏也。（谈天）

（5）形轻飞腾，若鸿鹄之状。（龙虚）

---

① "子"在《论衡》中虽然已经能充当后附虚词成分，但此处"子"系子女的"子"，"孩子"应是〔名 + 名〕构成的同义联合词。

（6）孔子既不能如心揣度，以决然否，心怪不信，又不能达视遥见，以审其实。（知实）

（7）淮南王刘安召术士伍被、左吴之辈，充满宫殿①，作道术之书，论天下之事。（谈天）

（8）汲井决陂，灌溉园田，物亦生长。（自然）

（9）辅倾宁危，非著作之人所能为也。（书解）

（10）以朝庭选举皆归善为贤乎？（定贤）

1.2.4　数＋数——数

（1）当邓通之幸文帝也，贵在公卿之上，赏赐亿万，与上齐体。（骨相）

（2）偶人千万，不名为人者，何也？（自然）

此处"千万"及"亿万"均言其数量之多，非确数。

也有少数复音词的词性同单音词不一致，如：

a. 形＋形——名

（1）尊长，主也；卑幼，助也。（四讳）

（2）夫西方，长老之地，尊者之位也。（同上）

（3）废退旧居，旧故叛去。（自纪）

（4）上书奏记，陈列便宜，皆欲辅政。（对作）

b. 动＋动——名

（1）居右食嘉，见将倾邪，岂能举记陈言得失乎？（量知）

（2）察其发动，邪正可名。（答佞）

（3）人之学问、知能成就，犹骨象玉石切磋琢磨也。（量知）

c. 动＋动——形

颊肌明洁，五色分别。（自纪）

d. 名十名——动

无君子小人，并为鱼肉。（祸虚）

e. 数＋数——动

鸿知所言，参贰经传。（案书）

---

① 《广雅》："充，满也。"又"满，充也。""充"、"满"是同义动词。同后世补充式"充满"不同。

f. 数 + 数 —→ 副

管蔡篡畔，周公告教之，至于再三。（谴告）

同先秦比较，《论衡》中的双音词的词性构成，有两点值得注意：

第一，先秦主要是名名联合构成名词、动动联合构成动词两类，形形联合构成形容词数量较少；《论衡》中三类数量则以动动联合构成动词为最多，约有 591 个，占联合式复音词总词数的 42.1%，其余两类数量相当，名词 377 个，占 26.8%，形容词 373 个，占 26.6%，形容词所占比例比先秦显著增加了。

第二，合成前单音词词性同合成后复音词词性不同的结构方式，先秦只有形形联合构成名词、动动联合构成名词等少数方式，在《论衡》中这种方式构成的词虽仍居少数，但构成方式却增加到六种之多。这表明汉语构词方式有了更大的灵活性。

1.3 从字序看构成。

《论衡》中的联合式复音词同先秦一样也存在着同语素、异字序现象，可区别为两类：一是字序 AB 和字序 BA 在《论衡》中同时应用的；二是同现代汉语 AB 比较，在《论衡》中只有 BA 的。

1.3.1 AB 和 BA 同时运用的。

按词性又分为名词、动词、形容词三种，分别举例如次：

a. 名词

〔名声、声名〕

（1）假令甲有高行奇知，名声显闻，将恐人君召问，扶而胜己，欲故废不言，常腾誉之。（答佞）

（2）罪过有累积不除，声名有暗昧不明。（累害）

〔事实、实事〕

（1）由此言之，书亦为本，经亦为末，末失事实，本得道质。（书解）

（2）说灾变之家曰："人在天地之间，犹鱼在水中矣。其能以行动天地，犹鱼鼓而振水也。鱼动而水荡，人行而气变。"此非实事也。（变虚）

〔祸殃、殃祸〕

（1）以命当贫贱，遇当衰之禄，则祸殃乃至，常苦不乐。（命义）

（2）五月举子，其父不死，则知见两头蛇，无殃祸也。

〔事物、物事〕

（1）天地事物，人所重敬，皆力劣知极，须仰以给足者也。（程材）

（2）道家论自然，不知引物事，以验其言行，故自然之说未见信也。（自然）

〔境土、土境〕

（1）使魏无干木，秦兵入境，境土危亡。（非韩）

（2）论符瑞则汉盛于周，度土境则周狭于汉，汉何以不如周？（宣汉）

〔街巷、巷街〕

（1）州、郡列居，县、邑杂处，与街巷民家何以异？（诘术）

（2）入市门曲折，亦有巷街。（同上）

〔圣贤、贤圣〕

（1）圣贤务高，至言难行也。（逢遇）

（2）众人阔略，寡所意识，见贤圣之名物，则谓之神。（实知）

〔根本、本根〕

（1）考实根本，论其文义，与彼贤者作书，无以异也。（正说）

（2）说《论语》者，但知以剥解之问，以纤微之难，不知存问本根篇数章目。（正说）

〔知（智）能、能知（智）〕

（1）闻圣人人之奇者，身有奇骨，知能博达，则谓之圣矣。（讲瑞）

（2）见智能之士，官位不至，怪而訾之曰："是必毁于行操。"（命禄）

（3）案东番邹伯奇、临淮袁太伯、袁文术、会稽吴君高、周长生之辈，位虽不及公卿，诚能知之囊橐，文雅之英雄也。（案书）

〔壳皮、皮壳〕

（1）夫蝉之去复育，龟之解甲，蛇之脱皮，鹿之堕角，壳皮之物解壳皮，持骨肉去，可谓尸解矣。（道虚）

（2）文墨辞说，士之荣叶，皮壳也。（超奇）

〔操行、行操〕

（1）凡人操行，不能慎择友。（累害）

（2）《程材》所论，论材能行操，未言学知之殊奇也。（量知）

b. 形容词

〔巨大、大巨〕

（1）海不通于百川，安得巨大之名？（别通）

（2）夫爇一炬火，爨一镬水，终日不能热也；持一尺冰，置庖厨中，终夜不能寒也。何则？微小之感，不能动大巨也。今邹衍之叹，不过如一炬、尺冰，而皇天巨大，不徒镬水、庖厨之丑类也。（感虚）

〔众多、多众〕

（1）以圣人之才，犹不幸偶，庸人之中，被不幸偶，祸必众多矣。（幸偶）

（2）人君之威固严人臣，营卫卒使固多众，两臣杀二君，二君之死，亦当报之，非有知之深计，憎恶之所为也。（死伪）

〔美丽、丽美〕

（1）文王之文在孔子，孔子之文在仲舒，仲舒既死，岂在长生之徒与？何言之卓殊，文之美丽也！（超奇）

（2）因丽美之说，说主人之威，人主心并不能责，知或不能觉。（答佞）

〔炽盛、盛炽〕

（1）文章之人滋茂汉朝者，乃夫汉家炽盛之瑞也。（超奇）

（2）前世龙见不双，芝生无二，甘露一降，而今八龙并出，十一芝累生，甘露流五县，德惠盛炽，故瑞繁夥也。（恢国）

〔清洁、洁清〕

（1）好道学仙者，绝谷不食，与人异食，欲为清洁也。（祭意）

（2）天之大恶，饮食人不洁清。（雷虚）

〔衰老、老衰〕

（1）鲜腥犹少壮，焦熟犹衰老也。（道虚）

（2）黑青不可复还，老衰安可复却。（同上）

〔完全、全完〕

（1）身完全者谓之洁。（累害）

（2）苟有全完之行，不宜为人所缺。（自纪）

〔隆盛、盛隆〕

（1）二世之恶，隆盛于纣，天下畔秦，宜多于殷。（语增）

（2）说《尚书》谓之有天下代号唐、虞、夏、殷、周者，功德之名，盛隆之意也。（正说）

〔谦卑、卑谦〕

（1）非失对欺师，礼让之言，宜谦卑也。（问孔）

（2）性有卑谦辞让，故制礼以适其宜。（本性）

〔强壮、壮强〕

（1）是故气不通者，强壮之人死，荣华之物枯。（别通）

（2）管仲有力，桓公能举之，可谓壮强矣。（效力）

〔强劲、劲强〕

（1）树檀以五月生叶，后彼春荣之木，其材强劲，车以为轴。（状留）

（2）人物在世，气力劲强，乃能乘凌。（说日）

〔平安、安平〕

（1）居平安之时，为反逆之谋，此其所以功灭国绝，不得名为贤也。（定贤）

（2）安平身无宜，则弓藏而犬烹。（同上）

c. 动词

〔语言、言语〕

（1）人死不为鬼，无知，不能语言，则不能害人矣。（论死）

（2）人之所以能言语者，以有气力也。（同上）

〔言谈、谈言〕

（1）人言谈有所作于卧人之旁，卧人不能知，犹对死人之棺为善恶之事，死人不能复知也。（论死）

（2）如楚越之人促急捷疾，与人谈言，口唾射人，则人脤账，肿而为创。（言毒）

〔求索、索求〕

（1）信命者则可幽居俟时，不须劳精苦形求索之也，犹珠玉之在山泽，不求贵价于人，人自贵之。（命禄）

（2）始皇大怒，索求张良。（纪妖）

〔忌讳、讳忌〕

（1）忌讳之语四方不同。（四讳）

（2）实说，讳忌产子、乳犬者，欲使人常自洁清，不欲使人被污辱也。（同上）

〔树立、立树〕

（1）城墙之土，平地之壤也，人加筑蹈之力，树立临池。（须颂）

（2）米在囊中，若粟在橐中，满盈坚强，立树可见。（论死）

〔触犯、犯触〕

（1）人行无所触犯，体无故痛。（言毒）

（2）故发病生祸，缚法入罪，至于死亡，殚家灭门，皆不重慎，犯触忌讳之所致也。（辨祟）

〔运转、转运〕

（1）今天运转，其北际不著地者，触碍，何以能行？（说日）

（2）然而日出上、日出下者，随天转运。（同上）

〔纪（记）载、载记〕

（1）古之帝王建鸿德者，须鸿笔之臣褒颂纪载，鸿德乃彰，下世乃闻。（须颂）

（2）功著效明，载纪竹帛。（答佞）

〔战斗、斗战〕

（1）成人之操，益人之知，非徒战斗必胜之策也。（别通）

（2）剑伎之家，斗战必胜者，得曲城越女之学也。（同上）

〔荐举、举荐〕

（1）文章溢沛，不遭有力之将援引荐举，亦将弃遗于衡门之下。（效力）

（2）知能之大者，其犹十围以上木也，人力不能举荐，其犹薪者不能推行大木也。（同上）

〔称颂、颂称〕

（1）唯班固之徒称颂国德，可谓誉得其实矣。（须颂）

（2）夫以人主颂称之臣，臣子当褒君父，于义较矣。（同上）

〔燔烧、烧燔〕

（1）传语曰："秦始皇燔烧诗书，坑杀儒士。"（语增）

（2）言烧燔诗书，坑杀儒士，实也；言其欲灭诗书，故坑杀其人，

非其诚，又增之也。（同上）

〔变更、更变〕

（1）今乃随寒从温，为寒为温，非谴告之意，欲令变更之宜。（谴告）

（2）不更变气以悟人君，反增其气以渥其恶，则天无心意，苟随人君为误非也。（同上）

〔归附、附归〕

以人众所归附、宾客云合者为贤乎？则夫人众所附归者，或亦广交多徒之人也，众爱而称之，则蚁附而归之矣。（定贤）

1.3.2　同现代汉语 AB 比较，《论衡》中只有 BA 的。也按词性分别举例：

a. 名词

〔齿牙〕

至于相啖食者，自以齿牙顿利，筋力优劣，动作巧便，气势勇桀。（物势）

〔丘山〕

坯成丘山。（累害）

〔钱金〕

常余钱金衣食。（道虚）

〔位地〕

道重知大，位地难适也。（效力）

其他还有〔质性〕（感虚）、〔圣神〕（问孔）、〔害祸〕（论死）、〔宗祖〕（自纪）、〔彩色〕（自然）、〔效实〕（艺增）等。

b. 形容词

〔燋枯〕

儒者传书言：尧之时，十日并出，万物燋枯。（感虚）

〔牢坚〕

如使成器，入灶更火，牢坚不可复变。（无形）

〔宜适〕

圣人举事，求其宜适也。（书虚）

〔重慎〕

君子重慎，自知无过，如日月之蚀。(雷虚)

其他还有〔良善〕(累害)、〔谲诡〕(书虚)、〔隘狭〕(书虚)、〔畏敬〕(福虚)、〔困穷〕(祸虚)、〔和温〕(寒温)、〔瞳朦〕(自然)、〔陋丑〕(齐世)、〔险危〕(难岁)、〔实诚〕(对作)、〔小弱〕(对作)、〔促急〕(言毒)、〔说喜〕(自纪)、〔敬恭〕(明雩)、〔达通〕(祸虚) 等。

c. 动词

〔退隐〕

子高退隐。(逢遇)

〔放流〕

伯奇放流。(累害)

〔复重〕

《诗经》旧时亦数千篇，孔子删去复重，正而存三百篇，犹二十九篇也。(正说)

〔产出〕

圣治公平，而乃沾下产出也。(讲瑞)

其他还有〔生出〕(讲瑞)、〔害伤〕(顺鼓)、〔争斗〕(感虚)、〔祷祈〕(感虚)、〔论议〕(道虚)、〔推类〕(别通)、〔伤损〕(谴告)、〔变改〕(变动)、〔灭息〕(商虫)、〔应答〕(卜筮)、〔证验〕(对作)、〔获虏〕(恢国)、〔告报〕(卜筮)、〔实核〕(超奇) 等。

关于《论衡》中的同素异序现象，讨论、分析如下：

第一，据我们统计，全书共有异序词 184 个，其中动词最多，有 88 个，占 47.8%，形容词次之，有 55 个，占 29.9%，名词最少，有 41 个，占 22.3%。在 184 个异序词中，AB、BA 同时在本书应用的有 124 个，占 67.4%，只用 BA 的 60 个，占 32.6%。同在本书应用的，有的出现在同一篇中，如《诘术篇》的"巷街"、"街巷"，《正说篇》的"根本"、"本根"，《道虚篇》的"衰老"、"老衰"，《定贤篇》的"平安"、"安平"，《论死篇》的"言语"、"语言"等。有的甚至在同一句话中同时应用，如《明雩篇》："咏而馈，咏歌馈祭也，歌咏而祭也。"

第二，同素异序词能在同一书、甚至同一篇、同一句中出现，说明它们不管字序是 AB，还是 BA，在意义和用法上是相同的，应当看作是同一个词。这一点同先秦基本上是一致的。但我们也注意到已有少数词颠倒字序后，词性和意义发生了变化，如"食饮"（道虚）为动词，而"饮食"有时作动词，有时则变成名词，如《骨相篇》："衣服、饮食与之齐同。""饮食"和"衣服"一样都是名词。"讳忌"（四讳）是动词，而"忌讳"有时也用作名词，如《辨祟篇》："天下千狱，狱中万囚，其举事未必触忌讳也。"这同现代汉语中的情形有相同之处，如"伴同"、"歌颂"、"报警"、"报喜"、"议决"、"言语"是动词，而颠倒字序后"同伴"、"颂歌"、"警报"、"喜报"、"决议"、"语言"则变成名词。这是否可以表明，《论衡》中的同素异序现象已经开始出现同先秦汉语不同而同现代汉语相似的发展趋势。

第三，《论衡》中的异序词只有少数双方流传至今，如"名声"和"声名"、"离别"和"别离"、"语言"和"言语"、"运转"和"转运"等。但其中有的词义、词性发生了变化，如现代汉语中"语言"只作名词用，"转运"则是运输的一种方式，应是偏正结构。BA 类流传下来的更为罕见。总之，大部分异序词到现代汉语中都以 AB 字序固定下来了。

第四，《论衡》中有这么多同素异序词也在一定程度上说明联合式结构的产生尽管通常不需要一个词组阶段（这里主要指相同意义联合词，而同素异序词绝大多数都是相同意义联合词），但语素的字序却有一个逐步稳定的过程。

二　联合式复音词之二：在现代汉语中的变化

《论衡》中的 1404 个联合式复音词，流传至今的（包括在书面语中仍在应用的）约有 1275 个，但其中有 711 个在词义、词性和词形方面发生了程度不同的变化。

2.1　词义发生变化。

这又分为两种情况：一是古今基本意义有差异；二是意义的抽象程度有区别。

2.1.1　基本意义不同。如：

（1）〔朝庭（廷）〕通常指封建帝王听政的地方，《论衡》中则指一般官府。如《量知篇》："儒生、文吏，俱以长吏为主人也。儒生受长吏之禄，报长吏以道；文吏空胸，无仁义之学，居位食禄，终无以效，所谓尸位素餐者也。……无道艺之业，不晓政治，默坐朝庭，不能言事，与尸无异，故曰尸位。"王充这里批判的是文吏，文吏默坐的"朝廷"，显然不是中央朝廷。又如《累害篇》："不由我者，谓之何由？由乡里与朝廷也。夫乡里有三累，朝廷有三害。累生于乡里，害发于朝廷，古今才洪行淑之人遇此多矣。""朝廷"同"乡里"对举，即相当于官方与民间对应。

（2）〔亲戚〕现代汉语中指跟自己家有婚姻关系的家庭或它的成员①。古代则不同，先秦通常指父母，如《礼记·曾子疾病篇》："亲戚既没，虽欲孝谁为孝？"后引申扩大到家庭其他成员如兄弟姊妹，即指家庭成员，《论衡》中多是此用法，如《定贤篇》："言行无非，治家亲戚有伦，治国则尊卑有序。"

（3）〔比例〕现代为数学用语，或当"比重"讲；《论衡》中则代表一法律概念。"比"是以例相比况的意思，汉代凡法律上无正式规定，比况类似条文判案或处理其他事务，经皇帝批准具有法的效力，叫"比"或"比例"②。如《程材篇》："法令比例，吏决断也。"

（4）〔精神〕现代指人的活力或意识，《论衡》中则常指人的精魂、灵魂。如《论死篇》："使死人精神去形体若蝉之去复育乎？则夫为蝉者不能害为复育者。夫蝉不能害复育，死人之精神何能害生之人？"《死伪篇》："黄熊，鲧之精神，晋侯不祀，故入寝门。"《道虚篇》："如谓身死精神去乎？是与死无异，人亦仙人也。"

（5）〔便宜〕现代为方便、合适的意思，另"便（pián）宜"又解作价钱低或不劳而获的好处等。《论衡》中则特指向皇帝陈述对国家、朝廷有利的建议或办法。如《超奇篇》："或陈得失，奏便宜，言应经传，文如星月。"《佚文篇》："上书陈便宜，奏记荐吏士。"

（6）〔便利〕现代指方便、容易达到目的的意思。《论衡》中则有两个意思：一是指利益、好处，如《是应篇》："太平之时，无商人则可，如有，必求便利以为业。"二是特指大小便，如《订鬼篇》："夫物有形则

---

① 参看中国社会科学院语言研究所词典编辑室编《现代汉语词典》。

② 参看黄晖：《论衡校释》，商务印书馆 1935 年版，第 543 页。北大历史系《论衡注释》，中华书局 1979 年版，第 690 页。

能食，能食则便利。"刘盼遂案："便利谓拉屎撒尿也。《汉书·韦贤传》：'狂卧便利，妄笑语昏乱。'师古注：'便利，大小便也。'黄晖说为动作巧便，失之①"。刘说是正确的。

（7）〔交通〕现代主要指运输、邮电事业的总称，也用于一般往来、通达的意思。《论衡》中也有两义：一是"交往"的意思，与现代有相通处，如《四讳篇》："将举吉事，入山林，远行，度川泽者，皆不与之交通。"二是特指发生性关系，如《论死篇》："夫物未死，精神依倚形体，故能变化，与人交通。"

（8）〔解除〕现代为去掉、消除的意思，系普通动词。《论衡》中则特指一种为消除灾祸、驱除鬼神的迷信活动。如《解除篇》；"世信祭祀，谓祀必有福；又然解除，谓解除必去凶。"

2.1.2　意义的抽象程度不同。

有不少复音词在《论衡》中表示个别或具体事物的意义，到现代汉语中则变为表示一般的或抽象的概念，即词义发生了从个别到一般、从具体到抽象的历史演变。如：

（1）〔形象〕《论衡》中具体指形状、模样的意思。如《程材篇》："目未尝见，孔、墨问形象。"《乱龙篇》："夫图画，非母之实身也，因见形象，涕泣辄下，思亲气感，不待实然也"。《解除篇》："如鬼有形象，形象生人，生人怀恨，必将害人。如无形象，与烟云同，驱逐烟云，亦不能除。"现代则泛指能引起人的思想感情的形状或姿态。至于文学创作中的"形象"、"形象思维"的"形象"，则带有更为抽象的含义。

（2）〔曲折〕现代汉语中指一般"弯曲"或抽象指复杂情况，在《论衡》中则通常具体指道路、河流弯曲。如《程材篇》："盖足未尝行，尧、禹问曲折。"《难岁篇》："且太岁之神审行乎？则宜有曲折，不宜直南北也。长吏出舍，行有曲折，如天神直道不曲折乎？"《须颂篇》："浮于淮、济，皆知曲折。"

（3）〔崇高〕现代是最高尚的意思，多用于形容抽象的事物，如崇高的品质、崇高的理想等。在《论衡》中则是很高的意思，多用于形容具体事物，如《变虚篇》："今天之崇高，非直楼台，人体比于天，非若蝼

---

① 　见刘盼遂《论衡集解》，中华书局1957年版，第451页。

蚁于人也。"

（4）〔腐朽〕《论衡》中多用来形容具体东西腐烂，如《论死篇》："如死，其形腐朽，虽虎兕勇悍，不能复化。"《谈天篇》："夫天本以山为柱，共工折之，代以兽足，骨有腐朽，何能立之久？"现代则除木料等含纤维的物质组织仍用"腐朽"外，一般常用于思想、作风和社会制度等抽象意义。

（5）〔坚定〕《论衡》中通常用来形容个别的具体的事物的坚固，如《齐世篇》："上世和气纯渥，婚姻以时，人民禀善气而生，生又不伤，骨节坚定，故长大老寿，状貌美好。"现代则用于形容立场、主张、意志、气节等不动摇，如"意志坚定"、"立场坚定"等。

（6）〔变化〕《论衡》中多指一种动物变异、蜕化为另一种动物，意义比较具体。如《龙虚篇》、"龙变体瞑，人亦不能觉，变化藏匿者巧也。"《无形篇》："雨水暴下，虫蛇变化，化为鱼鳖。"现代汉语中则泛指一般事物在形态或性质上产生新的状态，如"药物变化"、"心理变化"等。

（7）〔佩服〕现代是钦佩的意思，表示一种心理状态和感情，《论衡》中则指佩戴某种东西，意思比较具体。如《自纪篇》："有宝玉于是，俗人投之，卞和佩服。"

（8）〔消亡〕现代多指一种抽象事物的消失、灭亡，如"国家消亡"。《论衡》中则多用于具体事物的消灭，如《顺鼓篇》："桑谷消亡，享国长久。"《论死篇》："夫卧，精气尚在，形体尚全，犹无所知，况死人精神消亡，形体朽败乎！"

2.2　词性发生变化。

《论衡》还有些词因词义演变而导致词性发生变化。这有几种情况，最多的一种是在《论衡》中为动词，现代汉语中则变成名词；其他还有形容词转为名词、名词转为动词、动词转为形容词、形容词转为动词等。分别举例如下：

2.2.1　动——名。如：

（1）〔因缘〕《论衡》中只用作动词，犹凭借义，如《恢国篇》："谷登岁丰，庸主因缘以建德政。"又："三郊五代之起，皆有因缘，力易为也。"现代汉语指"缘分"或佛教用语,都用作名词,不再作动词用。

(2)〔教授〕《论衡》中只用作动词,犹教诲、传授的意思,如《刺孟篇》:"谓孔子之徒,孟子之辈,教授后生,觉悟顽愚乎?"《纪妖篇》:"孔子好教授,犹师延之好鼓琴也。"《程材篇》:"列曹掾史,皆能教授。"现代则除用作动词外,经常用作名词。

(3)〔图画〕现代只用作名词,在《论衡》中则经常用作动词,如《雷虚篇》:"以其形现,故图画升龙之形也。"《顺鼓篇》:"世俗图画女娲之象,为妇人之形,又其号曰'女'。"《论衡》也有用作名词的,如《乱龙篇》:"夫土龙犹甘泉之图画也,云雨见之,何为不动?"

(4)〔告示〕现代只用作名词,《论衡》中则只用作动词。如《验符篇》:"诏会公卿,郡国上计吏民皆在,以芝告示天下。"

(5)〔合同〕现代指两方或几方为确定各自权利、义务而订立的共同遵守的条文,只用作名词。《论衡》则只用作动词,是合并一致的意思。如《异虚篇》:"夫野兽而共一角,象天下合同为一也。"《初禀篇》:"推天然之性,与天合同。"

(6)〔觉悟〕《论衡》中常用作不及物动词,如《艺增篇》:"令恍惑之人,观览采择,得以开心通意,晓解觉悟。"《别通篇》:"县邑之吏,召诸治下,将相问以政化,晓慧之吏,陈所闻见,将相觉悟,得以改政右文。"《对作篇》:"论者不追救,则迷乱不觉悟。"有时也可带宾语,如《刺孟篇》:"觉悟顽愚。"现代则通常用作名词,且是个带政治色彩的常用词;也可用作动词,但不能带宾语,如"他终于觉悟了。"

(7)〔交易〕《论衡》中只用作动词,且可带宾语,犹"交换",如《量知篇》:"抱布易丝,交易有无,各得所愿。"现代则常用作名词,如"一笔交易","这交易划得来"。也可作动词用。

(8)〔负荷〕《论衡》中只用做动词,且可带宾语,如《效力篇》:"羿、育,古之多力者,身能负荷千钧。"《状留篇》:"今贤儒怀古今之学,负荷礼义之重,内累于胸中之知,外劬于礼义之操,不敢妄进苟取,故有稽留之难。"现代则只作名词用,犹"负载"。

其他像〔教训〕(自然)、〔教导〕(率性)、〔经历〕(别通)、〔交通〕(论死)、〔贸易〕(量知)、〔叛逆〕(恢国)、〔譬喻〕(正说)、〔语言〕(论死)、〔意识〕(实知)、〔遭遇〕(气寿)、〔罪过〕(调时)、〔指示〕（骨相）、〔著作〕（书解）、〔包裹〕（四讳）、〔创伤〕（论死）、〔动作〕（福虚）等等，都有从动词转化为名词（有的仍作动词）的情形。

2.2.2　形—→名。如：

（1）〔智慧〕《论衡》中用作形容词，犹聪明、聪慧，如《论死篇》："人之所以聪明、知惠（慧）者，以含五常之气也。"《商虫篇》："强大食细弱，知（智）慧反顿愚。"现代则可用作名词。

（2）〔失误〕《论衡》中用作形容词，是"错误"、"不正确"的意思，如《非韩篇》："使太公不赏出仕未有功之人，则其诛不仕未有罪之民，非也，而韩子是之，失误之言也。"现代则用作名词或动词。

2.2.3　名—→动。如：

（1）〔发动〕《论衡》中用作名词，犹"动机"，如《答佞篇》："观其所权，贤佞可论；察其发动，邪正可名。"又："谗与佞俱小人也，同道异材，俱以嫉妒为性，而施行发动之①异。"现代则只用作动词。

（2）〔奴役〕《论衡》中作"奴仆"讲，系名词，如《变虚篇》："人病且死，色见于面，人或谓之曰：'此必死之征也。虽然，可移于五邻，若移于奴役。'"现代则只用作动词。

（3）〔形容〕《论衡》中用作名词，犹"形象"，如《别通篇》："置之空壁，形容具存，人不激劝者，不见言行也。"后引申为动词，犹"描摹、描述"，现代汉语口语只此种用法。

2.2.4　动—→形。如：

（1）〔简练〕《论衡》中用作动词，犹"磨练"、"锻练"，如《量知篇》："夫儒生之所以过文吏者，学问日多，简练其性，雕琢其材也。"又："其身简练，知虑光明，见是非审，尤可奇也。"现代只用作形容词，如"文笔简练"。

（2）〔充实〕《论衡》中用作动词，如《气寿篇》："人之禀气，或充实而坚强。"《广雅》："充、实，塞也"，是相同意义联合式动词。现代除仍用作动词外，还常用作形容词，如"内容很充实"。

2.2.5　形—→动。如：

（1）〔分别〕《论衡》中可用作形容词，犹"分明"，如《自纪篇》：

---

①　"之"犹"则"。

"颊肌明洁，五色分别。"又："夫文由语也，或浅露分别，或深迁优雅。"也可用作动词，如《程材篇》："宾客暂至，虽孔、墨之材，不能分别。"但现代只能用作动词，不再当形容词用。

（2）〔明瞭〕《论衡》中只用作形容词，犹言"明亮"，如《自纪篇》："孟子相贤，以眸子明瞭者；察文，以义可晓。"现代仍可用作形容词，但常作动词用。

以上例证表明，《论衡》中流传至今的联合式双音词，有一部分词义、乃至词性到今天已发生很大变化。但也有相反的情形，即词义、词性基本相同，但词形不同，这是由于在单音同义词类聚体中发生不同的组合而形成的。如：

（1）〔程量〕

"程"、"衡"、"量"原均为度量衡名称，后都引申为衡量的意思，现代汉语中"衡"和"量"组合为词，《论衡》中则是"程"和"量"组合为词。如《自然篇》："霈然而雨，物之茎叶根荄，莫不洽濡。程量澍泽，孰与汲井决陂哉？"

（2）〔抵犯〕

"抵"、"触"、"犯"为同义词，现代汉语为"触犯"，《论衡》中为"抵犯"，意义、用法相同。如《辨祟篇》："故世人无愚智、贤不肖、人君布衣，皆畏惧信向，不敢抵犯。"《论衡》中另有〔抵触〕（辨祟）、〔触犯〕（言毒）、〔犯触〕（辨祟）三词，前两者现代仍用，"犯触"则已不用。

（3）〔兼吞〕

"兼"、"并"、"吞"为同义词，现代汉语组合为"兼并"或"并吞"，《论衡》中除有"兼并"（实知）外，又用为"兼吞"。如《实知篇》："其后，秦王兼吞天下，号始皇。"

（4）〔象类〕、〔似类〕

"象"、"类"、"似"为同义词，现代汉语组合为"象似"、"类似"，《论衡》中除组合为"类似"（说日）外，还组合为"象类"、"似类"。如：《商虫篇》："使加罚于虫所象类之吏，则虫灭息，不复见矣。"《率性篇》："硗而埆者性恶，深耕细锄，厚加粪壤，勉致人功，以助地力，其树稼与彼肥沃者相似类也。"

（5）〔约省〕

"约"、"省"、"节"、"俭"为同义词，现代汉语中组合为"节约"、"节俭"、"节省"、"俭省"等，《论衡》中除有"节俭"（对作）外，另组合为"约省"。如《非韩篇》："廉则约省无极，贪则奢泰不止。"

（6）〔固据〕

"固"、"据"、"凭"为同义词，都有凭借、依据的意思，现代汉语中组合为"凭据"，《论衡》中则组合为"固据"。如《订鬼篇》："是以实巫之辞，无所固据，其吉凶自从口出，若童之谣矣。"

（7）〔常庸〕

"平"、"常"、"庸"都有平常的意义，是一组同义词。现代汉语中组合为"平常"、"平庸"，《论衡》中除有"平常"外，还组合为"常庸"。如《率性篇》："未入孔子之门时，闾巷常庸无奇。"

（8）〔和安〕

"平"、"和"、"安"为同义词，现代汉语组合为"平安"、"和平"、"平和"，《论衡》中除有"平安"（治期）外，还组合为"和安"。如《道虚篇》："太平则天下和安，乃升太山而封禅焉。"

（9）〔众盛〕、〔多众〕

"众"、"多"、"盛"为同义词，现代汉语中组合为"众多"、"盛多"，《论衡》中除有此两词外，还组成为"众盛"、"多众"。如《自纪篇》："今无二书之美，文虽众盛，犹多谴毁。""多众"是"众多"的异序词，前已举例。

（10）〔明著〕、〔较著〕

"显"、"明"、"较"、"著"在明显的意义上是一组同义词，现代组合为"显著"、"显明"，《论衡》有"著明"一词（见《知实》），还有"明著"和"较著"两词，如《吉验篇》："盖天命当兴，圣王当出，前后气验，照察明著。"《物势篇》："含血之虫，以四兽为长，四兽含五行之气最较著。"

这类词例还可举出很多。这一现象说明，在单音词合成复音词的早期阶段，还不像后世那样稳定和规范，它反映了早期联合式复音词构成的特点。但是，也确有一大批联合式复音词无论词形、词性或基本意义都同现代汉语差不多。如〔书籍〕（齐世）、〔筋骨〕（儒增）、〔宫殿〕（谈天）、

〔诗歌〕（订鬼）、〔罪恶〕（恢国）、〔补益〕（薄葬）、〔边缘〕（状留）、〔操行〕（逢遇）、〔才能〕（祸虚）、〔道德〕（辨祟）、〔风俗〕（率性）、〔法术〕（骨相）、〔法制〕（齐世）、官吏〕（遭虎）、〔精力〕（儒增）、〔事物〕（程材）、〔事实〕（书解）、〔文字〕（感虚）、〔音乐〕（书虚）、〔英雄〕（案书）（以上为名词）；〔安静〕（感虚）、〔卑贱〕（逢遇）、〔惭愧〕（道虚）、〔错乱〕（定贤）、〔短小〕（齐世）、〔富饶〕（治期）、〔刚强〕（初禀）、〔光荣〕（状留）、〔干燥〕（商虫）、〔欢喜〕（验符）、〔洁白〕（累害）、〔寂寞〕（感类）、〔狂妄〕（艺增）、〔贫苦〕（自纪）、〔清白〕（非韩）、〔清高〕（定贤）、〔质朴〕（齐世）（以上为形容词）；〔飞翔〕（儒增）、〔覆盖〕（道虚）、〔改悔〕（率性）、〔积累〕（命禄）、〔解释〕（对作）、〔分散〕（难岁）、〔旋转〕（说日）、〔考察〕（语增）、〔呕吐〕（四讳）、〔祈求〕（明雩）、〔灭亡〕（异虚）、〔骚动〕（定贤）、〔生存〕（书虚）、〔生长〕（道虚）、〔偷盗〕（答佞）、〔违反〕（问孔）、〔醒悟〕（佚文）、〔争论〕（薄葬）（以上为动词）等等。可以说这些词（只举出一小部分）的词形早在汉代或更早时期就稳定下来了。仅从这一事实，就可看出两汉时期的词汇，对丰富和发展现代汉语词汇起了多么重要的作用。

三　偏正式复音词：从语义、词性看构成

《论衡》中的偏正式复音词，数量居第二位，共有 517 个，占全书总复音词数的 22.48%，占语法造词数的 24.04%，占运用词序方式造词数的 24.76%。我们分别从语义和词性两方面讨论这类复音词的构成特点。

3.1　从语义看构成。

从语义看，这类词是由前一个语素（我们叫偏语素）的意义，制约后一个语素（我们叫正语素）的意义，从而产生一个新的概念所构成的。在先秦，这类词的正语素，主要涉及人或事物方面的意义，到《论衡》中则进一步发展到涉及动作、行为方面的意义。

3.1.1　正语素的意义是有关人或事物的。

从偏语素意义制约（包括修饰和限制）正语素意义的复杂关系看，

又可区分为许多种情况：

（一）表身份职业。

通常偏语素的意义比较广泛，正语素的意义同人有关且常为大类名。正语素常见的有"人"、"工"、"士"、"家"、"官"、"吏"等。

〔～人〕，如：

（1）然而道人消烁五石，作五色之玉，比之真玉，光不殊别。（率性）

（2）志士则恨义事未立，学士则恨问多不及，农夫则恨耕未畜谷，商人则恨货财未殖，仕者则恨官位未极，勇者则恨材未优。（死伪）

（3）夫百草之类，皆有补益；遭医人采掇，成为良药。（幸偶）

（4）邮人之过书，门者之传教也。（定贤）

（5）诗人或时不知，至诚以为然；或时知而欲以喻事，故增而甚之。（艺增）

（6）舟人洿溪上流，人饮下流，舟人不雷死。（雷虚）

（7）故夫能说一经者为儒生，博览古今者为通人，采掇传书以上书奏记者为文人，能精思著文、连结篇章者为鸿儒。（超奇）

（8）祸变且至，身自有怪，非适（敌）人所能动也。（感虚）

〔～工〕，如：

（1）棠谿、鱼肠之属，龙泉、太阿之辈，其本铤，山中之恒铁也，冶工锻炼，成为銛利。（率性）

（2）使当今射工射禽兽于野，其欲得之，不余精力乎！（儒增）

（3）海日屠肆，六畜死者日数千头，不择吉凶，早死者未必屠工也。（讥日）

（4）韩太傅为诸生时，借相工五十钱。（骨相）

（5）画工好画上代之人，秦汉之士，功行谲奇，不肯图。（齐世）

〔～士〕，如：

（1）非博士官所职，天下有敢藏《诗》、《书》、百家语、诸刑书者，悉诣守尉集烧之。（语增）

（2）淮南王刘安召术士伍被、左吴之辈。（谈天）

（3）辨（辩）士则谈其久者，文人则著其远者。近有奇而辨不称，今有异而笔不记。（齐世）

（4）言烧燔诗书，坑杀儒士，实也。（语增）

（5）学士同门，高业之生，众共宗之。（别通）

〔~家〕，如：

（1）数家（指天文历算家——程注）度日之光，数日之质，刺径千里。（说日）

（2）道家相夸曰："真人食气。"（道虚）

（3）然而世尚厚葬，有奢泰之失者，儒家论不明，墨家议之非故也。（薄葬）

（4）如经失之，传家左丘明、公羊、谷梁何讳不言？（书虚）

（5）篇家谁也？孔子也。（须颂）

〔~官〕、〔~吏〕，如：

（1）县官之法，犹鬼神之制也。（讥日）

（2）其子为亚夫买工官尚方甲盾五百被可以为葬者，取庸苦之，不与钱。（骨相）

（3）身黑头赤，则谓武官；头黑身赤，则谓文官。（商虫）

（4）夫以三府掾吏，丛积成才，不能成一篇。（佚文）

（5）从农论田，田夫胜；从商讲，贾人贤；今从朝庭，谓之文吏（指掌管、暗熟法令、文书的官吏——程注，下同）。朝庭之人也，幼为干吏（指管理具体事务的官吏），以朝庭为田亩，以刀笔为耒耜，以文书为农业。（程材）

其他诸如〔啬夫〕（定贤）、〔农夫〕（别通）、〔木匠〕（量知）、〔土匠〕（量知）、〔酒徒〕（语增）、〔钳徒〕（祸虚）、〔刺客〕（书虚）、〔侍俾〕（吉验）、〔牧鉴〕（物势）、〔珠师〕（自纪）、〔素王〕（超奇）等等，均属此类。

（二）表数量大小。

偏语素为数词或量词，正语素则多属可计数量的事物。如

（1）夫管仲为反坫，有三归，孔子讥之，以为不贤。（感类）

（2）以尺书所载，世所共见；准况古今，不闻者必众多非一，皆有其实。（骨相）

尺书，即短书，汉代凡儒家经书写在二尺四寸竹简上，一般书籍则写在短于此数的竹简上，称为短书。

（3）六畜长短，五谷大小，……无有异者，此形不异也。（齐世）

（4）五曹自有条品，薄书自有故事。（程材）

（5）为水旱者，阴阳之气也，满六合，难得尽祀，故修坛设位，敬恭祈求，效事社之义，复灾变之道也。（明雩）

这里"六畜"、"五谷"、"五曹"、"六合"原各有具体所指，后逐渐变为泛指一类事物：六畜指家畜，五谷指谷物，五曹指官府，六合指宇宙，成为一般复音词。

另有一些所谓"概数总称词"，实际是习用词组。如：

（1）彼生当贵，秩至三公。（骨相）

（2）孔子之死，五帝三王之死也。（物势）

（3）五经六艺为文。（佚文）

（4）李斯刨议，身伏五刑。（佚文）

（5）五常，五行之道也。（物势）

（6）诛其九族，一里且尽。（语增）

（三）表状貌、质地。

正语素多表示一些具体事物，偏语素则取其颜色、形状、质地等特征以修饰之。如：

（1）爵言其状，君贤曰："此黄金也。"（验符）

（2）秦始皇下其议丞相府，丞相斯以为越言不可用，因此谓诸生之言惑乱黔首，乃令史官尽烧五经，有敢藏诗书百家语者刑，唯博士官乃得有之。（正说）

（3）察长城之造，秦民不多死。（询时）

（4）夫百物之象犹雷樽（指饰有雷、云纹图案的酒器——程注）也。（儒增）

（5）人冀延年，欲比于铜器，宜有若炉炭之化，乃易形。（无形）

（6）世纬作豆酱恶闻雷，一人不食，欲使人急作，不欲积家逾至春也。（四讳）

（四）表性质、用途。

正语素所表示的意义较广泛，有具体事物，也有抽象事物；偏语素则取其性质或用途特征以修饰、限制之。如：

（1）季子使于上国，道过徐，徐君好其宝剑，未之即予。（书虚）

（2）苟谓禽兽乃应吏政，行山林中，麋鹿、野猪、牛、象、熊、羆、豹、狼、蜼、蠼皆复杀人。（遭虎）

（3）夫日之刚柔，月之奇耦，合于葬历。（讥日）

（4）金物色先为酒樽，后为盟盘。（验符）

此处"酒樽"，从意义上转换成词组可扩展为"盛酒用的樽"，同前列"雷樽"可转换成"以雷纹绘饰的樽"不同。

（5）案高祖伐秦，还破项羽，战场流血，暴尸万数。（语增）

（6）八岁出于书馆，书馆小僮百人以上，皆以过失袒谪，或以书丑得鞭。（自纪）

（五）表方位、时间。

偏语素均为方位、时间词。如：

（1）及状，使兵，数有功，单于及复以其父之民予昆莫，令长守西域。（吉验）

（2）东方，木也，其星，仓龙也。西方，金也，其星，白虎也。南方，火也，其星，朱鸟也。北方，水也，其星玄武也。（物势）

（3）魏昭王问于田诎曰："寡人在东宫之时，闻先生之议曰：'为圣易。'有之乎？"田诎对曰："臣之所学也。"（知实）

（4）故三监谗圣人，周公奔楚；后母毁孝子，伯奇放流。（累害）

（5）或曰："舜、禹治水，不得宁处，故舜死于苍梧，禹死于会稽。勤苦有功，故天报之；远离中国，故天痛之。"（书虚）

（6）若士者悖然而笑曰："嘻！子中州之民也，不宜远至此。"（道虚）

（7）徒能说经，不晓上古，然则儒生，所谓盲瞽者也。（谢短）

（六）表类属关系。

正语素表类，即逻辑上的上位概念，偏语素表属，即下位概念。如转换成词组，从意义上可扩展为"A 这类 B[①]"。如：

（1）而今王无凤鸟、河图，为未太平妄矣。（宣汉）

（2）土山无麋鹿，泻土无五谷。（书解）

（3）使入大麓之野，虎狼不搏，蝮蛇不噬。（吉验）

---

① A 代表偏语素，B 代表正语素，下同。

（4）鲸鱼死，彗星出。（乱龙）

（5）蝗虫，闽虻之类也，何知何见，能知卓公之化？（感虚）

（6）去龙可数十步，观状如驹马，小大凡六，出水遨戏陵上，盖二龙子也。（验符）

（7）召伯述职，周歌棠树。（须颂）

（8）雨，犹人之有精液也。（祀义）

（9）读经书不见汉美，后世怪之。（须颂）

有的正语素，所表示的意义比较广泛，则容易变成构词能力较强的词根。如：

（1）道家或以服食药物，轻身益气，延年度世。（道虚）

（2）社稷，报生谷物之功。（祀义）

（3）改葬之恨，孰与掘墓盗财物也？（死伪）

（4）人夺其衣物，俣其尸骸。（同上）

（5）凡生蓮者，欲以风吹食物也。（是应）

表类属的词在先秦曾有过类在前、属在后的结构形式，如"鸟乌"。《论衡》中还有个别残留，如：《状留篇》："树檀以五月生叶。""树檀"即"檀树"，但总的看这种结构形式已经消失了。

（七）表领属关系。

偏语素 A 是正语素 B 的领属主体，转换成词组可扩展为"A 的B"。如：

（1）毋承屋檐而坐，恐瓦堕击人首也。（四讳）

（2）有气大如鸡子，从天而下。（吉验）

（3）是故酒之泊厚，同一麴蘖。（率性）

（4）烂若天文之照，顺若地理之晓。（自纪）

（5）案骨节之法，察皮肤之理，以审人之性命，无不应者。（骨相）

（6）僮谣之语当验，斗鸡之变适生。（偶会）

（7）是故王法不废学校之官，不除狱理之吏，欲令凡众见礼义之教。（率性）

以上七种语义制约关系中，前四种侧重于修饰，后三种侧重于限制。

3.1.2　正语素的意义是有关动作、行为的。

从偏正语素的语义关系看，又可区分为两类：一是表动作情态；二是表行为方式。

（一）表动作情态。

正语素表示一种动作，偏语素则点出动作的情态以修饰之。偏语素可用名词、动词、形容词充当，其中用名词修饰者，转换词组后可扩展为"像 A 那样 B"。如：

（1）儒者说之，以为成王狐疑^①于葬周公。（感类）

（2）死人之议，狐疑未定，孝子之计，从其重者。（薄葬）

（3）王意狐疑周公，周公奔楚。（感类）

上例（1）、（2）中"狐疑"是疑惑的意思，同现代汉语接近；例（3）中"狐疑"可带宾语，犹"怀疑"，则是另一用法。

（4）景帝下吏责问，因不食五日，呕血而死。（骨相）

（5）居约易以下人，得志亦轻视人。（骨相）

"狐疑"，我们认为它是合成词而不是单纯词，这是因为汉语自古以来就有用名词修饰动词这一种生动而富于表达力的偏正结构，在开始出现时它们自然属于词组，以后有的逐渐凝固成词。这类词组我们可以从《论衡》中举出不少：

（1）动百行，作万事，嫉妒之人，随而云起。（累害）

（2）汉将李广与望气王朔燕语曰："自汉击匈奴，而广未常不在军中，而诸校尉以下，才能不及中，然以胡军功取侯者数十人。……"（祸虚）

（3）豪猾之人，任侠用气，往来进退，士众云合。（讲瑞）

（4）及至秦汉，兵革云扰，战力角势，秦以得天下。（齐世）

（S）以敏于笔，文墨雨集为贤乎？（定贤）

（6）笔泷漉而雨集，言溶溜而泉出。（自纪）

（7）赵他入南越，箕踞椎髻。（谴告）

（8）夫饮食既不以礼，临池牛饮，则其啖肴不复用杯，亦宜就鱼肉而虎食，则知夫酒池牛饮，非其实也。（语增）

这类词组均可扩展为"像 A 那样 B"这类模式，它们应被看作为

---

① 王念孙认为"狐疑"同"犹豫"一样，"皆双声字"，即单纯双音词。见《广雅疏证》卷第六上。

"狐疑"、"蚕食"一类复音词的句法结构原型。

（二）表行为方式。

主语素表示一种行为，偏语素则取行为的方式、手段而修饰之。转换成词组后可扩展为"用 A 的方式（或手段）B"。如：

（1）传语曰："秦始皇燔烧诗书，坑杀儒士。"（语增）

（2）书言秦缪公伐郑，过晋不假途，晋襄公率羌戎要击于崤塞之下，匹马只轮无反者。（同上）

正语素的意义属有关动作、行为的复音词都是动词，这类偏正式动词在《论衡》中数量不多，因为它尚处在初始阶段，所以有的同词组还分不清严格界限。

3.2　从词性看构成。

在先秦，偏正式主要构成名词，而且结构方式主要是〔名＋名〕、〔形＋名〕、〔数＋名〕三种。在《论衡》中除名词仍居多数外，动词、形容词也开始较多出现了。结构方式在原来基础上也有了新的发展。按词性分别说明如下：

3.2.1　名词。

正语素一般为名词，偏语素除少数为名词外，还有形容词、数词、动词等。

（一）名＋名──名。如：

（1）顿牟掇芥，磁石引针，皆以其真是，不假他类。（乱龙）

（2）厨中能自生蕈，则冰室何事而复伐冰以寒物乎？（是应）

（3）又图一人，若力士之容，谓之雷公。（雷虚）

（4）孔子录史记以作《春秋》，史记本名《春秋》乎？（谢短）

（5）法律之家，亦为儒生。（同上）

（6）周时天下太平，越裳献白雉，倭人贡鬯草。（儒增）

（7）道立国表，路出其下，望国表者昭然知路。（须颂）

（8）年二十三傅，十五赋，七岁头钱二十三，何缘？（谢短）

（9）雒阳城中之道无水，水工激上洛中之水，日夜驰流，水工之功也。（率性）

（10）以文书为农业。（程材）

在〔名 + 名〕中，偏语素为方位词的占有一定数量，如：

（1）楚外家许氏与楚王谋议，孝明曰："许氏有属于王，欲王尊贵，人情也。"（恢国）

（2）然则中国亦有，未必外国之凤、骥也。（指瑞）

（3）夫东风至，酒湛溢；鲸鱼死，彗星出，天道自然，非人事也。（乱龙）

（4）南越王赵他，本汉贤人也，化南夷之俗，背畔王制，椎髻箕坐，好之若性。（率性）

（二）形 + 名——名。如：

（1）吾比夫子也，犹黄鹄之与壤虫也。（道虚）

（2）少主始立，好用少年，吾年又老。（逢遇）

（3）成事：老子行之，逾百度世，为真人矣。（道虚）

（4）勇士忿怒，交刃而战。（死伪）

（5）子骏，汉朝智囊，笔墨渊海。（乱龙）

（6）尧时大风为害，尧缴大风于青丘之野。（感类）

"大风"特指风伯。

（7）夫《仓颉》之章，小学之书，文字备具，至于无能对圣国之问者，是皆美命随牒之人多在官也。（别通）

此"小学"，指文字之学。

（8）案七岁未入小学而教孔子，性自知也。（实知）

（三）数 + 名——名。如

（1）且阖庐尝试其士于五湖之侧，皆加刃于肩，血流至地。（率性）

"五湖"特指太湖。

（2）兵加于魏，魏国必败，三军兵顿，流血千里。（非韩）

（3）陆贾《新语》，每奏一篇，高祖左右，称曰万岁。（佚文）

"万岁"是汉代臣下向皇帝表示庆贺的习惯用语，应视为短语词。

（四）动 + 名——名。如：

（1）俗材因其微过，蜚条陷之，然终不自明，亦不非怨其人。（自纪）

"蜚条"，即"飞条"，犹言"小报告"。

（2）匈奴时拢，遣将攘讨，获虏生口千万数。（恢国）

"生口"指俘虏。

（3）从商讲贾，贾人贤。（程材）

（4）樊郦有攻城野战之功，高祖行封，先及萧何，则比萧何于猎人，同樊郦于猎犬也。（效力）

（5）其后坠星下东郡，至地为石，民或刻其石曰"始皇帝死，地分"。（语增）

"坠星"指流星。

（五）形＋动——名。如：

（1）或不能说一经，教诲后生。（超奇）

（2）卫先生为秦画长平之事，太白蚀昴。（感虚）

3.2.2　动词、形容词。

构成动词的正语素都是动词，偏语素则有名词、动词、形容词。偏正式形容词尚为罕见。

（一）名＋动——动。如：

（1）从当今至千世之后，人可长如荚莢，色如嫫母，寿如朝生乎？（齐世）

"朝生"指一种短命昆虫。

（2）充升擢在位之时，众人蚁附。（自纪）

（二）动＋动——动。如：

而言聂政刺杀韩王，短书小传，竟虚不可信也。（书虚）

（三）形＋形——形。如：

爵即归取竿纶，去挺四十步所，见湖涯有酒樽，色正黄，没水中。（验符）

关于《论衡》中的偏正式复音词，有以下几点值得注意：

第一，从语义上看，偏语素对正语素的内部修饰、限制关系比较复杂。仅修饰、限制表示人或事物正语素的偏语素就有表职业、表身份、表数量、表状貌、表质地、表性质、表用途、表方位、表时间、表种类、表领属等十一种之多（前面为节省篇幅，我们作了适当归并）。修饰、限制表示动作、行为正语素的偏语素也有表情态、表方式、表手段等三种。这说明，汉语词义的发展，对偏正式复音词的构成也有重大作用。

第二，充当正语素的有一些意义比较概括的单音词，由于能够起一类

词大类名的作用，因而具有较强的构词能力。这类单音词在先秦时已有
"人"、"夫"、"氏"、"士"、"师"、"子"等，到《论衡》中"人"依然
比较活跃，其他"士"所构词尚有一定数量，"夫"、"民"、"子"、①
"师"所构词，则有所减少，但另外又新增加了"工"、"匠"、"家"（以
上为表人的）"物"、"虫"、"树"（以上为表物的）等。《论衡》中这些
类似词根的单音词，在后世直到现代汉语中都保持着较强的构词功能。

　　第三，从词性上看，先秦偏正式主要构成名词，《论衡》中虽然增加
了动词、形容词，但仍以名词居多。而名词的构成又以〔名＋名〕为主
要构词方式。这就是说用名词修饰名词构成的名词在偏正式复音词中占有
特别重要的位置。朱德熙先生曾经指出："在现代汉语里，最宜于修饰名
词的不是形容词，而是名词。这是汉语的一个显著特点"。② 看来这一特
点正是从古代继承下来的。

　　第四，从偏正式复音词构成前后的词性进行比较，我们可以看到一条
规律，即不论哪种结构方式，充当正语素单音词的词性同构成后的复音词
的词性基本上是一致的。或者能够说，偏正式复音词的词性，基本上是由
充当正语素单音词的词性决定的。如果我们分析一下现代汉语的偏正式复
音词，可以知道这条规律直到今天仍然在起作用。

　　第五，在 517 个偏正式复音词中，流传到现代汉语的共有 230 个，占
44%。流传至今的这些词其中大部分词义、词性和用法变化不大，只有一
小部分词义同现代汉语有差异，如〔县官〕，《讥日篇》："县官之法，犹
鬼神之制也。"《辨祟篇》："抵触县官，罗丽刑法，不曰过所取，而曰家
有负。"这里"县官"指"天子"（因古代称天子所居的都城及其周围为
县），同后世指县太爷不同。〔小雅〕，《自纪篇》："以圣典而示小雅，以
雅言而说丘野。"这里"小雅"含义也同现代不同，刘盼遂解为"小儿之
称"，并引《后汉书·崔駰传》："甘罗以童牙而报赵。"章怀太子注：
"童牙谓幼小也。"还指出"今中国江淮之域，尚多呼小儿为小牙者，《论
衡》之'小雅'，自系当时之习语矣。"③ 此说大体可信。〔何等〕，《道虚

---

① 　作为虚词构词成分的"子"不包括在内。
② 　见朱德熙：《现代汉语语法研究》，商务印书馆 1980 年版，第 15 页。
③ 　见刘盼遂《论衡集解》，古籍出版社 1957 年版，第 583 页。

篇》："实黄帝者，何等也？"《刺孟篇》："云'五百年必有王者兴'，又言'其问必有名世'，与'王者'同乎？异也？如同，为再言之。如异，'名世者'谓何等也？"黄晖指出"何等"系"汉时常语"，"犹今言'什么'"①，这同今天书面语中"何等"当"多么"讲不同。但总的看这类古今形同异义词为数很少，这是和联合式复音词很不相同的。由此，我们得出一个印象，偏正式复音词由于偏正语素之间的制约关系比较明确，因而一旦形成就比较稳定，而联合式复音词两语素的关系结合不是那么紧密，因而容易随词义的演变而变化，同现代比较就显出更大的差异性。

四　补充式、支配式、表述式

《论衡》中的复音词，除了绝大多数是联合式和偏正式外，还有以下七种形式，即属于语法造词中运用词序方式构成的补充式、支配式、表述式，属于语法造词中运用虚词方式构成的附加式，属于语音造词的重叠式、单纯词，以及包含不止一种结构形式的综合式。

下面，先讨论同联合式、偏正式一样属词序方式构成的补充式、支配式、表述式。

4.1　补充式。

这类用不及物动词或形容词补充说明及物动词（也有少数是不及物动词或形容词）所构成的复音词，在先秦尚处在萌芽状态，而在《论衡》中不仅数量显著增多了（全书共出现 101 个，占总复音词数的 4.39%，占语法造词的 4.69%，占词序造词的 4.84%），而且结构形式也日益变得复杂和稳定。这类动补组合到底是词还是词组，学术界有不同看法②。但我们认为这类组合意义上表示动作、行为、变化的结果这一共同的概念，结构上两个语素共有一个宾语，不带宾语的结合也比较紧密，因此我们倾

---

① 见黄晖：《论衡校释》，商务印书馆 1935 年版，自序第 33 页。

② 赵元任先生称之为"动词补足语复合词"，见《北京口语语法》，开明书店 1952 年版，第 29 页。王力先生称之为使成式仿语，见《汉语史稿》，中华书局 1980 年新 1 版，第 403 页。

向于把这类组合视为补充式复合词①。下面，我们从词义和词性两方面进行分析：

4.1.1　从词义方面看，补充式有的指不幸、消极方面的意义，有的指获得、是定方面的意义，有的则指方位、趋向方面的意义。

（一）指不幸、消极义。补足语素常见的有"死"、"灭"、"伤"、"破"、"折"、"绝"、"散"、"断"等。如：

（1）暮寒，卧炭下，百余人炭崩尽压死，广国独得脱。（吉验）

（2）虽奸非实，次序篇句，依倚事类，有似真是，故不烧灭之。（佚文）

（3）人为人所殴伤，诣吏告苦以语人，有知之故也。（论死）

（4）剖破浑沌。（案书）

（5）盛夏之时，雷电击折树木，发坏室屋，俗谓灭取龙。（乱龙）

（6）仕路隔绝，志穷无如。（自纪）

（7）筋力消绝，精魂飞散。（书虚）

（8）久销乃见作留，成迟故能割断。（状留）

（二）指获得、是定义。补充语素常见的有"得"、"为"、"定"等。如：

（1）推此以省太公钓得巨鱼，刳鱼得书，云"吕尚封齐"，……盖不虚矣。（纪妖）

（2）玉隐石间，珠匿鱼腹，非玉工珠师，莫能采得。（自纪）

（3）其文盛，其辩争，浮华虚伪之语，莫不澄定。（自纪）

（4）虚妄之言，伪饰之辞，莫不证定。（超奇）

（5）而说若范雎之干秦昭，封为应侯，蔡泽之说范雎，拜为客卿。（命禄）

（6）信陵、孟尝、平原、春申，食客数千，称为贤君。（定贤）

在现代汉语中"为"继续充当常见的构词语素，"定"也仍可构成"断定"、"注定"、"平定"、"说定"、"镇定"等动词、形容词，"得"则更进一步虚化为后附虚词成分，构成"懒得"、"觉得"、"值得"、"乐

---

① 其中有一小部分尚可拆开使用，如"病死"，可作"病而死矣"（道虚），说明还处在由词组向词转化的过渡形式中，我们称之为"短语词"，也放在一起讨论。

得"、"说得"等动词。动词后缀"得",也很可能是从这里虚化来的。

（三）指处所、趋向义。常见的补充语素有"去"、"出"、"入"、"至"、"在"等。如:

（1）且沐者,去首垢也,洗去足垢,盥去手垢,浴去身垢,皆去一形之垢,其实等也。(讥日)

（2）使孟贲摘铜柱,能洞出一尺乎?(儒增)

（3）不得广岸低地,不能通流入乎东海。(效力)

（4）且凤、骐非生外国也,中国有圣王乃来至也。(指瑞)

（5）胸中之气,不为喜怒变,境内寒温,何所生起?(寒温)

（6）坐在深室之中,闭窗举烛,故曰长夜。(语增)

以上只是在词义方面有某种类型特点的复音词,并不能包括所有的补充式。但全部补充式从意念上转换为词组后则变为两种形式,一是"A之使B",如"击之使折"、"发之使坏"、"殴之使伤"等;二是"A而B之"或"A而B",如"钓而得之"、"战而胜之"、"采而用之"、"变而为"、"饿而死"。两者的区别从意义上看前一种形式A和B的主体是不一致的,如"击折"是雷击树折、"发坏"是雷发屋坏,"殴伤"是甲殴乙伤;后一种形式A和B的主体则是一致的,如"钓得"是太公钓太公得,"饿死"是伯夷饿伯夷死（引文见《逢遇篇》:"伯夷饿死"）。从词性看,"A而B"的A一般是不及物动词。下面我们再从词性方面考察一下这类复音词的特点。

4.1.2　从词性看,我们可以把《论衡》中的补充式区别为〔及物动词·不及物动词+宾语〕、〔及物动词·不及物动词〕、〔不及物动词·不及物动词〕、〔动词（包括及物和不及物）·形容词+宾语〕、〔动词（包括及物和不及物）·形容词〕、〔形容词·不及物动词〕等六种结构形式。

（一）〔及物动·不及物动+宾〕,如:

（1）人君受以自责,愁神苦思,撼动形体,而危乱之变终不减除。(治期)

（2）三尺之木,数弦之声,感动天地,何其神也!(感虚)

（二）〔及物动·不及物动〕,如:

（1）如就叶悬于树而射之,虽不欲射中,杨叶繁茂,自中之矣。(儒增)

（2）跌误中石，不能内锋，箭摧折矣。（同上）

（三）〔不及物动·不及物动〕，如：

（1）夫物以春生夏长，秋而熟老，适自枯死，阴气适盛，与之会遇。（偶会）

（2）下而颜渊发白齿落，遂以病死。（书虚）

（四）〔动·形＋宾〕，如：

（1）或佞人本不生出，必复更生一物以指明之，何天之不惮烦也？（是应）

（2）通书千篇以上，万卷以下，弘畅雅闲，审定文读，而以教授为人师者，通人也。（超奇）

（五）〔动·形〕，如：

（1）长大佐尧，位至司马。（吉验）

（2）周公治鲁，太公知其后世当有削弱之患。（实知）

（六）〔形·不及物动〕，如：

（1）伏生老死，书残不竟。（正说）

（2）二黄龙见，长出十六丈。（验符）

总的看，《论衡》中的补充式复音词全是动词，而动词中带宾语的又比不带宾语的少，这是同现代汉语不同的。尽管这类词在总词数中比重不大，然而现代汉语中的各种结构方式在此时大都已经具备了。

4.2　支配式。

这种具有动宾关系的两个语素合成的复音词在先秦已经出现了，但多是表示职官名称的词，如"将军"、"司马"等；在《论衡》中则扩大到一般词汇，包括动词、名词、形容词等。

4.2.1　动词。如：

（1）鲁人为父报仇，安行不走，追者舍之。（幸偶）

（2）世称之曰："魏公子为鸠报仇。"此虚言也。（书虚）

（3）是则伯有之魂无知，为鬼报仇轻重失宜也。（死伪）

"报仇"一词在书中多处使用，其用法和含义均与现代汉语类似，则知当时已凝固成词。

（4）人在层台之上，人从层台下叩头，求请台上之物。（感虚）

（5）令左右通经者语难翁一，翁一穷，免冠叩头谢。（验符）

（6）夫贤明至诚之化，通于同类，能相知心，然后慕服。（感虚）

（7）鬼神如有知，必恚止战，不肯径去，若怀恨，反而为祸。（解除）

（8）王法禁杀伤人，杀伤人皆伏其罪，虽择日犯法，终不免罪。（讥日）

（9）五经皆多失实之说。（正说）

（10）往年万户失火，烟焱参天，河决千里，四望无垠。火与温气同，水与寒气类。失火河决之时，不寒不温。（寒温）

"失火"在书中多处出现，且《论衡》行文讲究对偶，上例中同"河决"对偶的应是"火失"，但却用"失火"，都可证实"失火"已同现代汉语的用法相同。

4.2.2　名词。如：

（1）正月之始，正月之后，立春之际，百刑皆断。（寒温）

（2）司南之杓，投之于地，其柢指南。（是应）

"司南"系古代类似指南针的辨别方向的仪器。

（3）世人见当今之文薄也，狎侮非之。（齐世）

（4）实者，夏时日在东井，冬时日在牵牛。

"牵牛"指牵牛宿，即摩羯座。

4.2.3　形容词。如：

（1）且人闻人食不清之物，心平如故，观戚夫人者，莫不伤心。（雷虚）

（2）文成可观，读之满意，百不能一。（佚文）

（3）夫谓富不受命而自以知术得之，贵亦可不受命而自以努力求之。（问孔）

对《论衡》中的支配式复音词，有两点值得注意：

第一，从先秦多为官名扩大到一般动词、名词、形容词，数量显著增多（全书共出现52个），这应当说是一个发展。

第二，在各词类中动词居多，名词次之，形容词较少，这是同现代汉语基本相同的。但动词几乎都不带宾语，即这时动宾关系构成的动词尚限于不及物动词，这又是同现代汉语有所区别的，现代汉语不少支配式动词如"起草"、"进口"、"抱怨"、"关心"、"出版"、"授意"、"列席"等，则能够带宾语。

4.3 表述式。

《论衡》中表述式复音词数量很少，只有14个，但其中有的却是常用词，出现频率较高。如：

〔政治〕

（1）使其天变应之，宜改政治。（感虚）

（2）以政治之得失、主之明暗，准况众端，无非真者。（讲瑞）

（3）阴阳不和，政也，徒当归于政治，而指谓部吏为奸，失事实矣。（商虫）

（4）然则寒温之至，殆非政治所致。（寒温）

（5）夫政治之有灾异也，犹烹酿之有恶味也。（谴告）

"政治"一词从内涵上讲当然同现代汉语有很大不同，但就国事活动、措施这一意义看，古今则是一致的。

〔自然〕

（1）道家论自然，不知引物事以验其言行，故自然之说未见信也。（自然）

（2）人生性命当富贵者，初禀自然之气，养育长大，富贵之命效矣。（初禀）

（3）吓蟆化为鹑，雀入水为蜃蛤，禀自然之性，使之然也。（偶会）

〔自杀〕

（1）即吞药自杀。（祸虚）

（2）是故鲁连飞书，燕将自杀。（超奇）

（3）道终不成，效验不立，乃与伍被谋为反事，事觉自杀，或言诛死。诛死、自杀，同一实也。（道虚）

五　附加、重叠、单纯词、综合式

下面讨论除五种运用词序方式造词以外的四种形式：

5.1　**附加式**。

运用虚词成分造词的附加式复音词，在《论衡》中共有 63 个，占复音词总数的 2.74%，占语法造词总数的 2.93%。其中主要是用后缀虚词成分"然"构成的形容词、副词及"子"构成的名词。还有极少数用前缀"可"构成的形容词及"第"构成的序数词。

5.1.1　用"然"构成形容词、副词①。

构成形容词的，如：

（1）古贤之遗文，竹帛之所载粲然，岂徒墙壁之画哉！（别通）

（2）文王见棺和露，恻然悲恨。（死伪）

（3）所振荡者，不过百步，而一里之外，淡然澄静，离之远也。（变虚）

（4）欢然喜乐者，钟鼓之色。（知实）

（5）观读之者，晓然若盲之开目，聆然若聋之通耳。（自纪）

（6）使者奉璧具以言闻，始皇帝默然良久。（纪妖）

（7）太山之高巍然，去之百里，不见埵块远也。（书虚）

（8）光武皇帝升封，天晏然无云，太平之应也，治平气应。（宣汉）

（9）道立国表，路出其下，望国表昭然知路。（须颂）

（10）陆贾说以汉德，惧以圣威，蹶然起坐，心觉改悔，奉制称藩。（率性）

（11）敖乃视之，方卷然龟背而食合蜎。（道虚）

从上例中可以看出，这些形容词是用"然"后附于一些常用的单音形容词或单音动词如"粲"、"聆"、"蹶"、"卷"等所构成的，单音形容词、动词的词义同构成后的复音形容词的词义有着直接联系。

构成副词的，如：

（1）犹旧交相阔远，卒（猝）然相见，欢欣歌笑，或至悲泣涕。（乱龙）

（2）何以明之？以妪忽然②不见也。（纪妖）

---

① 副词属虚词，顺便在此列出。

② "忽然"又为形容词，如《须颂篇》："见者忽然。"忽然指忽视、瞧不起的意思。

5.1.2　用"子"等构成名词。如：

（1）男子服玉，女子服珠，珠玉于人，无能辟除。（儒增）

（2）童子曰："华而晥者，大夫之箦。"（感类）

（3）王莽时，谒者苏伯阿能望气。（吉验）

"谒者"指引导谒见皇帝的官，系名词。

5.1.3　用"可"构成的形容词和用"第"构成的序数词。

《论衡》中前缀虚词成分有"可"和"第"，但构词数量很少。如：

（1）沐书曰："子日沐，令人爱人；卯日沐，令人头白。"……夫子之性，水也；卯，木也。水不可爱，木色不白。子之禽鼠，卯之兽兔也。鼠不可爱，兔毛不白。以子日沐，谁使可爱？（讥日）

上例中动词"爱"，加"可"后变为形容词，由此证明"可"已虚化为词头。

（2）光武帝，建平元年十二月甲子生于济阳宫后殿第二内中。（吉验）

《汉书·武帝纪》注："内中谓后庭之室。"

5.2　重叠式。

用单音节或双音节重叠构成的合成复音词，共有 26 个，占复音词总词数的 1.13%。用重叠式构成的复音词分为单纯词和合成词两类，单纯词放在后面同非重叠单纯词一起讨论，这里单讲合成词。

《论衡》中的重叠式合成词可区别为单音节重叠词和双音节重叠词两种，前者我们叫 AA 式，后者叫 AABB 式。

5.2.1　AA 式。如：

（1）略正题目粗粗之说，以照篇中微妙之文。（正说）

（2）三年盲子，卒见父母，不察察相识，安肯说喜？（自纪）

（3）且所谓怒者，谁也？天神邪？苍苍之天也？（雷虚）

（4）青青之色，犹枭枭之声也，死物之色不能复青，独为死人之声能复自言，惑也。（论死）

（5）端（团）端（团）之日有十邪？（诘术）

（6）孝武帝好仙，司马长卿献《大人赋》，上乃仙仙有凌云之气。（谴告）

（7）庸庸之君，不能知贤。（答佞）

（8）从闾巷论朝堂，由昭昭察冥冥。（实知）

5.2　AABB 式。

（1）使著作之人，总众事之凡，典国境之职，汲汲忙忙，何暇著作？（书解）

（2）初者，苏伯阿望春陵气，郁郁葱葱。（恢国）

（3）蚩尤之民，湎湎纷纷。（寒温）

（4）如谓天地为之，为之宜用手，天地安得万万千千手，并为万万千千物乎？（自然）

对重叠式合成词分析如下：

第一，重叠造词在先秦比较常见，但那时主要是单音节的重叠，《论衡》的 AABB 式则是双音节重叠，尽管造词数量不多，但作为一种常见的造词方式在汉代出现，这是汉语构词法的发展。

第二，重叠式主要构成形容词，如"青青"、"端端"、"郁郁葱葱"等，也构成数词，如"万万千千"。从构成成分看，大多数也是形容词，如"苍"、"昭"、"忙"等，但也有动词和名词，如"察"、"仙"等。

5.3　单纯复音词。

属语音造词的单纯复音词共有 75 个，占复音词总词数的 3.26%。同先秦一样，这类词不少是用单音节的重叠或部分重叠（即通常说的双声叠韵）造成的，多数为形容词，少数为名词、象声词。

（1）光耀憧憧上属天，有顷不见。（吉验）

（2）狌狌（后写为猩猩——程注）知往，乾鹊知来。（龙虚）

（3）开（指禹的儿子启，汉因讳景帝刘启的名，改为"开"——程注）呱呱而泣。（问孔）

以上为重叠词。

（4）置人冰水之中，无汤火之热，鼻中口内不通于外，斯须之顷，气绝而死矣。（道虚）

（5）以盘石为沃田，以桀暴为良民，夷坎坷为平均，化不宾为齐民。（宣汉）

（6）非倜傥之才，不能任也。（超奇）

以上为双声词。

（7）若我，南游乎冈浪之野，北息乎沉薶之乡。（道虚）

（8）两穷乎杳冥之党，而东贯鸿濛之光。（道虚）

鸿漾又作颂蒙，鸿濛之光指日光。

（9）踵蹇不比者为负。（物势）

"踵蹇"又作连蹇，艰难义。

以上为叠韵词。

也有不是重叠或部分重叠的单纯词，如：

（10）鹦鹉能言。（龙虚）

（11）况雷雨扬轷辒之声，成王庶几能不怵惕乎？（感类）

（12）必以形出为阳，性亦与物接，造次必于是，颠沛必于是。（本性）

单纯双音词是汉语最早出现的复音词，先秦比较多见，《论衡》中这类词不少仍是从先秦继承下来的。

5.4　综合式。

《论衡》中出现一批用两种或两种以上构词方式合成的综合式三音节或多音节复音词。从词性上看全部是名词，从意义上看可区分为专有名词①、次专名词、普通名词三类。此外还有多音节数词和四字成语我们也在此一并讨论。

5.4.1　专有名词。

主要指人名和地名，如：

（1）魏公子无忌为长夜之饮。（语增）

（2）丞相黄次公故为阳夏游徼，与善相者同车俱行。（骨相）

（3）至汉兴，长乐宫在其东，未央宫在其西。（实知）

（4）浙江、山阴江、上虞江皆有涛。（书虚）

（5）西至平原津而病，到沙丘平台，始皇崩。（同上）

---

①　专有名词（如人名、地名）本不在本文讨论的范围之内，自然也不包括在全书复音词总词数内，这里为看清多音节词的发展源流特地列为一项。

5.4.2　次专名词。

专指一种事物的名词，既同专指某个特定事物的专词有区别，又比普通名词含义狭窄、固定，我们称之为次专名词，如"山海经"，是一种书名（它经过传抄自然不是一本，同"山阴江"专指一条水流、"黄次公"专指一个人不同），"堪舆吏"是一种官名等。这类词有三音词，也有超过三音节的多音词，多指官名、书篇名、动植物名等。如：

（1）太史公曰："富贵不违贫贱，贫贱不违富贵。"（命禄）

（2）其后青为军吏，战数有功，超封增官，遂为大将军，封为万户侯。（骨相）

（3）元帝崩，太子立，是为成帝，正君为皇太后，竟为天下母。（同上）

（4）然则桓君山不相，素丞相之迹存于《新论》者也。（定贤）

（5）赵尧为符玺御史，赵人方与公谓御史大夫周昌曰："君之史赵尧且代君位。"（知实）

（6）光禄大夫刘琨，前为弘农太守。（初禀）

以上为官位名称。

（7）故世子作《养性书》一篇。（本性）

（8）永平中，神雀群集，孝明诏上《神爵颂》。（佚文）

（9）《山海经》言：四海之外有乘龙蛇之人。（龙虚）

（10）夫《春秋经》但言鼓，岂言攻哉？（顺鼓）

以上为书篇名。

（11）夫恶见两头蛇，犹五月举子也。（福虚）

（12）儒者曰："日中有三足乌，月中有兔、蟾蜍。"（说日）

以上为动物名。

5.4.3　普通名词。

（1）故曾子有疾，召门弟子曰："开予足，开予手，而今而后，吾知免夫。小子！"（四讳）

（2）晋屠岸贾作难，诛赵盾子；朔（即赵盾之子——程注）死，其妻有遗腹子。（吉验）

（3）一居江水，是为虐鬼；一居若水，是为魍魉鬼。（订鬼）

（4）调宫商之义为五音术。（诘术）

（5）秦始皇下其议丞相府。（正说）

（6）市肆户何以不弟甲乙？（诘术）

（7）四坎坛祭四方也。（祭意）

（8）耕夫多殖嘉谷，谓之上农夫，其少者，谓之下农夫。

对上述综合式复音词，我们作如下分析：

第一，先秦已有三音词出现，但绝大多数是专词，次专词和普通名词只占极少数，如"大丈夫"、"上大夫"等。《论衡》中专词仍占多数，但也涌现一批新的次专词及普通词。这是否表明汉语三音词的产生同双音词一样，也是从专有名词开始的①，同时在汉代又沿着次专名词、普通名词的途径继续发展了。

第二，三音词的构成有一个共同的特点，就是第三个语素通常是用一个起大类名作用的常用单音词充当的。如"江"，先秦早期专指长江，后来也用于称长江支流，但只限于用在数目字后，如"九江"，到汉代则不但能出现在支流名称之后，如湘江，而且凡南方大川均可称江，即充当了大类名的作用，从而构成一批三音词，如"上虞江"、"山阴江"、"通陵江"等。其他用大类名构成的三音词如"公"构成"太史公"、"黄次公"、"司徒公"等，"氏"构成"夏后氏"、"羊舌氏"、"司马氏"等，"府"构成"丞相府"、"都尉府"等，"家"构成"今文家"、"古文家"等，"夫"构成"上农夫"、"下农夫"等，"宫"构成"咸阳宫"、"长乐宫"、"未央宫"、"洛阳宫"、"光明宫"，等等。

第三，从词性上看，综合式构成的词都是名词。这些名词都是用两种或两种以上的结构方式分不同层次构成的。第一层绝大多数是偏正式；第二层多数也是偏正式，也有支配式、并列式、附加式等。分别举例如下：

a.〔偏（偏＋正）＋正〕，如"西海郡"、"万石君"、"两头蛇"、"桃象人"等均属此类。

b.〔偏＋正（偏＋正）〕，如"西王母"、"皇太后"、"始皇帝"、"卫先生"、"下农夫"等均属此类。

---

① 参看拙作《先秦双音词研究》，见《先秦汉语研究》，山东教育出版社1982年版，第110页。

c. 〔偏（支配式：动＋宾）＋正〕，如"司徒公"、"图宅术"、"尚书郎"等均属此类。

d. 〔偏＋正（支配式：动＋宾）〕，如"大将军"。

e. 〔偏（联合式）＋正〕，如"教授堂"、"山海经"、"光明宫"等属此类。

另外，还有个别词分属其他结构形式，如"反离骚"①可分析为〔支配式：动＋宾（支配式：动＋宾）〕，"魍魉鬼"可分解为〔偏（单纯词）＋正〕。有的书名是用复音词组合成的复杂结构，也可按层次分析，如《春秋左氏传》可分析为 ｛表述式：主（联合式：名十名）＋谓〔表述式：主（偏正式：名十名）＋谓〕｝，这是把《左传》理解为传春秋，如果理解为独立的史书则又另做分析了。

总之，从意义上采用加类名的方法，从结构上采取分层次的形式，是这时期综合式所构成的三音、多音复音词的两个特点。

5.4.4　数词系位结构。

《论衡》中的系数和位数已经比较完备，由系数、位数合成的复合数词以及进一步构成的比较复杂的系位结构在书中大量应用，仅三数以上的，即可举出不少。如：

（1）审若此言，《尚书》二十九篇，火之余也。七十一篇为炭灰，二十九篇独遗也？（正说）

（2）儒者说曰："日行一度，天一日一夜行三百六十五度。"（说日）

（3）千五百三十九岁为一统，四千六百一十七岁为一元。（难岁）

（4）案周时九州，东西五千里，南北亦五千里，五五二十五，一州者二万五千里。天下若此九之，乘二万五千里，二十二万五千里。（谈天）

对《论衡》中的复音数词做如下分析：

第一，从数词的结构方式看，系数和位数组成复合词，两部分之间是相乘关系，系位结构的几个复合数词之间是相加的关系，系数词可以充当系位结构的最末项，代表个位数，这些都和现代汉语相同，先秦把"十几"写作"十有几"的结构形式基本上不再用了。模糊

---

① 离骚，用班固说解为罹忧。

数量的表示法，如"数十百篇"（正说）、"二十余篇"（同上）、"年十七八"（骨相）也同现代大体相似，唯位数"亿"不是指"万万"，而是指"十万"，或指数量很大；在系位结构中百、千、万、亿为一者，一不出现，如"百两篇"（正说）、"师万二千人"（同上），这又是和现代不同的。

第二，数词大都同量词结合运用，组成数量词。《论衡》中量词已经相当丰富，常用的（包括度量衡单位）就有"分"、"寸"、"尺"、"丈"、"里"、"亩"、"钟"、"觚"（《语增篇》："文王饮酒千钟，孔子百觚"）、"石"（《效力篇》："夫一石之重，一人挈之"）、"钧"、"步"（《难岁篇》："自止徙百步之内"）、"岁"、"年"、"代"、"级"（《谢短篇》："赐民爵八级"）、"度"、"道"、"篇"、"章"、"行"（《效力篇》："书五行之牍"）、"乘"、"匹"、"只"、"被"（《骨相篇》："甲盾五百被"）、"围"（《效力篇》："至于大木，十围以上"）等等。数量词的广泛应用，是汉语发展的明显标志之一。

5.4.5　四字成语。

汉语成语源远流长。在《论衡》中就已出现相当多形式比较稳定、意义比较定型，因而能够作为复音词使用的四字成语。如：

（1）温故知新，可以为师。（谢短）

（2）文吏空胸，无仁义之学，居位食禄，终无以效，所谓尸位素餐者也。（量知）

（3）语称上世之人，重义轻身，遭忠义之事，得己所当赴死之分明也，则必赴汤趋锋，死不顾恨。（齐世）

（4）而不言明王之严刑峻法，而云求奸而诛之。（非韩）

（5）以已至之端，效方来之应，犹守株待兔之蹊，藏身破置之路也。（宣汉）

（6）孔子睹微见著，故径庭丽级，以救患直谏。（薄葬）

（7）世多似是而非，虚伪类真，故杜伯庄子义之语，往往而存。（死伪）

（8）今世之将，材高知深，通达众事，举纲持领，事无不定。（程材）

（9）凡人能以精诚感动天，专心一意，委务积神，精通于天，天为

变动，然尚未可谓然。（感虚）

（10）三军之事，非能制也，勇将率勉，视死如归。（率性）

对这些四字成语，我们指出两点：

第一，它们大都来源于先秦古籍，或用其典故，如"守株待兔"见《韩非子·五蠹》；或采其名言，如"尸位素餐"、"切磋琢磨"（量知）本《诗经·国风》；"华而不实"（书解）见《左传·文公五年》；"大器晚成"（状留）源《老子》；"任重道远"（效力）、"饱食终日"（别通）"后生可畏"（实知）等均出《论语》。这些成语大都流传至今。

第二，从结构上看，语素之间的关系比较复杂，除多数是两个支配式联合组成的以外，如"举纲持领"、"守株待兔"、"温故知新"等，还有的是两个表述式联合组成，如"耳闻目见"，有的还运用虚词成分构成，如"似是而非"、"名实相副"等。除带虚词成分的外，其他四字成语在结构上的共同特点是第一层次即前两字和后两字的关系多是联合式关系，而第二层次即前后两字内部结构关系在不同成语中可有偏正、表述、支配等多种形式，但在同一成语中两种形式则往往是一致的。

六　小　结

以上，我们讨论了《论衡》九种结构形式的复音词，现着重就其发展趋势和特点小结如下：

〈一〉九种结构形式的复音词，可归纳为语音造词和语法造词两大类[1]。据统计，语法造词数包括综合式[2]在内共计2199个，占全书总词数的95.61%。语音造词数共计101个，只占4.39%。这表明语法造词已经占了绝对优势。如果同先秦有代表性的著作《论语》、《孟子》作一比较[3]，这一发展趋势可以看得更清楚。请看下两表：

---

① 在复音词发展的早期阶段，曾出现一些由音近义通语素构成的"过渡词"。随着复音词的发展，这种过渡现象不明显了。为便于同先秦比较，我们把原属过渡的完全重叠词并入语音造词，部分重叠词并入语法造词（联合式）。

② 综合式此时基本上是运用词序方式构词，因此亦并入语法造词。

③ 为增强可比性，我们从《论衡》中不加选择地统计了同《论》、《孟》字数相当的篇幅。

表一   与《论语》比较表

项目 / 词数 / 书名	总字数	总词数	语音造词				语法造词			
			单纯复音词	重叠合成词	合计	占总词数百分比	运用虚词方式造词	运用词序方式造词	合计	占总词数百分比
《论语》	15883	183	1	29	30	16.39%	20	133	153	83.61%
《论衡》《雷虚》等五篇	15553	462	24	14	38	8.22%	12	412	424	91.78%

表二   与《孟子》比较表

项目 / 词数 / 书名	总字数	总词数	语音造词				语法造词			
			单纯复音词	重叠合成词	合计	占总词数百分比	运用虚词方式造词	运用词序方式造词	合计	占总词数百分比
《孟子》	35402	336	12	41	53	15.78%	23	260	283	84.22%
《论衡》《命义》等十四篇	35221	794	27	17	44	5.54%	10	740	750	94.46%

同《论》、《孟》相比，《论衡》的语音造词数所占比例分别下降了50%和64.9%。其中单纯复音词不少是从先秦继承下来的，重叠合成词数量也不多。但重叠合成词中较多出现了双音节重叠即 AABB 式这一新的结构形式。由此又说明，语音造词尽管所占比例下降了，但这种结构方式照样流传下来，并且有了新的发展。

〈二〉语法造词中运用词序方式造词数包括综合式在内共计 2136 个，占语法造词数（也包括综合式）的 97.14%；运用虚词方式造词数共计63 个，只占语法造词数的 2.86%。同先秦相比其比例也显著下降了。请看下两表：

表一　　　　　　　　　　　　同《论语》比较

书名＼项目 词数	语法造词数	运用虚词方式造词				运用词序方式造词							
		后缀	前缀	合计	占语法造词百分比	联合式	偏正式	补充式	支配式	表述式	综合式	合计	占语法造词百分比
《论语》	153	20	0	20	13.07%	60	67	0	2	1	3	133	86.93%
《论衡》《雷虚》等五篇	424	11	1	12	2.83%	288	88	18	9	1	8	412	97.17%

表二　　　　　　　　　　　　同《孟子》比较

书名＼项目 词数	语法造词数	运用虚词方式造词				运用词序方式造词							
		后缀	前缀	合计	占语法造词百分比	联合式	偏正式	补充式	支配式	表述式	综合式	合计	占语法造词百分比
《孟子》	283	23	0	23	8.1%	146	100	0	9	2	3	260	91.9%
《论衡》《命义》等十四篇	750	8	2	10	1.3%	531	148	33	12	5	11	740	98.7%

同《论》、《孟》比较，《论衡》中运用虚词方式造词数比例分别下降了77.6%和84%。这是因为先秦前缀和后缀都比较丰富，而到《论衡》中只有"然"、"尔"、"子"、"者"等少数后缀流传下来，几乎全部前缀和大部后缀都消失了。但这时又出现了新的前缀"可"和"第"，它们和后缀"然"、"子"、"者"等直到现代汉语中仍保持着相当强的构词能力。

（三）运用词序方式造词的五种结构形式复音词，其发展也是很不平衡的：联合式遥遥领先，居第二位的是偏正式，但只有联合式的36.8%，而补充式、支配式、表述式合在一起也只有联合式的11.9%。具体见下表：

词数 \ 项目 \ 结构方式	联合式	偏正式	补充式	支配式	表述式	合　计
每种复音词数	1404	517	101	52	14	2088
占五种词序造词数%	67.24%	24.76%	4.84%	2.49%	0.67%	100%
占语法造词数%	65.27%	24.04%	4.69%	2.42%	0.65%	97.07%
占全书总复音词数%	61.04%	22.48%	4.39%	2.26%	0.61%	90.79%

同《孟子》对比，可看出其发展速度是很不同的。请比较：

词数 \ 项目 \ 构词方式	联合式	偏正式	补充式	支配式	表述式	合　计
在《孟子》中词数	146	100	0	9	2	257
占五种词序方式造词数%	56.8%	38.9%	0	3.50%	0.8%	100%
在《论衡》《命义》等十四篇中词数	531	148	33	12	5	729
占五种词序方式造词数%	72.8%	20.3%	4.5%	1.7%	0.7%	100%

（四）联合式复音词的大量出现，同汉语词义的发展有密切的关系。首先，同义词、类义词、反义词的增多，促进了平等联合词包括相同、相类、相反意义联合词的形成。相同意义联合词多是由基本意义相同、附属意义有别的单音同义词构成的，因此对这类词，一要辩证地看，从大同中辨析小异；二要历史地看，从应用中观察演变，特别要注意从异义到同义、从同义到等义的演变趋势。相类意义联合词，是由尽管义位不同、但却有部分义素重合的类义词构成的，其中不少是取两个类义词合成后的比喻义或代替义所构成，因此它们具有概括性或形象性的特点。相反意义联合词是用两个相反相成义位合成的复音词，这类词在《论衡》联合式复音词中虽居少数，但却比先秦有明显增加。其次，多义词的增多并进入基

本词汇，则为不平等联合词的大量出现创造了前提，因为这类词无论是前制后联合词还是后制前联合词都有一个共同的特点，即它们大都是由基本词汇中的单音词同一般词汇中的单音词联合构成的。属基本词汇单音词的义位，往往能包括属一般词汇单音词的义位，这是它们共性的一面；而属一般词汇单音词的义位又对属基本词汇单音词的义位具有更强的制约力，从而显示出既是联合的又是不平等的特点，这又是它们个性的一面。总之，联合式复音词两个语素意义之间，存在着既互相融合，又彼此制约的辩证统一关系。这恰好解决了语言发展中词义的丰富性、多样性同表达的单一性、明确性的矛盾。《论衡》中联合式复音词的大量出现，正是上古汉语词汇意义发展的直接结果。从词性构成方面看，同先秦一样仍以同词性单音词合成同词性复音词为主，但此时也有新的发展，主要表现在：第一，先秦主要是名名联合构成名词，动动联合构成动词，在《论衡》中动动联合构成动词跃居第一位，形形联合构成形容词明显增多，数量同名词相当；第二，同词性单音词合成异词性复音词的方式比先秦增加了；第三，同素异序词中开始出现颠倒字序后词性发生变化的现象。

（五）偏正式复音词，从语义上看，偏语素对正语素的内部修饰、限制关系比先秦更趋复杂了，不仅涉及人和事物，而且涉及动作、行为。从词性上看，先秦主要是构成名词，此时名词仍居多数，但动词和形容词也增多了。在构成名词中又新出现一批至今仍保持较强构词能力的根词。然而，偏正式复音词的词性基本上决定于正语素的词性及〔名＋名〕为其主要构词方式则是古今相同的。

（六）补充式复音词在先秦尚处于萌芽状态，此时则日臻成熟，表现在结构形式比较稳定，内部关系日趋复杂，因而构词数量超过支配式、表述式，居词序造词中的第三位。支配式先秦多限于官名，此时则扩大到一般动词、名词等，但动词尚限于不及物动词。表述式数量仍然很少，但常可构成出现频率较高的常用词。

（七）《论衡》中综合式复音词的出现，显示出汉语词汇由双音节向三音节、多音节发展的趋势。但这些三音节、多音节词只限于名词，而且多是专有名词或次专名词；其构成特点是从意义上采用加类名的方法，从结构上采取分层次的形式。多音节数词及数词结构已比较发达，并且同众多的量词结合运用。较多运用四字成语则又标志汉语特殊词汇有了重要发展。

（八）《论衡》中各种结构形式的复音词大部分流传到现代，其中一部分复音词（主要是联合式复音词），词义循着从个别到一般、从具体到抽象，词性主要循着从动词到名词的规律发生了历史的演变，但大部分（尤其是偏正式复音词）变化并不显著。更重要的是《论衡》中九种之多的构词方式均沿用至今，其中偏正式、联合式、附加式、重叠式、综合式等继续保持着高产量，可以说现代汉语的构词方式在两汉时期已趋于完备，这都表明汉代词汇在汉语发展史上占有重要位置。

　　　　　　　　　　　　　　　　　　　1982 年夏　初稿
　　　　　　　　　　　　　　　　　　　1983 年春　修订

从王充《论衡》看有关系词"是"的问题

冯春田

汉语系词"是"的产生时代及其系词性来源问题，自从王力先生提出来以后，引起了不少人的兴趣和讨论。① 本文拟以王充《论衡》为核心，参照其先后古代汉语书面材料，谈谈有关系词"是"的问题。"是"的系词性来源是我们讨论的重点，连带谈到它获得完全系词性的时代问题。

一

在本节里，根据意义和语法功能两方面的特点，我们把《论衡》中的形容词"是"以及它转化来的另外两种类型的"是"，归纳为 A 型、B 型、C 型三类，加以分析。

1. A 型

许慎《说文》："正，是也；""是，直也，从日正。"段玉裁注："十目烛隐则曰直，以日为正则曰是。从日正会意，天下之物莫正于日也。"可见，"是"有"正确"或"对"的意思。王力先生曾经指出：此义"是"字与表示"错误"或"不对"的"非"字相对。② 《论语·阳货》："偃之言是也，前言戏之耳。"《荀子·修身》："是谓是，非谓非曰直。"又《尧问》："见物然后知其是非之所在。"像类似的"是"，就是这个

---

① 王力：《中国文法中的系词》，《龙虫并雕斋文集》第一册。
② 《汉语史稿》中册，第346—356页。

意思。

我们称《论衡》里表示"正确"或"对"的"是"为 A 型。A 型分为 A_1 和 A_2 两类。A_1 类"是"在句子里主要充当诸如主语、宾语、定语之类的体词性成分。例如：

（1）讼必有曲直，论必有是非。非而曲者为负，是而直者为胜。（《物势》）

（2）狱讼有是非，人情有曲直。（《是应》）

（3）世间为文者众矣，是非不分，然否不定。（《定贤》）

（4）卿决疑讼，狱定嫌罪，是非不决，曲直不立，世人必谓卿狱之吏才不任职。（《案书》）

（5）无是非之分，故无是非之实。（《雷虚》）

A_2 类"是"从意义上说，它与 A_1 类大致相同。不过，它在句子里并不是充当主语、宾语、定语之类的体词性成分，而是作为形容词充当句子的谓语，对主语作"是非"之"是"的叙述。例如：

（1）武王诛纣是乎，天当安静以祐之；如诛纣非乎，而天风者怒也。（《感虚》）

（2）文挚不息乎，与金石同，入汤不烂，是也；令文挚息乎，烹之不死，非也。（《道虚》）

（3）不饮盗泉是，则欲对佛肸非矣。（《问孔》）

（4）韩子之非子产，是也；其非缪公，非也。（《非韩》）

（5）夫以非真难，是也；不以象类说，非也。（《乱龙》）

（6）其修祭祀，是也；信其事〔享〕之，非也。（《祀义》）

王力先生说："上古汉语常有'是也'的说法，我们认为这种'是'字是形容词，即'是非'的'是'，略等于现代所谓'对'或'不错。'"王先生举的例子是：《论语·微子》："'是鲁孔丘欤？'曰：'是也。'曰：'是知津矣。'"《荀子·王制》："大节是也，小节是也，上君也。大节是也，小节一出焉，一入焉，中君也。大节非也，小节虽是也，吾无观其馀矣。"[①]《论衡》中 A_2 类"是"是形容词，而且是用作句子的谓语，这和王先生所论述的上古汉语里"是也"之"是"是同性质的。

---

① 《汉语史稿》中册，第349—350页。

　　王先生《汉语史稿》还指出："另一种'是也'的'是'字是复指上文，近似'就是这个'、'就是这样'的意思。在这种情况下，它仍旧是指示代词。"王先生举的例子如："臣闻七十里为政于天下者，汤是也。"（《孟子·梁惠王》下），"地籁则众窍是已，人籁则比竹是已。"（《庄子·齐物论》）。① 这类指示代词"是"，在《论衡》里是很多的，我们也举出几个例子：

　　（1）或操同而主异，亦有遇不遇，伊尹、箕子是也。（《逢遇》）

　　（2）或以贤圣之臣，遭欲为治之君，而终有不遇，孔子、孟轲是也。（同上）

　　（3）以大才之臣，遇大才之主，乃有遇不遇，虞舜、许由、太公、伯夷是也。（同上）

　　（4）人之举事，或意至而功不成，事不立而势贯山，荆轲、医夏无且是矣。（《定贤》）

　　这类用"是"的句子，其特点是先说出某一类情况或事理，然后举出实例，再用"是"字说明所举实例就是"这"或"这样"的。"是"字的作用，在于复指先说出的某一类事物或情况。王力先生指出这类"是"为指示代词，这是可以确信的。对此，我们可以从《论衡》里看到更有启发性的证据。

　　在《论衡》里，并且是在同一篇、同一类型的叙述上，既用"a，是则 b 也"或者"a，是 b 也"式，又用"a，则夫 b 是也"或者"a，b 是也"式，二者加以比较，可以看出它们之间可以转换的情况。这里只举《定贤》的部分例子就可以证明这个问题：

　　（1）〔以〕恬憺无欲，志不在于仕，苟欲全身养性为贤乎？是则老聃之徒也。

　　（2）以经明带徒聚众为贤乎？则夫经明儒者是也。

　　（3）以权诈卓谲、能将兵御众为贤乎？是韩信之徒也。

　　（4）〔以〕辩于口，言甘辞巧为贤乎？则夫子贡之徒是也。

　　这两种形式的区别，在于"a，是 b 也"式的"是"字用在谓语（b）之前复指主语（a）；而"a，b 是也"式的"是"字，则是用在谓语（b）

————————————

① 《汉语史稿》中册，第349—350页。

之后，用样在于复指主语（a），说明谓语（b）的所指就是"这"或"这样"的。这二者可以转换："……，是则老聃之徒也"，可以变成"……，则〔夫〕老聃之徒是也"；"……，是韩信之徒也"，可以变成"……，韩信之徒是也"。同样，"……，则夫经明儒者是也"，可以变成"……，是则经明儒者也"；"……，则夫子贡之徒是也"，可以变成"……，是则子贡之徒也"。当然，"是"的位置移动后，句子的含义稍有变化，这主要体现在表示"a，这（是）b"与"a，b（是）这"的差别上，但基本义未变。可见，这种"是"的可移置性是可以肯定的。显然，这类"是也"的"是"字，不是形容词（即我们所说的 A 型），也不是判断词的"是"。

　　先秦应当更不例外。这里再举几个先秦古书里既非形容词又容易被误认为判断词（或系词）的"是"字例，略微谈谈这个问题。《左传·襄公二十九年》："裨谌曰：'是盟也，其与能几何？《诗》曰：君子屡盟，乱用是长。今是长乱之道也。'""是"不是形容词这很明显；它似乎是系词，其实不是。"是"仍为指示代词，这里复指主语——"今"之"是盟也"。当然，"……今是长乱之道也"，同样可以变为"……，今长乱之道是也"。再如，《吕氏春秋·知分》："崔杼不悦，直兵造胸，勾兵钩颈，谓晏子曰：'子不变子言，则今是已'""则今是已"，即"则今〔此〕已"（"是已"即"是也"、"是矣"，"已"和"也"、"矣"在这里语音和意义都近似）。"是"，指代"直兵造胸，勾兵钩颈"的动作所暗示的行为。如果把类似这样的"是"看作是判断词（或系词），从而证明先秦汉语里已经有了判断词（或系词）"是"，那显然是靠不住的。

　　2. B 型。

　　B 型"是"从含义上看，与 A 型已经不同。它不再是表示"正确"或者"对"的意思，而是表示"实在"或者"真实"的意义。我们认为，这是由 A 型引申来的。因为，由"正确"或者"对"的意义，是很容易引申出或转化为"实在"、"真实"的意义的。

　　B 型"是"和 A 型一样，根据它在句子里的用法或地位，也可以分为 B_1 和 B_2 两类。从意义和用法上看，B_1 和 A_1 对应，B_2 和 A_2 对应。如同 A_1 类"是"在句子里主要充当主语、宾语、定语之类的体词性成分一样，B₁ 类"是"在句子里也主要是充当主语、宾语或者定语。B₁ 类"是"的例子如：

（1）正是审明，则言不须繁，事不须多。（《定贤》）

（2）睹真是之传与虚妄之书相违，则并为短书，不可信用。（《书虚》）

（3）夫见似虎者意以为是，张弓射之，盛精加意。（《儒增》）

（4）虽奸非实，次序篇句，依倚事类，有似真是，故不烧灭之。（《佚文》）

（5）演作之言，生于俗传。苟信一文，使夫真是几灭不存。（《正说》）

（6）世间书传，多若等类，浮妄虚伪，没夺正是。（《对作》）

这类"是"字往往和"真"或者"正"字连用（例（2）、（4）、（5）和"真"连用，例（1）、（6）和"正"连用）。比较明显，B₁ 类"是"都是"实在"或"真实"的意思。

如同 A₂ 类"是"在句子里主要充当谓语，起对主语作"是非"之"是"的叙述作用以别于 A₁ 类"是"一样，B₂ 类"是"在句子里充当谓语、表示对主语所代表的事物作"实在"或"真实"性的叙述（或肯定）而有别于 B₁ 类"是"。B₂ 类"是"的例子如：

（1）所谓神者，何神也？百神皆是，百神何故恶人为井？（《感虚》）

（2）单父吕公善相，见高祖状貌，奇之，因以其女妻高祖，吕后是已。（《骨相》）

（3）孟子所去之王，岂前所不朝之王哉？而是，何其前轻之疾而后重之甚也？如非是，前王则不去，而于后去之，是后王不肖甚于前。（《刺孟》）

（4）宣帝时，河内女子坏老屋，得佚《礼》一篇，六十篇中，是何篇是者？（《谢短》）

（5）实论者谓之未必真是，然而为之，厌合人意。（《顺鼓》）

（6）顿牟掇芥、磁石引针，皆以其真是，不假他类。（《乱龙》）

（7）假令不同，或时似类，未必真是。（《讲瑞》）

（8）然而唐、虞之瑞必真是者，尧之德明也。（同上）

（9）案永平以来，讫于章和，甘露常降，故知众瑞皆是，而凤凰、

麒麟皆真也。（同上）

这类"是"的作用是充当谓语，对主语所代表的事物作"实在"或者"真实"性的是认、肯定。显然，这与 A₂ 类"是"对主语所代表的事物作"是非"之"是"的叙述有了很大的距离。

3. C 型

再看 C 型"是"。这里，我们把 C 型分为 C₁、C₂ 和 C₃ 三类。这种分类和 A 型分为 A₁、A₂ 两类以及 B 型分为 B₁、B₂ 两类不同。A、B 两型各分两类是用作主语、宾语、定语和用作谓语的区别，C 型是以"是"的前面有否连接词或者修饰语以及主语（包括处在主语位置上的主谓词组和兼语）的标准分为 C₁、C₂、C₃ 三类。

C₁ 即"是"之前有连接词或者修饰成分的。例如：

（1）鹰之击鸠雀，鸮之啄鹄雁，未必鹰、鸮生于南方而鸠雀、鹄雁产于西方也，自是筋力勇怯相胜服也。（《物势》）

（2）儒书言：楚熊渠子出，见寝石以为伏虎，将弓射之，矢没其卫；或曰：养由基见寝石，以为兕也。射之，矢饮羽；或言李广。便是熊渠、养由基、李广主名不审无实也。（《儒增》）

（3）然则五百岁者，天生圣人之期乎？如是其期，天何不生圣？圣王非其期，故不生。（《刺孟》）

（4）夫孔子虽云不及地尺，但言如雨，其谓实之者，皆是星也。（《说日》）

（5）辛卯之夜，星实如是石，地有楼台，楼台崩坏。（同上）

（6）无鸟附从，或时是凤皇；群鸟附从，或时非也。（《讲瑞》）

（7）如以宣帝时凤皇体色众鸟附从，安知凤皇则王莽所致鸟凤皇也？如审是王莽致之，是非瑞也。（同上）

（8）鲁叔孙穆子梦天压己者，审然是天下至地也。（《纪妖》）

（9）及见他鬼非是所素知者，他家若草野之中物为之也。（《订鬼》）

C₂ 类"是"，它前面没有连接词或者修饰语，但有别的语法成分。一种情况是，它的前面有主谓词组，这个主谓词组又不是标准的主语。如：

（1）假令日出是扶桑木上之日，扶桑木宜覆万里，乃能受之。（《说日》）

（2）使日出是扶桑木上之日，禹、益见之，不能知其为日也。（同上）

这两个例子，都是假设句。C_1 例（5）"星霣如是石"，"星霣"也是主谓词组，这一例又是假设句。这一类"是"之前出现主谓词组（按，这个主谓词组的主语是整个句子实际上的主语），"假设句"可能是其条件。另一种情况，"是"的前面有兼语。例如：

（3）海外西南有珠树焉，察之是珠，然非鱼中之珠也。（《说日》）

（4）委不能知有圣与无，又不能别凤皇是凤与非，则必不能定今太平与未平也。（《宣汉》）

C_3 类"是"。和 C_2 类一样，它之前没有连接词或者修饰语，但它有标准的主语。例如：

（1）昔有飂叔宋〔安〕有裔子曰董父，实甚好龙，能求其嗜欲以饮食之，龙多归之。乃扰畜龙，以服事舜，而锡（赐）之姓曰董，氏曰豢龙，封诸鬷川。鬷夷氏是其後也。（《龙虚》）

（2）（魏颗）夜梦见老父曰："余是所嫁妇人之父也。尔用先人之治命，是以报汝。"（《死伪》）

（3）如以鬼非死人，则其信杜伯非也；如以鬼是死人，则其薄葬非也。（《薄葬》）

（4）如端端之日有十，甲乙是其名，何以不從〔徒〕言甲乙，必言子丑？（《诘术》）

从意义上说，C 型"是"和 B_2 类"是"基本相同，都是表示"实在"或"真实"性的肯定或是认。从形式上看，C 型"是"和 B_2 类"是"的最根本的区别在于 B_2 类"是"的后面不出现别的语法成分（语气词除外），而 C 型"是"的后面则有它所肯定、是认的对象。

我们认为，C 型和 B_2 类"是"为同一来源，即认为它们都来源于形容词的"是"。如果把以上讨论内容的中心概括成一个轮廓，即：

$$A \longrightarrow B \longrightarrow C$$

$$[A_1] \longrightarrow [B_1] \qquad X$$

$$[A_2] \longrightarrow [B_2] \longrightarrow [C_1、C_2、C_3][1]$$

---

[1] 据我们粗略统计，以上 ABC 三型"是"在《论衡》里出现的情况是：A_1 类 65 例，A_2 类 22 例；B_1 类 22 例，B_2 类 31 例；C_1 类 12 例，C_2 类 7 例。C_3 类 4 例。

　　A 型（即形容词）"是"转化为 B 型"是"：其中 A_1 转化为 B_1，A_2 转化为 B_2。B 型"是"和 C 型"是"有转化关系，这主要是 B_2 类和 C 型（包括 C_1、C_2、C_3 三类）之间的转化。对这个问题，我们将在下文详细讨论。

<h1 style="text-align:center">二</h1>

　　C 型"是"与形容词"是"的关系，可以从举例中看得出来。C_1 类"是"，前面有的有连接词"如"（例（3）（5））；有的有副词或形容词修饰语（例（1）（4）（9）分别有副词修饰语"自""皆""非"，例（7）（8）分别有形容词修饰语"审"或"审然"）。而作为复指主语的指示代词"是"，一般是没有这种用法的。也就是说，用在判断句谓语之前复指主语的"是"都不大用"如"之类的连词连接和不大用"自"、"皆"、"非"之类的副词以及"审"、"审然"之类的形容词作修饰成分。但是，上述连接词以及副词、形容词用在表示对主语的"实在"或"真实"性给予肯定或是认的 B_2 类和 C 型"是"之前，这一方面是符合词与词之间的结构关系的通则，同时也反映出 B_2 类"是"和 C 型"是"与形容词"是"的密切关系。

　　再者，从《论衡》的材料来看，B_2 类"是"和 C 型"是"有可以转化的关系。也就是说，B_2 类"是"可以转化为 C 型。例如 B_2 类例（3）："孟子所去之王，岂前所不朝之王哉？而是，何其前轻之疾而后重之甚也？如非是，前王则不去，而于后去之，是后王不肖甚于前。""而是"，在意念上即为"而是〔前所不朝之王〕"；"如非是"，在意念上即为"如非是〔前所不朝之王〕"。如果把"前所不朝之王"放在"是"字之后，就在形式上成了 C 型。又如《论衡·雷虚篇》："夫隆隆之声，鼓与钟邪？如审是也，钟鼓而不空悬，须有簨簴，然后能安，然后能鸣。""如审是也"是 B_2 类，在意念上即是"如审是〔鼓与钟〕也"。比较上举 C_1 类例（7）"如审是王莽致之"、例（8）"审然是天下至地也"，都说明 B_2 类"是"可以转化为 C 型。由此可以看出 B_2 和 C 型来源关系的共同性。

　　再如《论衡·宣汉篇》："委不能知有圣与无，又不能别凤皇是凤与非。"这是 C_2 类（即"是凤"）。"是凤与非"的"是"和"非"，应该看作"是"为表示肯定、是认："非"表示否定、否认："非"为"是"的相对形式。C 型的否定形式之后不出现否定或否认的对象，那么 C 型"是"当然也可以不出现其肯定、是认的对象，这样，就近乎 B₂ 类"是"字句的形式了。C 型"是"的相对形式"非"不出现否定、否认对象的例子又如："无鸟附从，或时是凤皇；群鸟附从，或时非也。""或时非也，"在意念上即为"或时非〔凤皇〕也"。C 型以及它的相对形式"非"之后都出现肯定、是认或者否定、否认对象的例子如："然则五百岁者，天生圣人之期乎？如是其期，天何不生圣？圣王非其期，故不生。"这也从另一个角度说明了 B₂ 类和 C 型"是"的关系。

王力先生曾经指出："非"字在上古也并不是系词，它只是一个否定副词，"非"字并不是"是"的反面。① 我们认为，上举《论衡》里的这些"非"字也是否定副词。但是，我们同时认为，在上举《论衡》"是"、"非"对用的例子里，"是"、"非"二者形成了相对的局面。特别是《宣汉》"委不能知有圣与无，又不能别凤皇是凤与非"一例，其中"有圣与无"和"是凤与非"结构形式相同，这两个短语相对，自然"有"和"是"、"无"和"非"也是相对的。从另一方面看"有"、"无"又相对，因此"是"、"非"也应该相对。再如《薄葬篇》："如以鬼非死人，则其信杜伯非也；如以鬼是死人，则其薄葬非也。术用乖错，首尾相违，故以为非。非与是不明，皆不可行。"这里，"是"与"非"显然是相对的。不过，先秦汉语还没有这种相对的用法。同时，即使在《论衡》里，反面用"非"字，正面也不一定要用"是"字。如《纪妖篇》："不至地则不得压己，不得压己则压己者非天也，则天之象也。""则天之象"，"则"字之后并不用"是"字。因此，与"非"字句相对的句子出现与"非"同位置的"是"，也就不必是 B₂ 类或 C 型"是"。例如《明雩篇》："如谓政治所致，尧、汤恶君也；如非政治，是运气也。"这里的"是"字，就是指示代词。

至于 C 型"是"，有时很像是由指示代词"是"转化而来的。例如，C₃ 类例（1）："釁夷氏是其后也"，很像"釁夷氏，是〔此〕其后也"的转化。再如 C₂ 类例（1）"假令日出是扶桑木上之日"、例（3）"察之是

---

① 《汉语史稿》中册，第 352 页。

珠"等等，都可以这样看待。也就是说，C 型"是"有些例子在形式上
很可以让我们认为是指示代词的转化。

不过，我们既然认为 C 型"是"和 C₂ 类之间可以转化，它们都是来
源于形容词的"是"，那么从这一方面说我们也可以认为 C 型"是"是在
"a，b 也"式较原始判断句基础上的加用。例如"戫夷氏是其后也"，是
在"戫夷氏，其后也"中间加用了表示肯定、是认的"是"而成的；"察
之是珠"，是在"察之，珠〔也〕"中间加用了表示肯定、是认的"是"
而成的。其馀类推。

作这种认识的依据我们讨论过的是：《论衡》中表示"实在"、"真
实"义的"是"用作谓语，表示对述说对象作"实在"、"真实"性的肯
定、是认，这类"是"在语义上具备了向系词发展的基础；B₂ 类"是"
在一定情况下可以转化为 C 型"是"，这提供了在形式上可以产生 C 型
"是"的线索。为进一步说明和讨论问题，我们再从 C 型"是"的例子在
结构形式特点上做一些必要的分析。

首先，上文我们曾经顺便提到过：C 型"是"和"非"字相对言，
如"察之是珠"，然非鱼中之珠也"；"或时是凤皇，或时非也"；"委不
能知有圣与无，又不能别凤皇是凤与非"；"如以鬼是死人"，"如以鬼非
死人"。而其中"有圣与无"、"是凤与非"一例，结构性质相同；"有"、
"无"相对，"是"、"非"相对，从"有"、"无"的词性可知"是"、
"非"的词性。此外，在"是凤与非"这种结构形式上，可以看出在原始
判断句式基础上加用起肯定或是认作用的"是"的迹象。

B₂ 类"是"和 C 型"是"在《论衡》里还可以用否定副词"非"
加以否定。如 B₂ 类例（3）的"如非是"，C₁ 类例（9）的"及见他鬼非
是所素知者"。我们知道，用于谓语之前复指主语的指示代词"是"不能
用"非"否定。那么，这就说明类似这种"非 + 是 + 名词（或名词性词
组）"式里的"是"，应看作表示肯定、是认的"是"。因为在这种结构
形式里，用于谓语之前复指主语的指代词"是"不能出现，所以就没有
转化为系词的条件。另外，如《荀子·劝学》："君子知夫不全不粹之不
足以为美也，故诵数以贯之，思索以通之，为其人以处之，除其害者以持
养之，使目非是无欲见也，使耳非是无欲闻也，使口非是无欲言也，使心
非是无欲虑也。"这里的"是"虽然是指示代词，但这与判断句里复指主

语的用法不同，所以可以构成"非是"的形式。显然，这又不能与 B₂ 类及 C 型的"非是"混为一谈。

　　我们再来看 C₃ 类"是"字句的一个例子。例（2）："余是所嫁妇人之父也。"首先可以肯定，此例中的"是"字不是指示代词；再者，它又不像是由指示代词的"是"转化来的。因为，像"余"、"吾"、"汝"、"尔"、"彼"等指称代词作主语时，谓语之前是不能够用指示代词"是"复指主语的。"余是所嫁妇人之父也"一句，主语是"余"，所以谓语"所嫁妇人之父也"之前不能出现代词"是"。现代汉语也是这样，比如我们不能说"我这是学生"、"他这是工人"、"你这是师傅"。所以，既然类似 C₃ 类例（2）这种句子不能用指示代词"是"置于谓语前复指主语，那么其中的"是"似不应认为是指示代词"是"的转化，而是表示肯定、是认的"是"在"a，b 也"式判断句主语（a）和谓语（b）之间的加用。这类句子的主语没有用指示代词"是"复指的条件，所以也就没有变化为系词"是"的条件。上例在《左传》里本为："余，而所嫁妇人之父也。"（宣公十五年）加以比较，《论衡》"余是所嫁妇人之父也"的"是"，就是表示肯定、是认的"是"在《左传》"余，〔而〕所嫁妇人之父也"基础上的加用。同样，《论衡·异虚篇》："余，褒之二君也，"这是第一人称代词（余）作主语的判断句，如果主语"余"和谓语"褒之二君也"中间用"是"字，那也就是表示肯定、是认的"是"的加用。再如，《论衡·龙虚篇》上下文既出现"鬷夷氏是其后也"这种"a 是 b 也"式，又有"范氏，其后也"这种"a，b 也"式。二者比较，似乎可以窥见在"a，b 也"式的基础上加用表示肯定、是认的"是"的迹象。这标志着汉语从非系词判断句向系词句的过渡或发展。

　　通过上述分析，我们认为可以说明：C 型"是"字句是在"a，b 也"式非系词判断句基础上加用了表示肯定、是认的"是"而形成的。这种"是"不是由指示代词转化而来，它来源于形容词的"是"。

　　我们设想系词"是"来源于指示代词"是"，遇到的主要困难就在于有些句子是不能用"是"复指主语或者无需复指主语的。但是，系词"是"的出现是不受这种限制的。例如像下面这些后来的系词句按句子特点本来就是不能用指示代词复指主语的：

　　（1）文举至门，谓吏曰："我是李府君亲。"（《世说新语·言语》）

（2）卿云"艾艾"，定是几"艾"？（同上）

（3）此是屋下架屋耳，事事拟学而不免俭狭。（同上《文学》）

（4）同是一累，而未判其得失。（同上《雅量》）

（5）然君实是乱世之英雄，治世之奸贼。（同上《识鉴》）

（6）不知所署，时见牵马来，似是马曹。（同上《简傲》）

以上诸例，代表的大致是刘宋前后的口语。下面再举出一些唐代变文和唐人小说中的例子：

（1）陛下是万人之主。（《敦煌变文·伍子胥变文》）①

（2）驰书相命，必是妖言。（同上）

（3）我是羊齿，非是狼牙。（同上）

（4）间〔问〕人曰："此是甚山？"乡人对曰："此是庐山。"（同上《庐山远公话》）

（5）便是庐山千尺潭龙，来听远公说法（同上）

（6）某是华山府君庙前长松下千岁老狸。（《唐人小说·古镜记》）②

（7）好是他家好，人非着意人。（同上《游仙窟》）

（8）儿是清河崔公之末孙，适弘农杨府君之长子。（同上）

（9）十娘主人，下官是客。（同上）

（10）仆是何人？敢当此事？（同上）

（11）迎问曰："莫是李十郎否？"（同上《上清传》）

（12）汝是何人？从何而得？（同上）

（13）足下终能弃置，实是忍人。（同上）

（14）君是丈夫，负心若此。（同上）

（15）树上君子，应是陆贽使来！（同上）

（16）事亦必定，后十五六日大是吉辰。（同上《崔书生》）

（17）谁是郑生所爱？（同上《郑德璘》）

（18）见衣服綵绣，似是人。（同上）

（19）我闻宫嫔选在掖廷，多是衣冠女子。（同上《无双传》）

以上举出代词（包括尊称、谦称词）作主语（以"。"号标出）以

---

① 据王重民等编《敦煌变文集》，人民文学出版社1957年版。

② 据汪辟疆校录《唐人小说》，上海古籍出版社1978年版。

及连词、副词、形容词（以"△"号标出）置于系词"是"之前而不能出现复指主语的代词"是"的例子各一个。同时我们也认为：系词"是"来源于形容词的"是"，不但不受主语类型以及连词、副词或者形容词修饰语类型的限制，而且为它后来"是各种谓语类型的句子里都可以出现，而名词谓语句里经常出现"① 的使用上的普遍性和灵活性提供了必要的前提。

再说，原来用于复指主语的"是"，现在大都可以理解或翻译为"这（这样）是"（系词"是"是按现在的语言习惯加上去的），仍不丧失原来的复指性质。如《荀子·荣辱》："可以为尧禹，可以为桀跖，可以为工匠，可以为农贾，在势注错习俗之所积耳，是又人之所生而有也，是无待而然者也，是禹桀之所同也。"《论衡·逢遇》："今俗人既不能定遇不遇之论，又就遇而誉之，因不遇而毁之。是据见效案成事，不能量操审才能也。"又《书虚》："能低头自责，是圣鸟也。"这类指示代词"是"，后来有可能由于系词"是"的出现而让位于"此"字。这方面的例子除上举"此是屋下架屋"、"此是甚山"、"此是庐山"外，再如《唐人小说·游仙窟》："此是崔女郎之舍耳；""向见称扬，谓言虚假；谁知对面，恰是神仙：此是神仙窟也；""向见诗篇，谓非凡俗；今逢玉貌，更胜文章：此是文章窟也。"唐代俗文学作品中这类用法很多，恕不繁举。②

三

王力先生关于在先秦汉语里没有系词以及系词"是"的大量出现是在中古时期的论断是完全正确的。③ 这里，我们谈谈如何认识东汉王充《论衡》里类似后来系词"是"的例子（主要是我们所说的 C 型）。

我们认为 C 型"是"之与 B₂ 类"是"在形式上有转化关系，而 B₂

---

① 吕叔湘《汉语语法分析问题》，第 81—82 页。

② 《河北师范学院》1980 年第 1 期洪成玉《判断词"是"的来源——与王力先生商榷》一文，认为判断词"是"来源于形容词的"是"，这一点与我们的观点相似。

③ 请见王先生《中国文法中的系词》，《龙虫并雕斋文集》第一册；《汉语史稿》中册，第349—356 页。

类"是"系由形容词而转为表示"实在"或"真实"性的肯定、是认的用法的。因此，C 型尽管在形式上与 B₂ 类不同，但它与 B₂ 类在作用或功能上有共同点：即表示肯定、是认，所以 C 型"是"具有动词的特点。为下文讨论问题方便，我们只说这类"是"在于肯定或是认。

在《论衡》里，判断句总的说来是"a，b 也"式（也有极少的"a，b"式），从这一总的情况来看，当时还不是系词"是"非在判断句里出现不可的时代。用了 C 型"是"，并不排除句尾用表示判断语气的"也"字。这样，C 型"是"的使用便与原来的判断形式"a，b 也"发生了重合现象。我们推测：《论衡》里的 C 型"是"，其作用似乎在于加强较原始判断句"a，b 也"式的肯定或是认程度，而不像后来的系词"是"那样一般性地起对判断句的主、谓两项的联系作用。

在英语里，系词 be（是）、become（为）与 seem（似乎是）、look（看上去）这类同是连接主语（Subject）和补语（Complement）的系词，可统称为动词（Verd）。古代汉语里的"为"是一个含义很广泛（或表义很灵活）的动词，它不是系词。① 但是，有时在古代汉语里它起某种程度上的、类似系词的作用。如《论语·微子》："桀溺曰：'子为谁？'曰：'为仲由'。"我们可以看到，在《论衡》里，"是"和"为"在同一段论述中运用。如《说日》；"假令日出是扶桑木上之日，扶桑木宜覆万里，乃能受之，""使日出是扶桑木上之日，禹、益见之，不能知其为日也；""辛卯之夜星實，为星则实为石矣。辛卯之夜，星實如是石，地有楼台，楼台崩坏。"又如《诘术篇》："如端端之日有十，甲乙是其名，何以不從〔徒〕言甲乙，必言子丑？""今端端之日中行，且出东方，夕入西方，行而不已，与日廷异，何谓甲乙为日之名乎？"这几处用"是"的句子，都带有"（假设）确实是……"的意味；而用"为"的，差不多只是一般性的叙述（这里的"为"可以翻译成"是"，但它本身不是系词），不具有强调的意思。而后来的系词"是"，也一般起判断句里主、谓两项的联系作用，可以是、但不必是表示特殊的肯定或强调。在《论衡》里，同类句子有用"是"和用"为"的区别，原因恐怕就在于用"是"是加强肯定，是认或强调的作用。

---

① 《汉语史稿》中册，第 349—356 页。

我们再从《论衡》里出现 B_2 类"是"和 C 型"是"的语言环境来谈谈这个问题。从我们举的 B_2 类及 C 型"是"的例子可以看得出来：出现这类"是"的语言环境，往往用一些表示"确实"或者"肯定"意义之类的形容词或副词。这类词语有时是直接用作"是"的修饰语。例如，C_1 类例（7）"如审是王莽致之"；例（8）"审然是天下至地也"。有些"是"可归入 B 型，因为在意义上与 C 型有联系，所以也往往出现在"真"、"是"和"似"、"类"之辨的共同的语言环境里。如，《讲瑞篇》："其见鸟而象凤皇者，则凤皇矣。假令不同，或时似类，未必真是"；"或时似类凤皇、麒麟，其实非真"，然而唐、虞之瑞必真是者，光之德明也"；"案永平以来，讫于章和，甘露常降，故知众瑞皆是，而凤皇、麒麟皆真也"。又如，《乱龙篇》："顿牟掇芥，磁石引针，皆以其真是，不假他类"；"刘子俊掌雩祭典土龙事，桓君山亦难以顿牟、磁石不能真是"。再如《死伪篇》："世多似是而非，虚伪类真"。这一方面说明 B_2 类及 C 型"是"与形容词"是"的密切关系，同时也似乎显示出："真"者"是"，"类"者"似"，"真"是"者则用"是"来强调、肯定。又《薄葬篇》："有知无知之情不可定，为鬼之实不可是"；又："如以鬼非死人，则其信杜伯非也；如以鬼是死人，则其薄葬非也，""非与是不明，皆不可行。"这里，"定"和"是"用为动词，表示"肯定"、"是认"的意思。如果联系下面"如以鬼非死人"、"如以鬼是死人"的句子来看，就说明这里的"是"在于起肯定或是认的作用。所以，我们认为 C 型"是"的作用在于加强对事物真实性的肯定或强调，在形式上接近于后来的系词"是"，但就总的情况来看，还尚未获得对句子主谓两项起一般性联系作用的完全系词性。

我们认为：作这种分别似乎是有必要的，因为"是"的起比较特殊的加强肯定或者是认程度的作用和它后来用于比较普通的判断句式对句子主谓两项起一般性联系或判断作用毕竟不完全相同。而后者这种功能在先秦以至汉代，则主要是由句末语气词"也"负担的。在此基础上加用"是"，就加强了句子肯定、是认的程度。从另一个方面说，由于这种"是"在句子里具有肯定、是认的功能，所以它就很容易向后来一般性系词的方面发展，并且改变旧有的判断句式（如主语之后不用"者"字，句尾不用"也"字，主语和谓语之间没有语气上的较大的停顿），取得了判断句中判断系词的一般地位。因此我们说，由于 C 型"是"无论在意义上、还是在形式上都具有变为完全系词性"是"的条件，并且在向完全系词性过渡，所以我们称 C 型"是"为系词"是"的转化或过渡形态。语言是渐变的，在由一种形式转化为另一种形式的过程之间，会有一些不易明确分界的不确定性的过渡状态。汉语系词"是"由他词转化而来，也应不该是由他词突然形成，其间有一个转化过程是可能的。从《论衡》中"是"的上述用法的分析里，是否可以说明了这一点呢？

类似上述 B₂ 类以及 C 型的"是"，《论衡》以前也偶尔出现。但真正确认得准或无分歧的例子为数是极少的。举比较可靠的例子说：

（1）黄帝曰："彼无为谓真是也。"（《庄子·知北游》）

（2）此必是已。（《吕氏春秋·重言》）

（3）窦皇后言之于文帝，召见问之，具言其故，果是。（《史记·外戚世家》）

（4）尹夫人望见之，曰："此真是也。"（同上）

（5）行见其友，其友识之。曰："汝非豫让也？"曰："我是也。"（同上《豫让传》）

以上是 B₂ 类的例子。再看 C 型的例子：

（1）郑县人有得车轭者，而不知其名，问人曰："此何种也？"对曰："此车轭也。"俄又复得一，问人曰："此是何种也？"（《韩非子·外储说左上》）

（2）是是帚彗，有内兵，年大孰（熟）。（长沙马王堆三号汉墓帛书彗星图，图版贰、叁下书，据《文物》1978 年第 2 期）

（3）是是竹彗，人主有死者。（同上）

（4）是是蒿彗，兵起，军幾（饥）。（同上）

（5）是是苦彗，天下兵起，若在外归。（同上）

（6）是是苦彗，彗兵起，幾（饥）。（同上）

（7）襄子曰："此必是豫让也。"（《史记·豫让传》）

（8）乃於邑曰："其是吾弟欤？"（同上《聂政传》）

（9）固曰："此是家人言耳。"（同上《儒林传》）

（10）客人不知其是商君也。（同上《商君传》）

（11）朱家心知是季布。（同上《季布传》）

（12）天子识其手书，问其人，果是伪书。（同上《封禅书》）

这些例子的特点是：主语（如果有主语的话）都是代词。如果进一步观察，也能看出：有些例子用"是"在于表示一种确实或实在性的强调、是认。B_2 类"是"如《庄子》、《史记·外戚世家》二例"真是"连用；《史记·豫让传》的"我是也"，含有"我就是"、"我确实是"之意，不容置疑。C 型《韩非子》一例，前面用"此何种也"、后面用"此是何种也"，二者比较，后者用"是"的原因就在于表示确实或实在性的强调。"此是何种也"不再完全是"此何种也"的意思，而是在"此何种也"的基础上加用了强调"何种"的确实或真实性的"是"，意思近乎"这到底（确实）是什么东西呢"？《史记·聂政传》"其是吾弟软"，并非一般推测，而是包含有"那一定是我弟弟吧"之意。可见，我们又不能认为这种"是"等同于后来的系词"是"。当然，我们也不能肯定所有的例子都含有这种意思，如马王堆三号汉墓彗星图下的几个例子就是这样（不过，可供我们考虑的问题是：这几个例子是彗星图下的解说文字。彗星在我国古代被视为"妖星"，它的出现预示着凶事的将临，古人很看重它。所以彗星图下用以解说的"是是帚彗"、"是是竹彗"等句子，其用"是"字也说不定是为了强调，以示警戒）。

此外，我们还曾经对《帛书老子》和《睡虎地秦墓竹简》进行过观察。在《帛书老子》里，B_2 类和 C 型"是"都没有；[①]《睡虎地秦墓竹简》只有两例属于我们说的 B_2 类的"是"，而且都在《法律答问》里：[②]

（1）盗徙封，赎耐。可（何）如为封？封即田千佰（阡陌）。顷半（畔）封殹（也），且非是？而盗徙之，赎耐，可（何）重殹（也）？是，不重。

（2）可（何）谓窦署？窦署即去殹（也），且非是？是，其论可（何）殹（也）？

秦简《法律答问》是解释说明法律条文的文字，应该是接近于当时的口语的。而 C 型的"是"，在《睡虎地秦墓竹简》全书里却连一例也没

---

① 《帛书老子》据许抗生《帛书老子注译与研究》，浙江人民出版社 1982 年版。

② 《睡虎地秦墓竹简》，文物出版社 1978 年版。云梦睡虎地十一号秦墓共出土秦代简书十种，除了属于历忌一类的《日书》两种外，都收入本书。

有。这也是能够说明问题的。因为对汉语进行"史"的研究，原始、可靠的材料尤为重要。

*　　　*　　　*

概括以上的讨论，我们可以得出这样的认识：汉语系词"是"，来源于形容词的"是"。在先秦汉语里，B_2 类"是"已有不少，而 C 型"是"却极少，至于起联系判断句主谓两项作用的真正的系词可以说还没有。到了汉代 C 型"是"多了起来，并且开始向完全系词性过渡。但以确认得准的例子来看，它在西汉以前还仅仅出现在限于代词主语的判断句里；出现在其他名词或名词性词组作主语的判断句里的 C 型"是"，到东汉王充《论衡》里才有一些。而且，从先秦至东汉时期的 C 型"是"，都有一些例子起特殊性强调或肯定的作用，显示出正向完全系词性过渡的状态。所以从总的情况来看，汉语系词"是"开始向完全系词性接近的时代，最早不超过汉初。

其后，在判断句里起一般性联系作用的系词"是"逐步形成，使用得广泛起来。这在王力先生《中国文法中的系词》和《汉语史稿》里，都有详细的论证和丰富的例证。但是，我们认为正如王力先生所说："系词在判断句中起经常作用，系词句在口语里完全代替了上古的判断句，仍是中古时期的事。"①

---

① 《龙虫并雕斋文集》第一册，《汉语史稿》中册，第 349—356 页。

从秦汉竹帛中的通假字看
入变为去当在两汉之交

张传曾

自从段玉裁提出古无去声之后，发展的观点才进入了上古汉语声调系统的研究。此后，许多人都怀疑起上古汉语具有四声的说法来。黄侃先生乃至认为上古只有平入二声。近年来，王力先生也多次论证古无去声，引起了学术界很大的重视。根据这种认识，上古以后的去声字，乃是从平上入三声中分化出来之后又重新组合在一起的一批字。从某些文献、特别是从近年出土的秦汉竹简帛书中的通假字看来，古无去声的说法的确是可信的。本文打算考察某些由入变去的字的演变情况，从一个方面验证一下古无去声的说法，并想从而推断一下入变去的大体年代。

自然，这里谈古代的去声之类声调问题，只是就"类"而言的，至于它的"值"是元音的高低升降还是松紧长短之类，这里都不想妄加臆测。

一

《史记·项羽本纪》有如下两句：

（1）请往谓项伯，言沛公不敢背项王也。

（2）愿（项）伯具言臣之不敢倍德也。

两句中的"背"和"倍"都是离违、背叛的意思，意义、用法都相同。古今不少人的著述，都说"倍"是"背"的通假字。不过，我们会想，在同一篇中，两字同时出现，司马迁用字会如此混乱吗？

为此，我们对《史记》做了一个粗略的统计。在《史记》中，"倍"

有倍蓰、离违两种用法，"背"有脊背、离违两种用法，在离违义上两字相混。在用作离违义时，两个字共出现了一百多次，其中"倍"约占百分之七十，"背"则约占百分之三十。有的篇目全用"倍"字，如《周本纪》、《秦始皇本纪》等，有二十几篇；有的全用"背"字，如《吕后本纪》、《孝文本纪》等，有十几篇；有的则两个字混用，如《项羽本纪》、《高祖本纪》等，也有十几篇。单从《史记》一书而论，从时代、地域、语音、语法等各个角度，都看不出两个字出现的规律。只从频率上看，"倍"字使用得远多于"背"字罢了。那么，这里边就没有什么问题了吗？为什么司马迁偏爱那个通假字而又没有舍弃本字呢？

通行本《孙子·军事》："故用兵之法，高陵勿向，背丘勿逆"的"背"，在近年出土的银雀山竹简本中作"倍"。竹简整理者的注文说"倍""背"古通。那么，"倍"这个通假字真是资格够老的了。事实真是如此吗？

根据我们的观察，"倍"和"背"在上古汉语中（先秦至汉初）实在是并不能"通"的。当时，表示离违义大约只用"倍"字，用"背"来表示离违义乃是后来才有的事。至于通假云云，似乎应该是东汉以后造成的一种假象。下面我们就来论证一下这个说法。

《说文》："倍、反也。"段玉裁注云：

此"倍"之本义。《中庸》："为下不倍"；《缁衣》："信以结之，则民不倍"；《论语》："斯远鄙倍"；皆是也……俗人钲析，乃谓此专为加倍字，而倍上、倍文则皆用"背"，余义行而本义废矣。

段氏的意思就是"倍"乃是离违义的"本字"，那么"背"倒应当是后人借用的"假借字"了。《说文》："背、脊也。""背"字从"月"，所以"脊背"正该是它的本义，而"离违"则应该是它的假借义或者引申义了。这种看法是否正确还是应当检验的。

如果确如段氏所说"倍"字是本字，那么在早期的文献里，离违义就应当全用至少是多用"倍"字。事实是否如此呢？

目前流传的先秦古籍，的确有不少违背了上述设想，比如《诗经》、《左传》等书里就用了许多表离违义的"背"字，《楚辞》中竟然全用"背"字（例证从略）。但是，这种情况并不一定能够证明上述设想的错误。造成这种局面的原因可能是多方面的，流传中造成的错误、方言条件等都有可能。

也有许多的古籍清楚地表现出这种用法上的区别。例如《孟子》，书中"背"字两见，均用为脊背义。

（1）养其一指而失其肩背（《告子上》）

（2）见于面、盎于背、施于四体。（《尽心上》）

"倍"字十六见，其中十四例为"倍蓰"义，另两例则皆为离违义。这两例如下：

（1）子之兄弟事之数十年，师死而遂倍之（《滕文公上》）

（2）今也南蛮鴃舌之人，非先王之道，子倍子之师而事之。（同上）

从上面的例子看来，《孟子》里"倍""背"两字用法上的区别是很清楚的。

类似的区别从另外几种书中也能够看得出来。为了节约篇幅，这里不再一一引用例句，只列出几种书里在"离违"义上用字的情形来做个比较。

出处 ＼ 用字	倍	陪	俏	背
礼记	8		7	
论语	1			
孟子	2			
商君书	4			2
荀子	12		1	4
吕氏春秋	4			5
韩诗外传	4	6		2

上表所列《韩诗外传》里所用的"陪"字，显然乃是"倍"的通假字，我们甚至可以认为是"倍"字的异体（只就此处而言）。"俏"字也是一个值得注意的字，我们想留待下文再来讨论。只从这个表来看，我们可以肯定，先秦以至汉初用"倍"字乃是正例，而"背"字却只好算是变例。

下述事实则提供了更确凿的证据：近年来陆续出土的秦汉竹简和帛书

中，除去一个仅有的字例之外，"离违"义竟然全部用了"倍"字，完全
符合上文所述的段玉裁的说法。这些资料是秦及西汉初年的人留给我们的
第一手资料，它更可靠地反映着当时的文字规范或者人们的书写习惯，一
点也没有受到后人有意无意的改窜。所以，这些资料是无比可贵的。为了
节约篇幅，这里也不一一举出例句，只把所用的几种书的用字情况用一个
表列在下边。

字义 用字 出处	离违义					脊背义	
	倍	掊	怀	背	北	北	背
战国纵横家书	8	1					
经法	1		4				
睡虎地秦墓竹简						7	
五十二病方					1	4	
孙子兵法	9					1	

上面这个表，有几点是很能发人深省的：

第一，上表所列出的几种资料中间，居然没有出现人们经常要用到的
"背"字，所有应当用"背（脊背）"的地方，都用了一个"北"字。

《说文》："北、乖也，从二人相背。"从字形来看，如果我们说这个
字的本义是用二人相背的形体来指示人的脊背，也许是更合于初民的本意
吧？当初"仓颉"造字的时候，"近取诸身，远取诸物"，他会放着
"身"上的脊背不问、先去给一个抽象的概念"乖也"造上个字吗？所
以，我们觉得，韦昭在《国语·吴语》的注文中说的"北者，古之背字"
应当是十分正确的。现在出土的竹帛书也正好证明了这一点。马王堆帛书
《导引图》中，"鹞背"二字写成"䍃北"，同样也是这样的例证①。

据此，我们甚至可以假定，在秦代及西汉初期，"背"字不是还没有
出现就是还没有被广泛使用。目前所见到的金文、甲骨文资料也可以为此
做证。

---

① 见《考古》1975 年第 1 期，第 53 页。

　　第二，《战国纵横家书》中出现了一次的"掊"字，用法与"倍"全同，不知是当时的异体字还是抄写人一时的笔误。《经法》一书中，离违义概用"伓"字。"不""音"皆属古音唇音之部，声本相通。正如于省吾先生所说："近年来南北各地出土的秦汉简牍，以音或栖为杯，以盙为豜者，数见不鲜，是从音从不通用之证。"最后，于先生认定"伓"乃是"倍"的初文①。所以，"伓"无疑也等于"倍"。

　　根据上述材料，我们大约可以相信，秦汉之前，表示"离违"义的"倍"字与表示"脊背"义的"北（背）"字，本是泾渭分明、分用不混的。所以，认为"倍"背"古通之类的说法，只怕是难以让人信服的。

　　但是，现存古籍中确有不少"倍"背"混用的资料存在，这又该怎样解释呢？我们设想，由于语言的发展，后来人们习惯于使用"背"字（见下），又回过头来有意无意地改动了古书，这是造成混乱局面的一个最重要的原因。这样设想，也是有一定事实根据的。例如：

　　〈一〉《史记·穰侯列传》：

　　夫轻背楚赵之兵、陵七仞之城、战三十万之众，而志必举之，臣以为自天地始分以至于今，未尝有者也。

　　这段话在《战国策·魏策》里十分近似，但有三个字不同："背"作"信"、"战"作"裁"、"者"作"之"。后两字异文姑且不论，"背"和"信"在意义上的差别是很大的，很难讲通，所以必有误字。查近年出土的《战国纵横家书》，第一句作"夫轻倍楚赵之兵"。这就给我们解开了疑团。《战国纵横家书》应是本来应有的面貌，今本《战国策》在流传中"倍"因形近而讹作"信"（这种例证历史上是有的，如《吕氏春秋·功名》"行不异乱虽信今民犹无走"句中的"信"，俞樾、杨树达就都认为当作"倍"）。《史记》则可能被后人据字义改成了"背"字，因为上文说过，《史记》是以用"倍"为其正例的。总之，二书皆非本来面目。

　　〈二〉《战国策·魏策》："若道河内、倍邺、朝歌……若道河外，背大梁……"一句话里前用"倍"而后用"背"，体例如此混乱，实在可疑。查《史记·魏世家》及帛书《战国纵横家书》，这句话正是连用两个"倍"字。由此可见，《战国策》本来都是用"倍"字的，而今本中的

────────────

　　①　见《甲骨文字释林》卷下，第 395 页。

"背"则是后人妄改的。

〈三〉《诗·大雅·荡》："不明尔德，时无背无侧。"《韩诗外传》共引用三次，许维遹先生《集释》（1980年中华书局本）本据赵怀玉校本皆作"以无陪无侧"。正如上文所说，"陪"乃是"倍"的通假字。由此可见，《毛诗》之"背"也应当作"倍"，因流传而致误。

〈四〉《孙子》的情形就更清楚了。武经七书本《孙子》，所有"离违"义全用"背"字，而银雀山竹简本却全用"倍"字。可见《孙子》本来也是用"倍"不用"背"，后人妄改之后，甚至连一点迹象也看不到了。不过，就是在流传中，也不一定无据可查。如《军事》篇："背丘勿逆"，《太平御览》卷270引作"倍丘勿迎"，与竹简本同；《九地》篇"背城邑多者为重地"，《通典》卷159"背"作"倍"，也与竹简本相同。由此可见，竹简本的确是反映着先秦时代的旧貌，"背"字实系后人误改的。

以上例证也可以进一步证明"倍"字确实是"离违"义的本字，后出的"背"字才可以称为假借字。

从用"倍"到用"背"这个嬗变过程，大约是在西汉中期以后开始的，而到东汉时期应当就已经完成了。

开始的时间定在西汉中期以后是比较好理解的，现今发现的秦汉竹简、帛书之类，都是西汉初期的东西，《史记》也该算这时的作品，它们都还用"倍"，可知当时未变。东汉以后全用"背"（有例外，下文要讲），可见已经完成了这一嬗变。略举数例如下。

第一，许慎知道"倍、反也"的本义，但在"北"字下却说"从二人相背"，这里的"背"字其实是该用"倍"的。这里用"背"应当说明当时用字习惯已经改变。

第二，刘熙《释名》："背、倍也。"既然能以"倍"训"背"，可知当时两字已通用。

第三，高诱注《淮南子》大量用"背"代"倍"。如：

（1）《氾论训》："负扆而朝诸侯"，高诱注："负、背也。"

（2）《诠言训》："约束盟誓，则约定而无反日"，高注："反、背叛也。"

第四，东汉人的著述，大抵用"背"不用"倍"。以《汉书》与

《史记》相比，就可以看得相当清楚。《史记》用"倍"之处，如果在《汉书》中有相应的字句，则一律改用"背"字。这里只举两组例句以示一斑。

（一）《史记·留侯世家》与《汉书·张良传》（括号内为《汉书》文字）。

（1）沛公诚欲倍项羽邪？（沛公诚欲背项王邪？）

（2）令项伯具言沛公不敢倍项羽。（令伯具言沛公不敢背项王。）

（二）《史记·淮南衡山列传》与《汉书·淮南王传》：

（1）荧惑百姓、倍（《汉书》作"背"）畔宗庙，妄作妖言。

（2）使天下明知臣子之道，毋敢复有邪僻倍（《汉书》作"背"）畔之意。

这种例子，《汉书》中颇多，不一一列举了。从班固的用字来看，他已经把"背"当成"离违"义的"本字"了，也许他正是把《史记》里的"通假字"都给作了改"正"工作呢！

当然，当时也有例外，郑玄注《礼记》就一律用"倍"（孔颖达的《正义》也是如此），这应当是反映了郑氏古学的根底或者仿古的习性，很难说是时代习惯的表现。所以，这种例外是自当别论的。

二

上文我们所讨论的"倍""背"的嬗变，不只是反映着一个文字习惯问题，在这一嬗变的背后，掩盖着一个重要的音韵事实：入声向去声的过渡，甚至是去声调类的形成。

如上所述，段玉裁、黄侃、王力三位大师都认为中古时期的去声字有相当大的一部分来自上古的入声，那么，它们是什么时候演变过来的呢？段玉裁认为去声备于魏晋；黄侃先生说："四声成就甚迟，晋宋间人诗尚去入相押"（《声韵略说》）；王力先生似乎也没有指明具体的时间。另外，还有更多的学者则认为去声来源甚古，至少是先秦就已形成了。这些不同的说法应当如何折衷呢？我们发现，"倍""背"的嬗变过程正好向我们透露了入变去的某些信息。为了说清这一问题，要先从韵部的分类说起。

在上古汉语调类的问题上，音韵学者有多种不同说法（四声、三声、二声、五声），一时不易统一。在韵部数量方面，却日渐趋于一致了，而阴、阳、入三分的韵母大类，则已经为人们公认。阳声韵指的是带鼻辅音韵尾－m、－n、－ng 的一类；入声韵指的是带塞音韵尾－p、－t、－k 的一类；阴声韵则指的是上两类之外的一些韵部。所以，"入声"两字如不说明，则既可以指调类、又可以指韵类。

《广韵》："倍、薄亥切、并母海韵；背、补妹切、帮母队韵，又蒲昧切、并母队韵。"在中古时期，"海"、"队"均属阴声韵部。应当指出，在《广韵》里，"背"字的两读是有意义上的区别的。帮母一读是小韵代表字，义为脊背；并母一读不是小韵代表字，义为"弃背"。

在上古音系里，"倍"字归入阴声韵部是大家都同意的；"背"字却不然。现代学者，大部分把"背"归入阴声韵部，如李方桂、罗常培、周祖谟、董同龢等先生；但也有人把它列入入声韵部，如王力先生。

据我们观察，"背"字在上古汉语里确实应属于入声韵部。理由如下：

第一，"背"从"北"得声，"北"字从古至今（现代汉语的许多方言）都是入声字。据段玉裁"同谐声者必同部"的原则，"背"字应为入声字。

第二，最值得注意的是上文举出的秦汉竹简、帛书里的所谓通假字。上边举出的几种材料中，竟然无一例外地把"背（脊背义）"写成"北"。不管我们认为这是一种通假现象还是认为当时不曾通行"背"字，这些材料都应当证明当时语言里的"背"该读成"北"。如果方位词"北"读入声，那"脊背"之"北（背）"也就该读入声。这至少是"古假借必同部"吧！

既然在上古汉语里"倍"字属阴声韵部而"背"字属于入声韵部，那么，它们在先秦某些典籍及秦汉竹帛书里分用不混就是很容易理解的事情了。由此也应该想到，把这样的两个字当成通假关系（不论把谁当作本字）又是多么牵强呀！试想，声母有清浊之分（从"音"者皆浊声母字，从"北"者多清声母字），韵部有阴入之别，这样的两个字能够凭借什么条件通假呢？从先秦至汉初，两字的关系就是如此。

到了后来，"背"字（应当看成是一群字的代表）从入声韵部转到阴声韵部，这才能给两个字的混用（或"假借"）创造了语音方面的条件。

在转化之前，它们阴入相配（之职相承），有相同的元音；在"背"字转到阴声韵部之后，它就与"倍"有了相同的韵母，再加上它们在字义方面具有的某些联系，使"背"终至取代了"倍"而成为"离违"义的"本字"。不过，我们设想，在当时的语言环境里，"背"字所代表的读音曾经是"倍"字的读音，即读浊声母。这也算是一种训读现象吧。若不是这样，就很难解释"背"字在《广韵》中浊母一读的来历。而"俏"字也许就是调和"背"与浊声母之间的矛盾、反映语音实际才又造出来的吧？

如果按照王力先生对上古音的构拟（参看《汉语史稿》），"背"字从上古到中古语音的发展变化，可以用下式表示：

$$\rho u\partial k \longrightarrow \rho u\partial \begin{array}{l} \nearrow \text{bu}\partial \text{（俏）} \\ \searrow \rho u\text{ɒi （背）} \end{array}$$

它与"倍"字相混，应当就在 puə 的阶段。如上所述，这个阶段应是西汉后期至东汉初期。除上文的证据外，还可以从下列事实得到印证。

武威出土的汉代医简有如下两条：

（1）人生一岁勿灸心……人生三岁勿灸背……

（2）倍痛者卧药中……①

第一例"背"字意义分明，可证"背"字当时已通用（不再以"北"为"背"）。第二例中的"倍"字，校释者读作"背"，我以为是可以相信的。如果把它讲成"倍蓰"之"倍"（用作"痛"的修饰语），文义不好理解，简文中另有"大痛"等言语，也是"倍"非"倍蓰"义的旁证。如果这里的"倍"确实是"背"的通假字，那就可以证明当时"背"已经从入声韵部转到了阴声韵部。据研究，武威医简正是东汉初期的东西。

如果我们不考虑语音的变化，只从字义的引申发展等方面去解释"倍""背"的嬗变交替，我们就要遇到一个难以回答的问题：秦汉以前漫长的岁月里，"北"或者"背"何以就不能引申出一个"离违"的义项，到了汉代却突然用"背"取代了"倍"字成为"离违"义的"本

---

① 《武威汉代医简》，文物出版社 1975 年版，《摹本、释文、注释》部分 2 页下，4 页下。

字"呢？所以，我们觉得，这个文字习惯的变化，应当从语音方面的变化去考虑。

"背"字从入声韵转到阴声韵，当然不会只是个别字的变化，它代表着一类字向另一音类的系统地转移。具体说来，它可能标志着一部分入声字向阴声韵部的去声调类的转移，甚至可能标志着去声调类的产生或完成。所以，我们追究这个嬗变实在有重要的音韵价值。

我们为什么断定"背"字从入声转到阴声之后，一定是变成去声而不会是平声或者上声呢？我想有以下几点理由。

第一，从先秦资料来看，平入上入之间的关系远不如去入那样密切，具体说到"背"字，也不见有与平上通假的痕迹（与"倍"的通假上文已经否定了）。在汉代之后，"背"一直读成去声，又看不到中间有别的变化的痕迹。所以，我们认为它的变化是由入到去比较合理。下边我们要另举某些入声字的演变情形，也完全可以证明这一点。

第二，从汉代开始，阴入（韵部）叶韵的情况愈来愈少了，这时的某些文献中，却显示着它与去声字相叶的情形。《淮南子·天文训》叶"背右"；《易林·复之蒙·明夷之艮》叶"媚背"①，就都是比较典型的例子。

总之，"背"字的演变，表明了入声向去声的转换，对于研究去声的形成，这个字有着重要的作用。

三

只用一个"背"字来判断入声字变为去声的时代，显然是过于单薄了。其实这方面的例证是很多的，这里举出几个来以资参证。

我们所依据的材料，主要是通假字，特别是秦汉竹简帛书②里的通假字，因为后者给我们指明了这些通假字使用的准确年代。因为篇幅关系，我们只对一两个字的演变情况作较细致的观察，其余的只举出极简单的例

---

① 罗常培、周祖谟：《汉魏晋南北朝韵部演变研究》，科学出版社 1958 年版，第 247、283 页。

② 本文所用竹简帛书材料，均引自文物出版社排印本。

证来。

（一）备

《广韵》：备、平秘切，并母至韵去声。上古汉语中它应当读入声。

《礼记·祭统》"福者、备也"；《郊特牲》"富也者、福也"，郑注："福也者、备也"。"福""备"为声训。

《吕氏春秋·知度》"君服性命之情，去爱恶之心……上服性命之情，则理义之士至矣。"句中两"服"均借作"备"。

马王堆汉墓帛书《经法》中，"备""服"两字通假就有八次之多，而且以"服"为"备"和以"备"为"服"两种情况都有。例如：

（1）衣备（服）不相缐（逾），贵贱等也。（13 页）

（2）一国而服（备）六危者灭。一国而服（备）三不辜者死，废令者亡。一国之君而服（备）三壅者，亡地更君。一国而服（备）三凶者，祸反及也。（33 页）

"服"，字《广韵》房六切，奉母屋韵入声，在上古音中读并母职部，也是入声。"备"字与它通假，应当也读入声。《经法》是战国后期的作品，抄写者大约就是汉初人，所以，我们可以断言，汉初时"备"还在读入声。

到东汉时，"备"字已经读去声了。在东汉诗文里，"备"大抵叶去声韵（当时阴入通叶已非常事）。据罗常培、周祖谟二先生《汉魏晋南北朝韵部演变研究》（以下简称《研究》）第一册所载，班固《弈旨》叶"治事备"，蔡邕《弹棊赋》叶"备事"，《胡广碑》叶"事司鳌备"，《王纯碑》叶"胄茂究谋备……"（以上均见 130 页）。这些都应当说明"备"字当时已经读去声。

由此可见，"备"字读音的演变与"背"字是相似的。

（二）位

《广韵》位、于愧切，喻三至韵去声。这个字在先秦常常就写成"立"字。《周礼·小宗伯》注引郑众语云："古者立位同字"，事实证明这话是很对的。

《史记·秦始皇本纪》引秦《泰山刻石》，第一句作"皇帝临位"，而刻石"位"作"立"。可见"立"当是原来风貌。

《春秋》桓公二年"公即位",《石经》作"公即立"。

《论语·卫灵公》"臧文仲其窃位者与！知柳下惠之贤而不与立也。"这里的"立"字,俞樾认为就应当读作"位"。

在金文中,这种例子很多,此处不举了。

在竹简帛书中,这种例子也是俯拾即是。比如《经法》以"立"为"位"达25次之多。（另有三处作"位"字,不知是否印刷之误）。在《睡虎地秦墓竹简》当中,只有一处出现了"位"字,就写作"立"。今本《孙子·虚实》"故五行无常胜,四时无恒位",银雀山汉墓竹简本作"五行无恒胜,四时（无）常立",很明显,"立"就是"位"。

"立"与"位"的通假是有其内在原因的。首先,"古者立位同字",在开时时,可能先有了"立"（站立）这个词,然后由此引申出地位之"位"。《管子·心术》："位者,谓其所立也。"由此可见,从字义（词义）方面看,"位"只是"立"的派生物。其次,从文字角度看来,先秦乃至汉初,可能还没有"位"字,金文、竹简帛书就是个明证。那么,最后,"立"和"位"在同样写成"立"的时候,"所立"的"位"字应当就读作"立"。"位"从"立"得声,"莅"又从"位"得声,"位""莅"中古都在至韵去声。"位"与"立"同音已如上述。"莅"同样也与"立"通假。《周礼·乡师》"执斧以涖（同莅）匠师",郑玄注："故书,涖作立。郑司农曰：……立读为涖。"由此可见,"莅"字本来也就作"立"。今本《老子》："以道莅天下者,其鬼不神",马王堆汉墓帛书本《老子》乙本作"以道立天下,亓鬼不神"。这也证明先秦至汉初"立""莅"的同音关系。

"立"《广韵》力入切、来母缉韵入声。所以"位""莅"等本来也是入声字。

西汉以后"位"字转入阴声,《易林·随之乾》叶"事位"、《艮之大有》叶"位咎"（并见《研究》283页）,足见"位"字已从入声转入去声。

不过,有个问题应当说明一下。第一,"立""位"二字的声母,在中古有来喻之别,第二,"立"中古收－P尾,"位"则属至韵,一般认为至韵字应当与－t尾的韵部相承。这方面的扞格应当如何解释,我们准备另作研究。

（三）露、路、赂。

以上三字《广韵》均洛故切，来母暮韵去声。马王堆汉墓帛书《春秋事语·卫献公出亡章》："闻路（赂）而起之"①，可证"路、赂"在上古时也是同音字。

《战国纵横家书》"臣闻洛降，时雨至"，校注者据《史记》、《战国策》校作"臣闻甘露降、时雨至"，可知"洛、露"同音。又同一书中"王不若因张仪而和于秦，洛（赂）之以一名县……"可知"洛、赂"同音。"洛"《广韵》卢各切，来母铎韵入声。所以，"路"等三字在西汉以前都该是入声字。

张衡《西京赋》叶"固露度暮墓"（《研究》149 页），无名氏《古诗》叶"墓路癙露固度误素"（同上），扬雄《太常箴》叶"悟赂"（同上 146 页）。可见东汉时"路"等三字已读作去声。

（四）代、贷。

此二字中古皆读去声。但是，它们都从"弋"得声，先秦当读入声。《礼记·月令》"大酋监之，毋有差贷"，郑注"差贷谓失误"，陆德明《释文》注他得反（入声），实际即读作"忒"字。

银雀山竹简本《孙子·形篇》："无智名，无勇功，故其胜不贷"（40 页），通行本"贷"作"忒（忒）"。又《睡虎地秦墓竹简》：

（1）宦者、都官吏、都官人，有事上为将，令县贳（贷）之。（46 页）

（2）府中公金钱私貣用之，与盗同法。（同上）

这两条中，借出与借入都用同一个"貣"字，与其把第一条讲成"貣"借作"贷"，不如认为当时尚未分化（引申）出"贷"字及其读音来要让人更易于解释，也就是说，当时语言中的"贷"就应当读入声。"代"字当亦复如是。

---

① 《文物》1977 年第 1 期，第 34 页。

《汉书·叙传》叶"代戒"、"意代嗣"（见《研究》311页）；班固《幽通赋》）叶"载代"；苏顺《和帝诔》叶"塞载代"（见《研究》130页）。可知东汉时"代"读去声。

（五）兑、锐。

《广韵》兑、杜外切，定母泰韵；锐、以芮切，喻母（四等）祭韵，皆为去声。上古时，这两字可以通假，应当是同音字。帛书《老子》，银雀山竹简本《孙子》、《孙膑兵法》等书里，"锐"就一律写作"兑"。比如：

（1）锉（挫）其兑（锐）而解其纷。（帛书《老子》乙本41页）

（2）用兵者，辟（避）其兑（锐）气。（简本《孙子》60页）

"兑"还与"说（悦）"、"阅"等字通。《周易·说卦》："兑、说也。"《礼记》多次引用过《兑命》，郑玄都读"兑"为"说"。如《学记》注云："兑当为说字之误也。高宗梦傅说，求而得之，作《说命》三篇。"陆德明《释文》"兑依注作说，音悦。"由此可见，"兑锐说悦（末一字后出）"都同音。顺便指出，《荀子·不苟》"（小人）见由则兑而倨，见闭则怨而险。"章诗同《荀子简注》注，"见由，被重用，和下文的'见闭'对举。""兑，同'锐'，锐进不止。"① 其实，这里的"兑"与本句的"怨"对举，不是什么"锐进不止"，而是"喜气洋洋"，"兑"即是"悦"或者"说"。

帛书《战国纵横家书》中，以"兑"为"悦"不乏其例。如

（1）燕王甚兑（悦）。（35页）

（2）奉阳君其兑（悦）。（40页）

帛书本《老子》甲本："坐（挫）其阅（锐），解其纷。"（6页）假"阅"为"锐"，更足以说明上述几字的同音关系。

"悦阅"，《广韵》弋雪切，喻母薛韵，正是入声。

东汉时，"兑"字无入韵之例，而"锐"及"说（游说）"则叶去声。如班固《东都赋》叶"说制"、叶"说气世"，蔡邕《释诲》叶"说

---

① 《荀子简注》，上海人民出版社1974年版，第19页。

锐"（并见《研究》171—172 页），均是。

（六）暮。

如所周知，"暮"字在先秦是写成"莫"的，从字形上看，表示黄昏也应当以"莫"字为是。《说文》："莫，日且冥也，从日在茻中。"这话是明确的。《说文》不收"暮"字，说明当时这个字并不通行，那么，先秦时很可能还没有"暮"字。甲骨文、金文及先秦文献中，以"莫"为"暮"的例证是不胜枚举的，这里就不再引用了。

竹简帛书中，依然一律用"莫"代"暮"，这给我们指明，到西汉初期，人们依然是这样用的。例如：

（1）行传书、受书，必书其起及到日月夙莫。（《睡虎地秦墓竹简》104 页）

（2）先莫毋食，且饮药。（《五十二病方》71 页）

这两例中的"莫"字，意义十分明确。在《广韵》中，"莫"字去入两收，慕各切铎韵一读，注"无也"；模故切暮韵一读，注"日冥"。中古时，此字两音各义，在上古是否也会如此呢？我们认为这不大可能，它们应当只有入声一读，而去声的读法是后起的。这问题下文还要涉及。

孔融《杂诗》叶"路素固故祚暮步厝度暮"（《研究》149 页），可证东汉时"莫"字已分化出"暮"的字形、并且读做去声。

（七）废。

"废"是《广韵》去声韵中的韵目用字，是中古典型的去声字。"废"从"发"声，它在先秦应当与"发"一样是入声字。竹简帛书里的通假字也证明了这一点。

《庄子·列御寇》："先生既来，曾不发药乎？"陆德明《释文》："司马本，发作废。"郭庆藩云："发、废古同声通用。"（参王先谦《庄子集解》）银雀山竹简本《尉缭子·兵令》中说："（兵者）战国所以立威侵适（敌），弱国之所不能发（废）也。"[①] 上述两例的通假情况完全相同，足证两字同音关系。

———————

① 《故宫博物院院刊》1979 年第 1 期，第 39 页。

更加有趣的是在《睡虎地秦墓竹简》当中，竟然可以用"法"来代替"废"字。如果上边以"发"为"废"还可以说成形近而讹，这以"法"为"废"则只可能从字音上去寻求原因了。在该书中，这种例子有十几处之多，这里举两例为证。

（1）任法（废）官者为吏，赀二甲。（127页）

（2）为（伪）听命书，法（废）弗行，耐为侯（候）；不辟（避）席立，赀二甲，法（废）。（129页）

上边所引的例证，出自秦国带法令性质的官方文件之中。我们知道，秦法酷刻，"有敢剟定法令、损益一字以上，罪死不赦"（见于《商君书·定分》）。这种重要文件中出现的上述通假字，若非声音相同，书手会写得出来吗？

自然，这里又遇到了前文遇到过的韵尾问题。"法"收 - p 尾，"发"收 - t 尾，"废"与这两个字都能通假，岂不正好证明了通假字未必同音吗？我们认为不然。"法""发"二字皆属入声，首先可证"废"当时该读入声。而韵尾问题则是需要另做研究的。它可能有方言问题在内，也可能是演变过程中的某种特殊现象，不能轻易地做出判断。

在汉代，"废"字的叶韵情况表现得比较复杂，叶去叶入的例证都有，但似乎以叶去为主，所以罗常培、周祖谟两位先生把它列为去声。而到《广韵》中，正如上述，它肯定是读去声了。

除去上边讨论的几组例字之外，在竹简帛书中还有许多通假字显示着去声字在上古读入声的情形，限于篇幅，我们不想一一讨论了。其中比较突出的如"势执"、"诈乍作"、"避辟"、"债责"、"措昔"、"内入纳"、"祭察"、"髻结"、"世枼"等。

这样一些字例的存在，使我们可以相信在上古汉语当中实在并没有去入之别，起码是与入声字有牵连的一部分字当时还在读入声。同时，根据《广韵》的系统去审查东汉诗文的叶韵情形，又让我们倾向于去入的对立，不然，"立位"、"责债"、"北背"等字的对立就不容易解释。要解释这种现象，就应当承认，上古时期的入声字，在西汉曾经有过一次分化，其中的一部分转到了去声调类中去。

其实，在阴阳两大韵部之中，也有类似的变化过程。比如"庆"字，就是从平声转到去声中来的。对这类问题，本文不想做深入的探讨。不过，我们可以设想，整个去声调类，大约是东汉形成的。

四

如果"背备废"等字是从入声中分化出来的，那么，它们分化的条件又是什么呢？

有的先生指出，先秦时期的入声字本来就分为两类，一类的主要元音是长元音，称为长入；另一类的主要元音是短元音，称为短入。并且，"上古汉语的入声分为两类恐是比较原始的情况，而不是分化的结果"①。如果从著名的"读伐长言之"、"读伐短言之"的话看起来，长短元音的分法实在是很吸引人的，不过，要说这种情况比较原始，则还不能没有可疑之点。首先，何休说这话的时候已经是东汉了，当时已经有了去声，并且从而产生了所谓"破读"。其次，上是舒之短、平是舒之长，两者都有部分字变成去声，又该作何解释呢？

同时，这样解释在音理上也有不易讲通的地方。只要承认长入、短入是两个小类，那么不论这个"类"多么小，它们总该是不同音位的对照，否则就不能叫"类"。不同音位之间的对照是语言中的区别特征，不论它们的实际音值是如何地近似，在使用这种语言的人的心目当中，它们都是不容混淆的两类。这是语言学界公认的法则。具备这种区别的两个字能够通假么？就以长短元音而论，以英语为母语的人总不会把 sheep 和 ship 混淆起来。而上古汉语里的所谓长短入却不然，上文举出的"北背"等通假字，证明它们确实"同音"而可以"通假"。所以，要让我们承认"北背"之类的两个字之间存在着音位的对照，那不是否定了音位学的法则、就是否定了古人的耳朵。

具体说到"伐"字，何休的说法是否适用于距他几百年的先秦也是值得怀疑的。何休说"伐人者为客"时要"长言之"，"见伐者为主"时"短言之"。我们却能找到违背这一规律的例证。银雀山竹简本《尉缭子·兵令》："全功发（伐）之得"，整理者据《荀子·臣道》杨倞注

---

① 《上古汉语入声与阴声的分野及其收音》，见《龙虫并雕斋文集》第一册，中华书局1980年版，第186页。

"战功曰伐"之语校"发"为"伐"①。既然是"全功伐",当然该是"伐人者为主"了,但却写了一个自古及今总要"短言之"的"发"字来代替。由此可见,何休的话也许只适用于东汉,他的"长言之"之类,安知不是要说去入之别呢?

因此,分化的条件究竟该是什么,这确实是一个复杂的问题,不过有一点可以考虑:我们是否只能单从音类上去考虑条件呢?类同变化同的原则无疑该是正确的,然而任何规律都能绝对化到一个方面吗?比如,"六"和"陆"两个字,《广韵》同属力竹切一个小韵,也就是说它们的韵摄声母开合等列声调完全相等,但现在在普通话里有 liu lu 两个读音,我们能够只从音类上去找分化的原因吗?要知道,这样的例子并非仅有的孤证啊。所以,要寻找分化的条件,应当从语音、词汇、语法乃至文字各个方面去考虑。所谓"破读"不就是词汇语法条件起作用的一个表现吗?

就是语音方面的条件也是复杂的,声调的变化还可能与韵部的转移有关。比如"庆"字,《诗经》用韵六次,都叶阳部平声。据罗常培、周祖谟两先生《研究》所载资料,西汉时期,"庆"也大多叶阳部平声。马王堆帛书《五十二病方》中"蛲蝗"写作"庆良"(109 页),这一通假关系也证明当时它确属阳韵平声。而《研究》所载西汉韵例中,"庆"字有一例叶去声,即韦玄成《子孙诗》叶"盛庆",这时它却转入了耕部。再如"梦"字,《诗经》中四次入韵皆叶蒸部平声,后来读去声时却入了东韵。这两个例子充分说明调之与韵相挟而变的情形,它启发我们,应当从各方面去探讨分化(演变)的原因。

本文是讨论入去之变的,上文为什么却举了"庆梦"等非入声字为例呢?这是因为,入去两读各居一韵的情形太多了,它属于平常所谓"破读"的范畴,不少人不承认它们是历时的演变,却认为它是同时的现象。所以我们只好另外讨论了。

五

上文举出的"立位"、"责债"、"贡贷"等入:去的对照,一般称它

---

① 《文物》1977 年第 3 期,第 32、34 页。

们为"破读"字，认为这些字不同的意义（词义）是由不同读音表现甚至造成的。不要说这些字形各异的对照，就算是"恶恶"（善恶与好恶）"度度"（猜度与度量）这样同字的"破读"，也认为它们本来就有入去两种读音。而且，这种"破读"现象，不少人还以为先秦就已经存在了。假如真是这样的话，那就必须承认当时已经有了去入之别。那么，我们认为入变去的过程发生在西汉与东汉之际，岂非完全搞错了吗？进一步说，那不证明去声是早在先秦就已具备或完成了吗？所以，这个问题确有探讨的必要，否则，我们的观点就可能全部错误。

根据前文所说，我们已经可以断言，"立位"、"贡贷"、"北背"之类，本来都只有一个形体，后来才分化为两个。这也就是说，它们本来和"度恶乐"等一样，不存在两个不同的字。假如我们承认先秦就有两音各义的"破读"现象，那就必须承认有不少的字具有两个（甚至更多）读音，如同今天的"好恶"等字有两个读音一样。要知道，先秦的"破读"字，今人相信有几百字之多。那就是说，先秦的"汉"族人，习惯于一字多音的文字体系（这只怕不大可能），否则就无法解释"破读"。但是，在先秦的文献中，我们又找不到什么区别字音的可靠证据（汉代人的注解不能算先秦文献）。

然而到了汉代似乎就不同了，人们一下子改变了习惯，不满意两音各义的现象了，造出了大量的新字去代表那些又音又义的词，于是"北"衍生出了"背"、"责"衍生出了"债"等。那么，这种文字习惯的改变又是为什么产生的呢？如果说是因为上古字少，不得不使许多字担负更多的责任，那大量的异体字（如"怀"之于"倍"）又该怎样解释呢？再说，为什么新产生的字又总是读去声呢？

要解释这些矛盾，只有一个出路，那就是承认汉字始终是（或基本上是）一字一音的，如"立"字，开始只有一个入声读法，后来语音变化了，产生了去声一读，才又造出了"位"字来与它对应，这不是既简单又合理吗？比如《论语·里仁》："不患无位，患所以立。"因为当时"立位"二字实际上同音同字，利用了一字多义的方法说出这话来，所以显得十分俏皮。对照下文的"不患莫己知，求为可知也"一句里的"知"字，看得就更清楚了。假如"立位"二字如今天这样异音异形，不但与下文的两个"知"字不协调，而且话也显得十分乏味，那岂不丢了孔老夫子的人？

所谓"破读"字本来只有一音的想法，在《孟子》中也可以找到一个佐证。

《梁惠王下·庄暴见孟子章》记载，因为"王语（庄）暴以好乐"，于是孟子说"臣请为王言乐"。这两个"乐"，一般认为是音乐之意。下文孟子问"独乐乐，与人乐乐，孰乐？"这里又出现了快乐之"乐"。而后边孟子并列着讲了钟鼓、田猎两件事之后，说"此无他，不与民同乐也"；"此无他，与民同乐也"。又说："今王与百姓同乐，则王矣。"试想，孟子从音乐谈起，后边却夹杂上田猎，从而引申出"与民同乐（快乐）"，这不是明显地离题千里吗？如此混乱的逻辑能是孟子用来游说时用得出来的吗？但是，如果我们认为当时的"乐"字不具备卢各切、五角切两个读音，却只有一个统一的读音（不管是什么切吧），那就完全不同了。孟子故意用一词（同音）多义的方法去偷换概念，发挥他机智、诡辩的才能去打动那位齐王，不是十分合理又十分有力吗？因此，从这个故事来看，《孟子》时代"乐乐"的"破读"只怕也是靠不住的。

从某些"破读"字的发展史实，我们倒可以看出，"破读"的形成年代与我们上文所说入变去的年代是相当的。

梅祖麟先生在《四声别义中的时间层次》[①] 一文中，令人信服地证明了"入：去"类"破读"字中，动变名型时代在前，名变动型则时代在后；由于名变动型正好发生在去入通叶由盛而衰乃至完全停止的时候，所以没能发展起来，只留下了极少的例子。这个论断确实是精当可信的。尤其重要的，我们觉得，从这一论断再推进一步就会碰上一个有趣的问题：为什么去入通叶时能大量产生"入：去"的"破读"，而到了去入不通叶时就不再能产生"入：去"的"破读"了呢？

同时，梅先生也曾经指出，先秦时期去入通叶的韵例大量存在，到东汉时期就几乎不能通叶了。这个时代条件与我们上文所说的入到去的演变是一致的。这是偶然的巧合吗？

如果用先秦时期早已有"入：去"的对照和"入：去"的"破读"这样的观点去解释上述两个事实，是十分困难的。前者只好说偶然如此，

① 《中国语文》1980 年第 6 期。

后者只好说巧合。但从我们的观点出发，问题却可释然而解。

先秦时，本无去入之别，自然通叶很多。东汉时去入之对立已经形成，自然就不再能通叶了。当去入未分时，概读为入，"立"字的"位"义，与其本义之间，只有意义上的引申关系，读音并无变化，所以它们显示着十分密切的关系。后来字义的变化引出了文字的变化（产生了新字），而这新字又被后人用来代替了古书中部分适应新字地位的本字，这样一来，我们就无从察知其"同一"关系，只觉得是异中有同。这就是所谓"破读"了。动变名型的变化，正在去入未分之时发生，所以会留下大量的例子。

到了西汉中末期，去入开始分化，字义引申发展不会跨着韵部从入声引申到去声中去了，因此，发生在这时的名变动型的"破读"（入：去）自然难以发展起来了。我的老师殷焕先教授多次指出：必须同一韵部才能构成声调破读。我根据先生的话去分析上述事实，觉得确乎是非常正确的。

其实，在先秦时期，来自入声的"去"与入无别这一事实，高本汉早就意识到过。但他囿于先秦去入有别的偏见，后来又离开了这个正确的看法。他是在构拟上古汉语的辅音韵尾时接触到这个问题的。

在《分析字典》里，高本汉认为上古汉语的去声字（指"代位措债"一类字）有 $-g$、$-d$ 尾，后来在《上古汉语的一些问题》一文中，又说那些字具有的也该是 $-k$、$-t$ 尾。这与他的入声就一致了。他认为这样做有一些好处，其一就是使一字两读的两个音更加接近。他在举出"度恶塞"等两读字的拟音之后说：

而且从上古音变到中古音的时候，那些失掉韵尾 $-k$、$-t$ 的字，它们跟保存韵尾 $-k$、$-t$ 的字的元音变化未必是一样的，所以如果追溯到上古时代那些两读的字，除了声调不同以外，可能（甚至非常可能）它们的声音是完全相同的。[①]

高本汉认为那些有关字读音全同是正确的，但又猜测存在什么声调不同，却不一定合适了。因为，首先，输入之间的重要差别在韵而不在调，至中古时依然如此；其次，那些字之间不得有不同音位的对立。所以，高

---

①　转引自《龙虫并雕斋文集》第一册，第 187—188 页。

本汉的看法看起来是两全之见，但实际上有些形而上学的偏向。

把声调方面的"破读"归纳起来，无非有三种，即

平：去　　　上：去　　　入：去

因为声调"破读"必须以同韵部为其前提条件，这就使我们可以从这三种"破读"之中归纳出一个道理来。前两种"破读"可以只是声调的区别（即同韵部）；而第三种在去入分属两大类韵母的情况下，是无论如何也不能同韵部的。而这三种"破读"事实上今天都能找到。那么，唯一行得通的解释就是：在去声形成之前，被称为去声字的那些字散见于平上入三声之中，也就是说，形成一字多义时，尚无去声这一个音类。

到了东汉时候，去声形成了，这才真地形成了"离去无破"的声调"破读"。我们认为，真正的声调"破读"是东汉时才产生的。而先秦那些声调"破读"，是在人们感知了"去入有别"、"离去无破"之后对先秦资料所取的一些成见罢了。所以，先秦的"破读"很可能只是镜花水月而已。正因为如此，许多人能从先秦典籍中找到合乎规范的"破读"而证明"破读"的古已有之；而顾炎武等人也能找到不合那些规范的反证而把"破读"推到六朝经师的身上去。

总而言之，"入：去"的"破读"，适足以证明入变去的过程应当在西汉东汉之交，而不能否定这一结论。而为什么偏偏在这个时代发生这一类的变化，那就是更值得钻研的问题了。

1982 年于泉城

从《说文》"读若"看古韵鱼侯
两部在东汉的演变

张鸿魁

一 《说文》"读若"的表音价值

我们说的《说文》"读若",是指《说文解字》一书中,许慎记录的,除声符分析以外的全部音读材料。根据大徐校本和小徐《系传》,共有八百三十多条。

这八百多条"读若",从表字音多少的角度,可以分成两大类。一类是表明字止一音,如:唉读若埃,佢读若树。一类表明一字数音,如:盍读若灰一曰读若贿,蝨读若蘁蘁一曰若存。前面一类是可以逆读的:埃读若唉,树读若佢。后面一类是不能逆读的,不能说灰读若盍,或者贿读若盍。还有一种突兀的形式,也是表明字不止一音的,属于后面一类的,如:攽亦读与彬同,刉又读若燩,顿读又若骨,庳或读若逋。以"攽"字为例,意思是说:攽读若分,亦读与彬同。

这八百多条"读若"从注音的方式来看,可分为三大类。

(一)用一个字表音的,细分又有几种形式,各举一例:

(1)唉读若埃。

(2)壻读与细同。

(3)丌读若箕同。

(4)莑音忽。

(二)用成语、俗语注音的:

(1)用熟悉的话注生僻的字,让人容易掌握;如:纛读若春麦为纛之纛。这类"读若"也是可以逆读的。

（2）表明特定的语音环境的；如：禫禅读若三年导服之导。

这类"读若"不能简单地逆读，不能说：导读若禫。

这两类情形有时不易区分。

（三）比况形容，今天无法知其音类的：

（1）比喻声状；如：趏读若小儿孩（咳）。

（2）用当时的方音描写；如：鴸读若楚人名多夥。

（3）浑言相似；如：睒读若白盖谓之苫相似。

许慎《说文》中的八百余条"读若"，是研究东汉音韵的重要材料。现在利用得很不够，主要是对它的价值认识不一致。下面我们从几个方面来讨论这个问题。

（一）许慎注这些"读若"的动机是什么，是不是为了表明字的读音。

对于许慎注"读若"的动机，现在大致有两种认识：一说是明假借，一说是拟音读，就是单纯把汉字作音标来用。第一种认识是不全面的，无法解释"比况形容"形式的"读若"，可能是求之过深了。第二种认识也有不好解释的地方，就是，《说文》九千字为什么只有八百字注音。杨树达先生说，《说文》"为形书之祖，希见之字拟其音读，寻常易识之字则略而不记。"① 这是推想之辞。现有八百多个注"读若"的字中，有相当一批很难想象在当时属于"稀见之字"，虽然我们不能以今天的眼光判断汉代何字常用。

更可能的情况是，许慎当时两种原因都有：有的字注音是因为它稀见，人们不知读音（特别是那些作部首的所谓"初文"）；有的字不稀见，但有假借用法，或者说有一种稀见的假借义，也要注明，使人了解。

单从考察汉代音韵的角度看，八百条"读若"都反映了东汉时代的音读。这种认识是不会错的。是否"明假借"可以不论，因为"假借"也是缘同音而假借的。

（二）许慎"读若"注的是否是东汉人的实际读音，会不会是汉儒师相传授的古读。

许慎不能凭空制造出一套字音，只能依据当时人的实际读音，这应当

---

① 杨树达：《说文读若探原》，文见《积微居小学金石论丛》。

是没有疑问的。

可能有人认为，东汉人口语音和读书音差别很大，许慎记的只是读书音，不符合东汉人的口语实际。

我们认为，汉代的口语材料，保存到今天的很少，可能是当时口语和书面语的差距本来就不大。就是有些口语材料的话，我们也只能从中看出些语法、词汇方面的文白差别。语音差别很难从方块字上看出来。而且，书面语跟口语，历来是相互影响的，我们研究古代的音韵，常常就是指文学语言的音韵，书面语的音韵。因此，即使许慎所注的音是读书音，不是口语音，也不影响它作研究东汉音韵的材料的资格。

许慎给《说文》注的音不可能是周秦古音，不仅音值上无法相像，音类上也大有不同。这可以从"读若"与谐声系统的矛盾上看出来。如：雓，方声而"读若方"。这"读若"似乎是多余的。其实这已从反面表明，有的字方声不一定读方。我们又看到：邡，方声，读与彭同。这就很明确了。据此，我们再见到这样的例子——赣，丰声，而读若从今声之"矜"——就也不感到奇怪了。这表明，许慎的"读若"音系跟周秦不是一个系统。

许慎作为一代经师誉为"五经无双"，其重视经典，尊崇师说，固属没有问题；但作为一个严肃的语言文字学家，他又绝不泥守师说。《说文》的注音，跟析形释义一样，虽然"博采通人"，广泛地吸取前人成果，甚至直接引用成说，但取舍之间却有自己的见解。《说文》"读若"明确取用成说的有十一条：宁严、桑钦、傅毅、尹彤、张林各一条，杜林两条，贾侍中四条。在八百条"读若"中占的比例非常小。而且这类"读若"常常是在一字多读的条目中，作为"一曰读若"或读若"出现的，包含着"疑疑亦信"[1]的意思。

许慎对师说作取舍的标准，即正音的标准是什么呢？看来只能是当时一般人的实际读音。就是说，符合时人习惯的就采用，当贾逵等人的读音与众不同时，许慎就特别指出"贾侍中读若×"，等等。

因此可以说，许慎的"读若"是注的东汉时代较普遍的实际读音。那些存师说之处，只有聊备一说的意义，不是东汉人普遍读音。如果说

---

① 陆志韦：《说文读若音订》语，文见《燕京学报》三十期。

"一曰""或曰"尚有一定的普遍性，代表一部分人的读音，那么，这些指名道姓的人的读音只代表一人而已。

从研究音韵的角度讲，"存师说"的几条"读若"有两点意义：其一，它从反面证明了许慎"读若"反映的是东汉普遍的实际读音，是研究东汉语音的可靠材料；其二，跟其他"又读若""或读若"一样，表明前后两音肯定不同，为我们联系比较增添了一条法则。

（三）如果许慎"读若"是以东汉实际读音为标准，那么，我们还会想到：当时方音肯定分歧很大，字音归类各地不同，许慎以那种方音为标准呢？

我们注意到这样几条"读若"：

鬴读若江南谓酢母为鬴；

鴞读若楚人名多夥；

卸读若汝南人写书之写；

蠿读若蜀都布名。

为数不多的几条用方音注音的例子，却也是有力的反证，表明许慎十分清楚方音的对立，据此可以推定，许慎注音起码不是站在上述这几种方言的立场上说话。

其中"读若汝南人书写之写"一条尤其意义重大，因为许慎是汝南人。既然他清楚地表明自己注"读若"不是以汝南音为准，那么采用其他方音作正音的标准就更不大可能了。

唐玄宗时代徐坚等人修撰的《初学记》一书，保存了一些失传古书的片断和古书的失传片断，其中有一条大徐小徐本均不见的《说文》"读若"：

贵，汝颍言如归往之归。

《初学记》比一般类书严谨，其引《说文》有四五十条，都与大徐本相同，这一条应当不会是编造的，也不会是见于他书而误记在《说文》名下。

这条"读若"进一步表明，在许慎心目中，汝颍乡音跟四海八方之音地位相等，都不能代表天下语音之正。

许慎审音的标准应当是一种雅正之音。早在许慎之前的扬雄《輶轩使者绝代语释别国方言》一书，已明确指出当时有通语（普通话）的存在。许慎的比况方音，似乎可以证明，当时的通语还有比较明确的语音标准。按照我们习惯的推理，它一般是以京城的方音为标准。

许慎的注音中会不会有汝南方音的影响呢？这个问题大概不容易考察清楚了。我们认为，一个语言学家了然于语言有方言的差别，他就有了一定的自觉性。特别在他的语言学论著中，就不会出现太多的方言舛误。而且，如所周知，方言的个别影响，跟以方音为标准是不可同日而语的。据此我们完全可以把许慎"读若"所体现的音系作为东汉的普通话音系来研究。

（四）许慎用"读若"二字，含义是什么。"甲读若乙"是指甲乙同音，还是仅指两字有双声关系或迭韵关系。

我们认为是指两字同音。

比如说，"莘音忽"，"裾读与居同"，就是指"莘""忽"同音，"裾""居"同音。

明言"读若"的，也是指两字同音。如"默读若墨"，"瘱读若沟洫之洫"，就是"默""墨"同音，"瘱""洫"同音。"读若"二字，就字面看意义不太严密，实际上它与"音×""读与×同"的概念没有什么差别。有的条目，不同版本就分别是不同形式。如宋本大徐《说文》"力部"有"勸读若萬"，段注所据本则为"勸读与厲同"；宋本大徐《说文》"匚部"有"匚读与傒同"，段注所据本则为"读若傒同"。可见"×读若×"这种形式与"音×""读与×同"一样，都是表示前后关联的两个字同音。

有人把"读若"注音方法理解得过于宽，以为只要韵母同部或者声母同类的两个字就可以互注"读若"。研究《说文》的大家段玉裁就给人这种印象。他注释"读若"的方法基本上是讲韵部（也就是迭韵），偶或也用双声。

段玉裁把古韵分为十七部。他常常简单地注明注释字与被注释字同属某部，就完成了两字之间声音关系的探讨，有时甚至更勉强地用合韵去解释，好像两个字只要韵部相近就可以互注"读若"。如：

敉读若弭。段注：按米声十五，弭十六，此合音也。

邨读若宁。段注：年声而读如宁，合韵也。（今按，依段分部，宁十一，年十二。）

龏读若颂，一曰读若非。段注：读颂又读若非者，十三、十四与十五部合韵之理。

录，从立从录，录籀文彪，读若虑羲氏之虑。段注：彪声在十五部，必声在十二部，音相近也。

这些注文迷离恍惚。言古还是言今，界限不明。是周秦不同音而东汉同音呢？还是东汉不同音但可以合韵互注"读若"呢？看不清楚。

关于双声，段玉裁有这样的注文：

坦读若冀。段注：冀在一部而用为声者，取双声。

祥读若普。段注：普音于双声得之。

庳或读若逋。段注：双声。

蚩读若骋。段注：虫声而读为骋者，以双声为用也。

霹读若斯。段注：鲜声在六部而读若斯者，以双声合音也。

……

这些注文也是含混的。如："庳或读若逋。双声。"到底是东汉时代"庳""逋"已因声母关系变得同音了呢？还是仍不同音，但可以因双声而互注"读若"呢？

双声、迭韵的随便应用，把整个《说文》"读若"材料笼上一片疑云：哪些是同音？哪些是双声？哪些是迭韵？

其实，所谓双声迭韵注"读若"乃是今人不知古音的误会。《说文》自身的条例是统一的，是用同音字来注"读若"的。

请看那些比况形容方法注音的"读若"，（见第395页举例）它们表明许慎注音是极为严格谨慎的：在通语（普通话）中找不到合适的同音字，宁可求诸方音，借乎比况，浑言"相似"，也不肯苟且用双声迭韵迁就。像那些例子，想为它们找几个双声迭韵的例字，是十分容易做到的。为什么许慎那样苦心曲肠去比况形容呢？结论只能是：许慎不肯自乱其例，含含糊糊地取双声迭韵；他注"读若"用的是同音字。

当然许慎"同音"的概念也不一定像现代这样严格，声、韵、调完全一样。我们不怀疑许慎是当汉之时善辨声音的人，但是时代的局限是免不了的。

首先是声调。许慎"读若"中前后两字是否同调，我们不敢肯定。直到今天，有的人，或者在特定环境下，仍然可以把同声韵不同调的字说成同音字。在许慎那个时代，声调的差别（至少把"声调"作为"类"）是有的，但人们对声调的认识却不一定很自觉。由于实际语音的发展，也由于文学上对于实际语音艺术应用的自觉性的发展，到了南北朝才有沈约诸人讲求声律，分析出平上去入。在利用《说文》"读若"材料的时候，为慎重起见，我们不用它来研究声调的差异。

然后是声母和韵母。我们不赞成段玉裁的"于双声得之"之类，但也并不认为许慎对声母韵母的认识跟我们现在的认识完全相同。像这样一些例子：

改读若己

皿读若猛

荼读若荼

今天读起来，两字之音声母或韵母总有不同，在中古唐宋时代则表现为"等"的不同。（还有其他不同。）

在许慎时代，虽尚无四等之名，但应该有四等之实，上述字两两之间应该有语音上的差别。按照历史语音学的法则，完全相同的音不应该有不同的发展。后来读音不同，表明它们本来就有某些细微的差别。但这个差别在特定的时代却可以不为人们所重视，而被列入同音的范围。许慎注"读若"是以同韵部（同主要元音）又同声母为同音的。

（五）根据以上认识，可以说，《说文》"读若"是研究汉代音韵的重要材料。

历史音韵的研究，由于汉字的特殊性质，可以利用的材料是极有限的。魏晋以后，音韵研究才逐步发展起来，反切的产生和韵书的编纂，留下了比较丰富的材料。周秦时代，除了《诗经》等诗文的押韵以外，尚可以有谐声系统帮助我们研究音韵。两汉时代则谐声系统已经打乱，而音韵研究尚未发展。现代人对这一段时间的音韵的认识，多是依靠诗文用韵。

历代的诗文用韵，都可以作为研究音韵的材料，但这种材料有很大的局限性。

（1）韵文多出自天籁。但韵例多样、押韵宽严不同。今天利用起来，你说同部，我说合韵，他说不入韵，认识极难统一。

（2）韵文出自多人，异时异地，不同方音。选得精了，材料太少不易下结论；选得多了，通合较广，不易定分合。

（3）只可考韵，无以探声。

相比之下，《说文》"读若"作为音韵研究材料，有以下优点：

（1）出自语文专家，条例谨严，表音可靠。

（2）出自一人之手，体例统一，八百多条材料似少而实多。

（3）"读若"是专门表示字的读音的，既然双声、迭韵都不允许，当然也没有什么用韵宽严问题。

（4）探声、索韵均可利用，声调也未必不可从中窥测出一些消息。

所以，我们认为，《说文》"读若"是研究东汉音韵极为重要的材料。

整个东汉人著述的"读若"，是反切产生以前唯一的注音形式，应该都是研究音韵的重要材料。这些材料都利用得很不够。

但我们首先推重《说文》的"读若"。这是因为：（1）平均到一人身上，材料以许慎为多。不同人的音读则免不了有体例上、表音宽严上、方音上种种的差别，放在一起研究是有相当的危险的。（2）《说文》为历代推崇，经过多人校勘，讹窜之处多所谠正，材料比较可靠。

《说文》"读若"当然也有其不利的地方：（1）八百条仍嫌太少。（2）校勘工作跟音韵研究是互相依靠的。在对东汉音韵尚不明了的情况下，校勘成果也不绝对可靠。

我们利用《说文》"读若"的时候，可以设法弥补这些不足：（1）参考诗文用韵的研究，考求东汉声韵演变大势。（2）虽不能"例不十法不立"，也要尽量避免孤证。

二　本文所用的方法

本文企图用《说文》"读若"来证明韵部的演变。方法是上同周秦韵部比较，下同《切韵》音系比较，看一看从周秦到《切韵》的变化中，《说文》时代走到了那一步。对于大徐、小徐的音切一律不取。因为那些音切，即使没有改窜，合乎音理，也只不过是反映了唐宋人的认识。

比较研究，牵涉对周秦音和《切韵》音的认识，这就必须利用前人的有关成果。本文对《切韵》音的认识一依李荣《切韵音系》。对周秦音认识要稍微多说几句。

从音类上说，周秦音韵部阴、阳、入三分，共二十九部，本文依从王力。具体归字见王力《诗经韵读》、《楚辞韵读》、《古韵分部异同考》①和《上古韵部及常用字归部表》②。

《说文》中有些字不见于先秦韵文，在归部上我们作这样的处理：许慎认为是谐声字的（包括"亦声"），我们依声符归部；会意、指事类的字又未明确作其他字声符的，就老老实实地承认不知其部类，列而不用。

谐声系统跟《诗经》用韵很接近。虽然有个别歧异，但段玉裁总结的"同声必同部"，对《诗经》时代还是有普遍意义的。我们现在确凿肯定的例外，是极为有限的。

因此，少数不见于先秦韵文的谐声字，我们依声符分部，没有很大的风险。

两汉时代，特别到东汉许慎那个时代，谐声系统已经明显地打乱了，简单地说，很多字"从甲声"而"读若乙"就是明证。这原因主要是语音的历史演变：甲乙本来同韵部，后来由于某种条件分化了。乙丙本来不同韵部，后来在一定条件下却可能合流了。

我们把根据"读若"系联的类别，跟根据诗韵和谐声划分的韵部比较，能够看出变化的规迹和条件，这就是本文的主要方法。

本文讨论周秦的鱼侯两部到东汉的变化，兼及屋、铎诸部。因此，有必要简述一下有关这几个古韵部的认识。

周秦时代鱼侯分为两部这种认识是从段玉裁开始的。在他以前顾炎武以侯归鱼，江永以侯归幽。跟段玉裁同时的孔广森创阴阳对转之说，以鱼对阳、以侯对东，进一步明确了鱼侯的分野。关于入声独立问题，江永、戴震、黄侃迭有动议；到王力把历史比较语言学的拟音方法引入古韵研究，从音理上论证了阴入分立的必要性，才成为古韵学定而不移的认识。这样鱼、侯也就分别跟铎、屋分立，成为阴声二部。

罗常培、周祖谟依据对两汉诗文用韵的归纳研究，认为西汉时代鱼侯两部已经合流，到东汉时代，不仅是鱼侯合流，而且原属鱼部的麻韵一系

---

① 文见王力《龙虫并雕斋文集》
② 此为王力主编《古代汉语》"附录"。

字已经并入歌部。①

王力虽然肯定汉代鱼侯两部在韵文里是同用的，但认为可能是合韵。他也指出，汉代麻韵已经由鱼部分化出去了，一般不再和鱼侯两部押韵了。②

陆志韦曾对《说文》"读若"作了研究，认为鱼侯两部到东汉许慎时代仍然界限分明。按照他的这种认识推理，当然西汉时代更不用说，鱼侯更是分野划然的。他的方法不太清楚，他的主要工作是，把《说文》"读若"的反切跟《广韵》《集韵》比较，用音标符号拟其音读。③ 这跟我们的方法不一样。我们认为大徐小徐本的反切是唐宋人的认识（两徐是宋人，据以拟反切的《唐韵》是唐籍），跟《说文》"读若"表现的音系本身不能等量齐观。自唐宋的反切释"读若"，当然会认为"许音"跟今音的音类是大体相同的（陆言"十得七八"）。但那实在是"徐音"而不是"许音"。

我们只准备就许慎自己提供的材料，来分析东汉声韵演变的大势，有多少材料得多少结论。这样得出的结论，不一定多，但是可靠，是地地道道的"许慎之音"。

三 有关"读若"的审定

《说文》"读若"中有关鱼侯两部的条目很多，现在先把它们列出来，略加条理和说明。条理是依照注释字和被注释字的周秦韵部分成组，说明是胪列已有的校勘成果并参以己见。

分组之例，凡言某部自注者，即注释字与被注释字同部；凡言某某互注者，即注释字与被注释字中有一字属于前某部，另一字属后某部。加括号的"读若"条目系取自小徐《系传》而为大徐所无者。

（一）鱼部自注的：

1. 邾读若涂　　　　膚读若盧同

---

① 参看罗常培、周祖谟：《汉魏晋南北朝韵部演变研究》。

② 参看王力主编：《汉语史稿》上册，第 78 页。

③ 参看陆志韦《说文读若音订》，文见《燕京学报》三十期。

悇读若塗	誧读若逋
酴读若廬	齭读若楚
鹰读若卤	䟽读若疏
羜读若煮	赈读若所
膴读若谟	趋读若邬
舁读若余	箊读若綮
嬩读若余	鬳读若许
裾读与居同	杍读若杍
余读与余同	模读若嫫母之嫫

（庑读若春秋传曰庑有餘）

2. 偱读若撫　　忏读若吁
   俌读若敷　　雩读若禹
   蒪读若傅　　鄅读若规榘之榘
3. 鲁读若寫　　椵读若贾
   斜读若荼　　虘读若鄌县
   扭读若樝梨之樝
   樗读若華

段注改为“樺读若華”，今按雩声虖声同在鱼部，现在只考证韵部，孰是孰非可暂不论。

（二）侯部自注的：

狂读若注　　珣读若苟
侸读若树　　敂读若扣
尌读若驻　　臑读若襦
几读若殊

《说文》：“殳从几声。”是知殳、几同属侯部。

繻读若易繻有衣

（三）鱼、侯互注的：

趯读若劬　　邘又读若区
眲读若拘又若良士瞿瞿
瞿读若章句之句（又音衢）

　　　　竘读若龋

（四）鱼、铎互注的：

　　　　敿读若杜　　　　（鑮读若瓠）

　　　　庲读若阡陌之陌

　　段玉裁以《说文》无陌，定阡陌为什佰之误。然佰庲声母难通，仍以陌为是，古明母与喉音时通。

（五）侯、屋互注的：

　　　　玁读若橌　　　　彀读若構

　　　　瞾读若注　　　　娕读若谨敕数数

（六）铎部自注的：

　　　　谐读若筰　　　　耤读若筰

　　　　墼读若郝　　　　柞读若昨

　　　　霏读若膊　　　　甫读若膊

　　　　圛读若驿　　　　膢读若寉

　　　　鸦读若愬

　　　　（魋读若书白不黑）

　　　　（牔读若粗牔）

　　段注以后一牔字为衍字，应为"读若粗"。然所据《公羊传》只有"麤牔"无"粗牔"，且庄公十年何休注明言:"何曰牔？麤也。"古籍多"麤牔"连文，则知牔义为麤，音不宜为麤（粗）。

　　　　狛读蘖宁严读之若浅泊

　　段注：当言柏，今人黄蘗，字作黄柏……

（七）屋部自注的：

　　　　睩读若鹿　　　　陜读若渎

　　　　襡读若蜀　　　　趨读若燭

　　　　铬读若浴　　　　毃读若斛

　　　　娪读若人不孙为娪

（八）鱼、铎与他部互注的：

　　　　攺（阳）读与撫（鱼）同

　　　　彉（阳）读若郭（铎）

　　甓（铎）读若诗曰穧彼淮夷之穧（阳）

　　涸（鱼）读若狐貈之貈（幽）

　　胥（鱼）读若芟刈之芟（谈）

　　戊（鱼）读若蘆藜草之蘆（之）

　　（夻（文）读若鱼（鱼））

　　厍（支）读若逋（鱼）

　　戟（铎）读若棘（职）

　　衵（元）读若普（鱼）

　　（姐（鱼）读若左（歌））

（九）侯、屋与他部互注的：

　　绚（侯）读若鸠（幽）

　　腧（侯）读若俞（侯）一日若纽（幽）

　　笔（幽）读若春秋鲁公子彄（侯）

　　玖（幽）读若芑（之）或曰若人句之句（侯）

　　按：玖，久声。"久"声周秦一般归入之部，《诗经》押韵如此。但实际上战国时代已转入幽部，《易》传已经多与幽部押韵而少与之部押。西汉押韵更是如此，贾谊，刘询、刘向、严遵、扬雄、王褒均以"久"协幽部字，而"久"协之部字者未见一人一例。

　　稀（幽）读若琐（屋）

　　殼（屋）读若箭莘（幽）同

　　惎（之）读若侮（侯）

　　樔（宵）读若薮（侯）

（十）鱼、侯、铎、屋与不知韵部之字互注的：

　　兆读若瞽（鱼）　　　　灸读若瑕（鱼）

　　品读若戢又读若唈（鱼）

　　昜读若树（侯）　　　　瓜读若庚（侯）

　　觑读若兜（侯）　　　　奭读若郝（铎）

　　樔读若薄（铎）　　　　屐读若僕（屋）

　　莘读若涅（屋）

（十一）似与鱼、侯相关而实非者：

（瞽读若属）

按：大徐本无此读若，而音工户切，盖以为"瞽"，然"瞽""属"声母相去甚远，故此实另一字，段注之欲切，非鱼部字也。

塴读与细同

按：大徐本曰："从士，胥声。"段注以为会意。均有未当。然《广韵》塴读同细，苏计切，今方言亦有读如细而与胥不同音者，是知塴非从胥声，不得入鱼部。

唬读若暠

按：唬，会意字也。小徐本有"一曰虎声"，盖以会意之意为音，误。此字义为"虎之声"而非音"从虎声"。段以为虎亦声，也证据不足。

夲一曰读若瓠一曰读若籥

按：段注："'一曰读若瓠'五字未详，疑当作'一曰读若执'在'读若籥'之下。"甚是，此形之误也。

裻读若诗曰葛藟萦之一曰若静女其袾之袾

按：段注以为"静女其袾之静，"颇合情理。又，袾当作姝。

靽读若胥

按：大徐小徐均作"读若胥"，然大徐音而陇切。段氏广征博引，定以为"读若茸"之误，信而有征，今从之。

（岊读若嵑）

按：大徐作"岊，陬隅，高山之节，从山从卩。"无"读若"。段谓小徐析陬隅而为读若，又谓此会意字，卩亦声，不知所琚。

四　鱼、侯两部的关联

《说文》"读若"中鱼部自注的有33对，见三节（一）类。均无"又读若"、"或读若"。

这并不能证明这66个字的主要元音全都相同。每对字之间主要元音肯定是相同的。对与对之间就未必相同。上古同属一部的字，这时有可能因条件不同而分化。例如同属（一）类的 1 组跟 2 组主要元音就未必相同，也就是说上古一部可能分化为两类或几类，并入他部或新成几部。

但是，同部相注如此之多，应该是表明了语音变化的规律性。即是说，古鱼部字虽然可能有变化、有分化，但是仍然以类相从，不会是杂乱无规律可循，至少这 66 个字中不大会有奇特不可捉摸的例外变化。

比如说，"忬读若吁"，那么"忬"若是由上古的 ＊xiua 变成了 ＊xiu，"吁"也应该如此。这两个字的变化就可以表明有 xiua→xiu 这样一条音变规律的存在。

《说文》"读若"中侯部自注的有八对，即三节（二）类。也无"又读若"、"或读若"。八对的数目也不算少。侯部与其他任何一部互注的字都小于这个数目。

这进一步表明周秦到汉代的语音演变，存在着类同变化同的规律性。这提示：我们可以不为少数的音变例外所迷惑，从多数的规律变化中把握历史音变的大势。

检查同部自注的例子，只可以使我们确信语音变化的规律性。检查异部互注的关系才能窥见历史音变的方向。

鱼、侯两部互注的字有五对，即三节中的（三）类。

这表明鱼、侯两部字有混同，即有的古鱼部字跟有的古侯部字主要元音一样了。（就每对字来讲，声母韵尾也分别相同。）

理论上讲，鱼侯两部字分别都是自注的"读若"为多（鱼部三十三对，侯部八对），并不能证明两部字一定不混，因为选择同音字注"读若"有很大的偶然性。比如甲部字甲$_1$、甲$_2$、甲$_3$ 跟乙部字乙$_1$、乙$_2$、乙$_3$ 六个字读音已经一样了，人们注"读若"仍然可以注"甲$_1$读若甲$_2$"、"乙$_1$读若乙$_2$"，造成甲乙两部不混的假象。当然也可以注"甲$_1$读若乙$_1$"、"甲$_2$读若乙$_2$"，明显地表示甲、乙两部混同。后一种注法的可能性也不大。注"读若"的人并不考虑千年以后的研究者的方便。第三种可能是这样注："甲$_1$读若甲$_2$"，"乙$_1$读若乙$_2$"，"甲$_3$读若乙$_3$"。即，有许许多多的同部自注，偶尔有异部互注露出马脚。我们可以由此打开缺口，深入观察韵部分合的真相。

另外，前面说过，同部自注也不能表明原韵部没有分化、所有同部字仍保持着同样的主要元音。也可能是甲$_1$、甲$_2$、甲$_3$ 为同条件的一小类，保持着原来的主要元音；甲₄、甲₅、甲₆为一小类，因某种共同条件演变为另一主要元音。我们应当仔细观察每类字的条件。

这五对鱼侯互注的字，陆志韦先生敏锐地指出"皆为喉牙音"①，但他以为这是"许君从汉时新起之方言，或齐语也。"② 我们前面已经分析过，许慎注音是用当时的通语，引用方言之处都明确标出。这里不是方音。鱼侯两部字相当多，仅喉牙音字也有相当一批，同部同音字是不难找到例子的，完全不用求诸方音。

因此，我们以为，许慎时代语音确实起了变化，在当时许慎用来注音的通语音系中，这些古不同部的字已经完全同音了。

我们也不据此以为鱼侯两部合为一部，而推测只是鱼侯两部具备某种条件的一部分字相合了。

这条件除了陆志韦先生已指出的喉牙音声母以外，还有韵母方面的。这些鱼侯互注的字在后来的等韵学中均为三等，在切韵音系中则统归虞韵。（本文凡提到《切韵》、《广韵》某韵，均以平声赅上、去，如虞韵即赅有虞韵、遇韵。）

至此可以认定，许慎时代鱼侯相通的条件是虞韵一系喉牙音字。就是说古鱼侯两部中的虞韵一系喉牙音字到东汉混同一部，主要元音相同了。这只是初步结论。至于这部分字都归鱼，还是都归侯，或者是独立为新的第三部，这个问题到后面分析鱼部侯部同他部的关联时再谈。

对这个初步结论还要作些补充说明：

（1）根据"类同变化同"的语音规律，前面所举鱼部自注的字中间，还应当有一部分也参加了上述的变化。（这里"变化"一词是指部属关系、相对位置的变化，音值是否变化尚不能定，也可能鱼部虞韵字原地未动，侯部虞韵字向它靠拢呢。）由于"读若"注音方法本身的限制，单凭"读若"无法把这些字找出来。我们这里据后来的《切韵》韵类分出了虞韵字，即三节（一）类中的第二组。这一组中左边三对是唇音（其中"蕽"字不见《广韵》），右面三对是喉牙音。根据鱼侯两部互注的情况，我们可以无疑地断定，右边的嚅、禹、忏、吁、鄅、椇等字也跟鱼侯互

---

① 见《说文读若音订》
② 同上。

注的那些字同部了。左边的几对唇音字是否参加了这个变化，尚待再证。不过考虑到它们和上述字属于一个大类，过去上古同部，后来中古又同韵，中间东汉这段时期不应当出现一段离异。我们说整个鱼部中的虞韵一系字都发生了相同的变化，应当是没有大错的。同理，前面所举侯部自注的字，其中属于虞韵的字也都参加了这个变化，如：狃、注、恒、树、尌、驻、臑、襦、几、殊、缛。

（2）根据"类同变化同"的语音规律和后代的语音事实，我们可以反证鱼侯两部"一等"东汉时代不同部。（周秦两汉没有等韵学，但这并不妨碍语音上存在有后来称之为"等"或演化为"等"的差别事实。对于这种上古语音中存在过的、现在尚不能确知其内容的差别事实，我们姑且用带引号的"等"来称说它。）因为鱼侯两部"一等"无论喉牙音字、唇音字，还是舌齿音字，到切韵音系、到现代音都不曾混同。如果东汉之时已经合流，现在的分化就是不可思议的。（汉语的通语音系应当有继承性，从《诗经》到东汉"读若"，到《切韵》，是一脉相承的，是长子长孙的嫡亲关系，其他的方言、语言对此系统有所影响，但是不能改变主流大势。这当然有待论证，但我们研究语音史，通常是以此种认识作前提的。）《说文》"读若"虽然不能直接证明鱼侯两部"一等"不混，但也决无反证，没有鱼侯"一等"字互注"读若"的例子，真是合理而又自然的。

（3）根据鱼侯互注字多有"又读若"，我们不能肯定这个鱼侯部分字混同的变化已经完成，也许这种变化正在进行之中。对此，我们专用一节讨论。

五　释"又读若"、"或读若"

《说文》"读若"中有几种方式表示字不止一音："一曰读若"、"或读若"，"××读若"，"又读若"、"亦读若"。

前面三种是一类，表明数音对立。后面二种是一类，表明数音并存。

数音对立，用今天的语言表述是"有的人说"。意思是：（1）这是个别人的读法，许慎不为苟同，志此存疑；（2）读此者不读彼，读彼者认为不读此。

数音并存的情况有两种。（1）一个字有数音，分别表示不同的词。这应当属于文字、词汇问题，与音韵变化关系不大。（2）形声字的又读，多数音不同而义无别，即同词异读。是同时存在而都为人们熟悉的两读。这应当是语音变化所致，属于音韵学问题。

像"邧又读若区"，表面看只有一读。这种形式段玉裁认为其含义是还有同其声符的一读，即"邧读若于又读若区"。

从鱼侯两部字看，这种"又读若"只出现在鱼侯互注的几例中。而鱼侯互注的本来有限的五例中竟有三例有"又读若"，占了大半，引人注目。

这几个字有"又读若"表明同时存在着两种读音，从许慎的口气看，分不出两读何者为正为常，何者为奇为变。这应当是一种语音变化正在进行中的现象。"趡读若劬"、"夠读若蝓"两条之所以未注"又读若"，正表明有的字变化已经完成。其余三条注"又读若"表明变化尚未完成，也表明了许慎观察的细致和记音的客观。

这几条有关鱼侯的"又读若"，还似乎表现出虞系字音值变化的方向。如果把古鱼部中的虞系字称虞$_鱼$，把古侯部中的虞系字称虞$_侯$，那么从音值上说是虞$_鱼$向虞$_侯$靠拢呢，还是相反，虞$_侯$向虞$_鱼$靠拢呢？从这几条"又读若"看，都是虞$_鱼$字具备两读，即是在原来的读音外又产生一种新的虞$_侯$的读法，也就是虞$_鱼$的主要元音发生了变化，逐渐接近以至等同虞$_侯$。这个主要元音的音值问题，后面还将从另外的角度去证明。

六　鱼与铎、侯与屋的关联

铎部自注的有十二对，见三节（六）类。

屋部自注的有七对，见三节（七）类。

屋与铎互注的例子没有。

屋、铎分别跟他部互注的例子都很少，这表明屋、铎两部都保持着自己作类的独立性。

因为上古阴、入关系密切，有必要观察鱼与铎、侯与屋的关联。

鱼、铎互注的有三例：

　　敶读若杜　　　　鳢读若瓠

　　㝉读若阡陌之陌

　　侯、屋互注的有四例：

　　㺄读若榻　　　　殼读若構

　　彝读若注　　　　㑤读若谨敕数数

　　此外尚有一例"鬃读若库"，陆志韦认作鱼屋互注之例。然"库"之归鱼实属可疑。许慎以库从车在广下会意。段注"车亦声"，无上古韵文可征。大徐切苦故也是唐人以后的认识。"库"之归部诚不易辨，可付诸阙如，不宜强解。

　　这些阴入互注的例子，有很多值得注意的地方：

　　（1）阴入互注的例子在本来数目有限的"读若"中，占的比例不能算小。（其他韵部阴入互注之例还有一些，但不在本文讨论范围之内。）看来不是个别字的例外音变，而是表明，东汉许慎时代，阴入关系仍然相当密切。

　　（2）这些阴入互注条目中的入声字，有㐉把辅音韵尾一直保持到中古，如"陌"、"殼"、"㑤"。在许慎那个时代自然更无疑问带有辅尾。那么跟它们互注"读若"的阴声字也该带有辅尾。因为声调（严格意义上的音高变化）不同而声韵相同尚可以做同音，韵尾不同而当作同音来注读若是不好理解的。

　　（3）上面的阴声字中，还有几个直到中古不读去声，如"杜"、"㝉"。有人认为入声跟去声所以能押韵、谐声，是因为调值相似。那么这种平上声字跟入声字互注"读若"就无法解释。如果承认上古阴声有辅尾，而且到东汉还在某些韵、某些字中保存着，那么阴入互谐互注就好解释了。

　　关于上古阴声的辅尾问题，持否定说者多。本文旧话重提，只为存疑，不作详论。

　　（4）这些阴入互注的字多是"一等"韵字，如鱼部的"杜、瓠、㝉"，侯部的"榻、構"。只有"注、数"是三等，即后来的虞韵字。

　　"读若"中没有屋、铎互注的例子。前人的研究中也一致认为汉代屋铎仍分为两部，即屋铎主要元音不同。现在鱼铎之间，侯屋之间又分别有一些互注"读若"的例子，看来鱼与铎、侯与屋至少是主要元音两两相同（韵尾问题且不谈）。上面刚说过，屋铎主要元音不同，因此鱼侯"一等"韵之间主要元音也必定不同，鱼侯仍然分为两部。

（5）我们进一步推理，可以认为鱼部、侯部的虞系字没有独立成新的一部，其主要元音跟侯部"一等"字主元音相同，即鱼部虞系字入侯部。

首先看侯部虞系齿音字"数、注"，既然能与"娕、塁"互注，其主要元音应当相同。而"娕、塁"跟"獳、穀"同属屋部，主要元音本来相同；东汉屋部尚无分化的迹象，即主要元音仍然相同（这大概是因为屋部肯定带有辅尾，主元音受声母、韵尾两头辅音牵制，比较稳定，不易变化）。于是上述字的主要元音出现了这样的等式："数、注" ＝ "娕、塁" ＝ "獳、穀" ＝ "橺、構"。就是侯部的虞系字"数、注"主元音仍然跟侯部"一等"字相同，音值没有变化。

四节中我们分析过，侯部的虞系字应当都参加了鱼侯两部虞系字混同的"变化"。所以鱼侯两部的虞系字，当时主元音都跟侯部"一等"字相同。

这跟我们五节中分析"又读若"所得的结论是相同的。

简言之是说，东汉许慎时代，鱼侯两部仍然是对立的。不过原鱼部中的虞系字逐渐混同于侯部中的虞系字，即归入侯部。

七　鱼铎侯屋与他韵部的关联

侯屋同幽的关联最多，见三节（九）类前六例。

这里有阴入互注的又一些例证，也有表明幽部中尤韵、虞韵两系字主元音的材料。

"纽、鸠、玖"到切韵时代归尤韵，"莩、箨、稀"则归虞韵。与它互注的侯部字"腧、绚、句"也是虞韵字，只有"弧"是"一等"，即后来切韵时的侯韵字。"顼、轂"则是古屋部字。

这里有一个"一曰"，一个"或曰"。前面第五节说过，这种表音方式表明数音对立，"或曰""一曰"之后的读音是部分人的认识。在这些具体例子中，这种部分人的认识不同于一般人的是什么呢？

似乎有声调的差别，从后来的切韵时代看，"玖、苣、纽"是上声，相关的"腧、俞、句"却是平声或去声。汉代的声调问题相当复杂，本文不拟讨论了。

更可能是韵的差别。直到切韵时代，"玖"与"句"，"腧"与"纽"仍不同韵，在今天的方言中也多不同韵。如果东汉时代它们已经同韵，后来分化就没有条件：尤韵、虞韵同为"三等"，不同于侯韵、虞韵有"一等""三等"之别。如果古幽部中的尤系字、虞系字东汉已都成为侯部的"三等"，那么同部就是同主要元音，又同"等"，就不好解释后来切韵时代的分化。

我们把"一曰""或曰"之读音跟一般读音的不同看成韵部的不同，就比较圆满一些。这就是说，古幽部的虞系字东汉已归入侯部，跟侯、屋部同主要元音，因此能互注读若：箄读若弧，务读若顼，嗀读若荨。而古幽部的尤系字在一部分人中读同侯部：腧一曰读若纽，玖或曰读若句。这些人许慎不能确指其为操方音，但认为是特殊读法，不能为正。

这种解释也有不好通过之处，"绚读若鸠"一条许慎没有加"一曰""或曰"，就是说好像虞系尤系同部。"绚"、"鸠"二字到切韵时代仍不同读，在汉代自当有别，少数人混读是有可能的，多数人读同不好理解。因此我怀疑，许慎《说文》此处应有"一曰""或曰"之类。

如果把"绚读若鸠"暂置不顾，那么侯幽二部关系的全部内容是这样：（1）幽部中的虞系字已并入侯部，主要元音变同。幽部中的尤系字也有人读同虞系字，可能主要元音很接近，这也许跟隋唐以后尤、虞二韵唇音字大多变得读音相同，有的字尤、虞两读（如"否"、"浮"）不无关系。（2）幽部入了侯部的这些字（虞系字），也同古侯部字一样可以跟屋部互注，特别是"荨"为平声而注入声"嗀"字之读若，表明幽部字也有可能带有辅尾。

侯部跟其他韵部关联的"读若"（三节（九）类后二例）都是很零星的，即使可靠无讹，也很难得出什么结论。如"慔读若侮"。慔字先秦韵文未见有用作韵脚者，从某得声之字多在之部。从每得声之字也多在之部，然据诗韵侮字入侯部。慔字也未必不属侯部，《广韵》"慔""侮"同音文甫切，属虞韵，汉代也可能已经同音同部。这样的个别例子不足作考察之、侯两部关系的根据。又如"橾读若薮"，杲声归宵而数声归侯，没有其他旁证，也无法肯定宵侯两部的关系。

鱼铎跟他部关联的例子也不少，见三节（八）类。

首先是跟阳部关系很深。如"攺读与抚同","彍读若郭","𦄡读若诗曰穧彼淮夷之穧"。因为谐声系统常常是阴阳入相通，这几个字又多不作诗文的韵脚，周秦时代它们归鱼、归铎还是归阳，不好定论，但大致不出三韵，可以不必细论。

"涸读若狐貈之貈"。固声属鱼部，舟声属幽部。而且声母也相去甚远（涸是喉牙音、舟是舌齿音），疑其有误是很自然的，段玉裁认为貈当作貉，后人改窜。那么貈与涸仍是鱼铎互注的关系。

其余"胥读若芟刈之芟"（鱼谈），"𪏮读若蘮𦺸草之蘮"（鱼月），"祥读若普"（鱼元），"㑰读若䶣"（鱼文），"庳读若逋"（鱼支），"㦰读若棘"（鱼之），都属一例孤证，言是言非，均不相宜。且或声韵甚远，或仅有双声，疑有伪讹，求之不易，均付盖阙。

此外尚有"姐读若左"一条，言出《系传》，请试析之。"姐"本鱼部字，中古属麻韵。东汉时代麻系字入歌部极为可能，两字声母完全相同，读若较为可信。又"虘，从卥，差省声……沛人言若虘。"差声属歌部，虘从且声，这又是鱼部麻系字入歌部的问题。这里虽明言"沛人言"，似是方言之音，但《说文》又有"虘读若鄜县"，按《说文》地名从主人的原则，鄜地在沛郡，"鄜"、"虘"之沛音应该进入了通语，进入了相当的歌部。那么，至少可以说，"姐、虘、鄜"几个字当时已经进入歌部。其他鱼部麻系字是否全部进入歌部，看来只据"读若"是无法进一步证明了。

八　结　论

《说文》"读若"是考察汉代音韵的重要材料，我们过去利用得还很不够。

今天我们只选取了有关鱼侯两部的"读若"进行研究，认为：

（1）东汉鱼侯两部依然是对立的两部；

（2）鱼部中的虞系字正在转入侯部；

（3）鱼部中的麻系字，至少是"姐、虘、鄜"几个字，已经转入歌部；

（4）幽部中的虞系字也已转入侯部；

（5）幽部中的尤系字有人混同侯部虞系字；

（6）鱼与铎、侯与屋分别关系密切、平上声字可以跟入声字互注"读若"，表明鱼侯两部似尚有辅音韵尾。

后 记

　　本书是汉语史断代、专书、专题研究论集之一，是《先秦汉语研究》（山东教育出版社 1982 年版）的续编。收在本集中的论著，分别依据具有代表性的专书《史记》、《论衡》以及《说文解字》、秦汉书帛提供的语言事实，对两汉时期汉语词汇、语法、语音方面比较重大的问题进行了探索性研究。这些文章各自独立成篇，学术观点也不尽一致，但按照断代、专书、专题研究的要求却采取了大体相似的研究方法，即：

　　Ⅰ. 解剖"麻雀"，由点窥面；

　　Ⅱ. 历史比较，鉴别异同；

　　Ⅲ. 分门别类，静态描写；

　　Ⅳ. 定量分析，从数求质。

　　作者运用这些方法，在掌握语言事实的基础上，力求反映该时期某个专题范围内的语言面貌，并从中探求汉语发展的某些规律。《先秦汉语研究》出版后，曾得到语言学界一些专家和读者的热情支持，给我们很大鼓励。经过一年多的共同努力，我们又把这一集奉献到读者面前，深盼大家和同志们教正。

　　这一集的出版，除得到山东教育出版社的直接帮助外，还承蒙北京大学王力教授、唐作藩教授、何九盈副教授，中华书局杨伯峻教授，山东大学殷焕先教授认真审阅稿件，在此一并致谢！

程湘清

一九八三年五月